ALOIS PRINZ

DAS LEBEN DER
SIMONE DE BEAUVOIR

Mit zahlreichen Abbildungen

Insel Verlag

Für meine Schwester
Louise

Erste Auflage 2021
© Insel Verlag Berlin 2021
Satz: Satz-Offizin Hümmer GmbH, Waldbüttelbrunn
Druck: GGP Media GmbH, Pößneck
Printed in Germany
ISBN 978-3-458-17941-2

INHALT

PROLOG

Am Morgen des 7. März 1944 rutscht der deutsche Hauptmann Ernst Jünger in Paris in der Avenue Kléber auf einer Apfelsinenschale aus. Er stürzt und verrenkt sich den Arm. Für den hochdekorierten Kriegshelden Jünger, der als Soldat schon auf den Schlachtfeldern des Ersten Weltkriegs gekämpft hat, ist das ein peinlicher Ausrutscher. Aber Jünger ist nicht nur ein Soldat, er ist auch ein Dichter und Kunstliebhaber. Er stellt Überlegungen über den Zufall an. Als er nämlich kurz vorher sein Zimmer im Pariser Luxushotel Raphael verlassen hatte, fiel ihm auf der Treppe ein, dass er seine Schlüssel vergessen hatte, und er kehrte um. Hätte er seine Schlüssel nicht vergessen, wäre er eine Minute früher auf die Straße getreten und sicher nicht auf der Apfelsinenschale ausgeglitten. Jünger erschrecken solche Zufälle. Aber er ist kein Nihilist, der glaubt, dass alles nur Zufall sei. Er glaubt, trotz aller Zufälle, an ein Schicksal, an sein Schicksal. Ja, er sympathisiert sogar mit der religiösen Vorstellung von einer Vorsehung, die uns lenkt.[1]

Paris ist seit dem Juni 1940 von den Deutschen besetzt. Auf den Champs-Élysées, am Triumphbogen, auf dem Montmartre, im Invalidendom, in den Cafés und Restaurants – überall begegnet man den Deutschen in ihren feldgrauen und grünen Uniformen. Die deutsche Stadtkommandantur hatte an die Soldaten Stadtpläne verteilt mit allen Sehenswürdigkeiten und den Adressen von Bordellen, solchen für normale Soldaten und solchen für die »Herren Offiziere«. Ernst Jünger freilich findet man nicht an den üblichen Touristenorten. Er interessiert sich für das geistige Paris. Er besucht das Grab des Dichters Paul Verlaine, und er trifft sich mit Künstlern wie Jean Cocteau oder Pablo Picasso.

Mit der aufstrebenden Schriftstellerin Simone de Beauvoir trifft er sich nicht. Er kennt sie auch gar nicht. Und von einer neuen philosophischen Richtung des Existenzialismus hat er noch nie etwas gehört. Wenn der Zufall es wollte, dass sich die beiden begegneten, käme es vermutlich zu einer hitzigen Diskussion. Denn Simone de Beauvoir hasst die deutschen Besatzer, und sie hält nicht viel von Zufällen. Auch nicht von Schicksal und Vorsehung. Das sind für sie Konstruktionen, die man erfindet, um sich der Verantwortung für sein Leben zu entziehen. Wahrscheinlich würde sie Jünger für einen Ästheten halten, und Ästheten kann sie nicht ausstehen. Es sind für sie Menschen, die sich im Namen der Kunst oder der Dichtung über ihre Zeit stellen und daraus einen Genuss ziehen. Wirklichkeit wird für sie zu einem »Objekt der Betrachtung«. Echte Künstler dagegen stürzen sich für Beauvoir mitten ins Leben. Sie werden »ein Mensch unter Menschen« und teilen deren Glück und Leid.[2] Befreit von Fremdbestimmungen, berufen sie sich nicht mehr auf Befehle, auf ein Ziel der Geschichte, auf die Verpflichtungen der Tradition, auf die Ehre einer Familie oder auf andere angeblich vorgegebene Werte. Sie nehmen ihre Freiheit ernst, und sie nehmen die Herausforderung an, jeden Augenblick ihres Lebens selbst entscheiden zu müssen, wer man sein will und wie man handelt.

Für Simone de Beauvoir sind solche Worte mit leidvollen Erfahrungen verbunden. Lange genug hat sie in Verhältnissen gelebt, in denen über sie bestimmt wurde. Lange genug war sie in einer Familie wie gefangen, in der sie vor lauter Vorschriften und moralischen Geboten schier zu ersticken drohte. Aus der »Tochter aus gutem Hause«, die täglich in die Kirche ging und lernte, wie man Knickse macht und sich in einer Teegesellschaft benimmt, ist eine andere geworden – eine Frau, die sich nicht mehr sagen lässt, wie sie sein soll, und der es gleichgültig ist, wenn anständige Bürger ihren Lebenswandel verurteilen. Sie würde zwar zugestehen, dass es Dinge gibt, die wir nicht beeinflussen können. Aber am wichtigsten ist es für sie, frei zu sein. Mit dem Einmarsch der Deutschen wurde ihr diese Freiheit genommen, oder zumindest eingeschränkt. Sie fühlte sich wie eine Sache im Spiel der Mächte und Kriegstreiber. Die Zukunft schien wie verstellt. Und eine Zukunft zu haben, das gehört zu einer Lebensform, die man jetzt »existenzialistisch« nennt.

Nun öffnet sich am Horizont wieder die Zukunft. Eine deutsche Niederlage scheint in Sichtweite. In Paris hat jemand eine Schnecke an die Wand gemalt, in den Farben der englischen und amerikanischen Flaggen, die an der italienischen Küste entlangkriecht. Englische und amerikanische Einheiten rücken unaufhaltsam auf Rom vor. Die Nachrichten verdichten sich, dass amerikanische Streitkräfte an der Westküste Frankreichs landen. Der Luftraum wird von den Alliierten beherrscht. Deutsche Städte wie Berlin, Hamburg und Köln sind verwüstete Steinlandschaften mit Tausenden von Toten. Auch Paris wird bombardiert. Ende April suchen die deutschen Offiziere im Raphael das erste Mal Schutz im Bunker unter dem Hotel. Nur Ernst Jünger nicht, der es vorzieht, im Bett zu bleiben. Beim nächsten schweren Bombardement begibt er sich sogar auf das Dach des Hotels und beobachtet, mit einem Glas Burgunder in der Hand, die brennenden Türme und Kuppeln. »Alles war Schauspiel«, schreibt er in sein Tagebuch, »war reine, von Schmerzen bejahte und erhöhte Macht.«[3]

Die Angriffe der Alliierten werden unterstützt von Anschlägen der französischen Widerstandsbewegung, der Résistance. Die Vergeltungsmaßnahmen der Deutschen werden immer menschenverachtender und sinnloser, je verzweifelter ihre Lage ist. Jedes Attentat auf die Besatzer wird mit der Erschießung von Geiseln beantwortet. Zur Abschreckung der Bevölkerung hängen an den Hauswänden und in den Gängen der Metro die Fotos von Widerstandskämpfern, die darauf »Terroristen« genannt werden und die

»hingerichtet« wurden. Für Beauvoir sind es die Gesichter von Helden. Sie hat den Eindruck, dass die Deutschen bei ihren Racheaktionen völlig den Verstand verloren haben. In einem Brief, den man in Paris von Hand zu Hand reicht, wird geschildert, was sich in dem Ort Oradour-sur-Glane zugetragen hat. Die männlichen Bewohner waren von deutschen Soldaten zusammengetrieben und erschossen worden. Die Frauen und Kinder hatte man in die Dorfkirche gesperrt und das Gebäude angezündet. Wer zu fliehen versuchte, wurde erschossen. Flüchtlinge, die aus dem Süden nach Paris kommen, berichten von Kindern, die von den Deutschen an Fleischerhaken aufgehängt wurden.

Die sechsunddreißigjährige Simone de Beauvoir hat Kontakt zu Leuten der Résistance, ist aber keine aktive Widerstandskämpferin. Sie ist der festen Überzeugung, dass man durch Worte und Bücher auch Widerstand leisten kann. Obwohl ihr die Zukunft versperrt wurde, waren die Jahre des Krieges und der Besatzung doch keine verlorene Zeit. Sie hat ihr erstes Buch geschrieben, *L'Invitée*, deutsch: *Sie kam und blieb*. Und sie schreibt schon an einem zweiten. Außerdem hat sie ein Theaterstück verfasst, mit dem sie allerdings nicht sehr zufrieden ist. Simone ist nicht berühmt, noch nicht, aber man kennt jetzt ihren Namen. Das liegt nicht zuletzt daran, dass sie die Lebensgefährtin von Jean-Paul Sartre ist. Sartre ist der aufsteigende Stern am literarischen und philosophischen Himmel. Er hat neben einem Roman und Theaterstücken ein dickbändiges philosophisches Werk verfasst, »L'Être et le Néant«, deutsch: »Das Sein und das Nichts«. Beauvoir und Sartre kennen sich schon seit Studienzeiten. Vor Jahren haben sie einen Pakt geschlossen. Sie wollten zusammenbleiben, ohne zu heiraten. Jeder sollte seine Freiheit behalten. Eine »notwendige Liebe« nennen sie das, im Unterschied zu einer zufälligen.

Für konservative Kreise in Paris ist dieses ungewöhnliche Paar ein Skandal. Skandalös ist es auch, dass Mademoiselle de Beauvoir aus dem Schuldienst entlassen wurde, weil sie angeblich ein intimes Verhältnis mit einer Schülerin hatte. Simone war nicht unglücklich darüber. Sie ist froh, den ungeliebten Beruf als Lehrerin endlich los zu sein. Sie schreibt jetzt Texte für den Rundfunk. Das interessiert sie nicht besonders. Sie wartet darauf, endlich als freie Schriftstellerin leben zu können. Denn das ist ihr Lebenstraum. Zu diesem Traum gehört es auch, unbürgerlich zu leben. Simone wohnt immer nur in Hotels. Zurzeit im Hotel Louisiane, in der Rue de Seine. Ihr Zimmer ist klein, kalt und ungemütlich. Die feuchten Wände sind rosa gestrichen und an der Decke sind hässliche Flecken. Ein Zimmer behaglich einzurichten, dazu fehlt ihr der Ehrgeiz. Auch Kochen mag sie nicht. Wenn möglich, isst sie in billigen Restaurants. Aber in Kriegszeiten ist die Versorgungslage schlecht. Und so bereitet sie sich in ihrem Zimmer notdürftig Nudeln oder Kartoffeln zu. Manchmal gibt es kein Gas und sie muss den Topf mit Zeitungspapier anheizen.

Die meiste Zeit verbringt sie in Cafés, denn dort ist es warm. Am liebsten sitzt sie im Café de Flore. Dort trifft sie auch ihre Freunde, die »Flore-Bande«. Seit Simone Bücher veröffentlicht, hat sich ihr Freundeskreis verändert. Viele Schriftsteller und Künstler suchen ihre Nähe. Zum Beispiel der Bildhauer Alberto Giacometti, an dessen Händen und Kleidern immer Gipsreste kleben. Simone bewundert ihn, weil er nur für seine Kunst lebt und Geld und Ruhm ihm gleichgültig sind. Er haust in einem Schuppen ohne Möbel und Vorhänge, mit Töpfen und Schüsseln am Boden, weil das Dach undicht ist und es hereinregnet. Seit kurzem kennt Simone auch den jungen Albert Camus. Simone mag ihn sehr, weil er so charmant ist und über Dinge und Menschen ohne Zorn und Eifer reden kann. Camus und seine Freunde drucken heimlich eine Zeitung der Résistance, immer ein Gewehr in Reichweite, falls sie von den Deutschen überrascht werden. Camus hat großen Erfolg gehabt mit einer schmalen Schrift, in der er unsere menschliche Situation vergleicht mit der antiken Gestalt des Sisyphos, der tagtäglich einen Stein auf einen Berg wälzt, der dann wieder hinunterrollt. Dessen Arbeit ist völlig sinnlos und trotzdem, so wird behauptet, müsse man sich Sisyphos als einen glücklichen Menschen vorstellen. Das Leben, so wie es Camus darstellt, ist sinnlos, und trotzdem haben die Menschen ein Verlangen nach Sinn. Innerhalb der Absurdität des Daseins ergeben sich immer wieder Momente des Sinns, des Glücks.[4]

Dieses Bild trifft das Lebensgefühl der Zeit. Der Krieg hat alle widerlegt, die glauben, dass die Menschheit im Fortlauf der Geschichte klüger und kultivierter wird. Immer wieder gibt es Rückfälle in die Barbarei. Alle Anstrengungen, die Menschen zu verbessern, scheinen sinnlos. Gewalt, Unrecht, Krankheit und Tod, so könnte man glauben, behalten letztendlich doch die Oberhand. In Paris erleben die Menschen tagtäglich, wie schmal der Grat zwischen Leben und Tod, zwischen Sein und Nichts ist. Sie leben im Zustand ständiger Unsicherheit und Angst. Eine verirrte Kugel, ein falsches Wort können das Ende bedeuten. Nach der Sperrstunde, vor und nach Mitternacht, hört man die Schritte der Gestapo auf den Straßen. Jeder kennt einen Nachbarn, einen Freund, einen Bekannten, der abgeholt wurde und spurlos verschwand. »Sie haben ihn verhaftet«, flüstert man sich am nächsten Morgen zu, und jeder weiß, wer mit »sie« gemeint ist.[5] Jeder kann der Nächste sein. Der Tod ist allgegenwärtig.

Und doch gibt es Menschen, die in dieser absurden Situation am Leben festhalten, ja, es feiern. Von manchen werden sie »Existenzialisten« genannt und sie verbinden damit verzweifelte, lebensmüde, gottlose und lustfeindliche Menschen. Simone und ihre Freunde beweisen das Gegenteil. Sie veranstalten große Feste. Sie treffen sich in einer Wohnung. Jeder bringt an Flaschen und Essen mit, was er nur irgendwie und irgendwo auftreiben konnte. Dann wird die ganze Nacht durchgefeiert. Es wird gegessen, getrunken, getanzt und gesungen. Es werden Gedichte deklamiert, kleine Theaterstücke improvisiert und Pantomimen aufgeführt. Keinem ist es peinlich, wenn er sich zum Narren macht und ausgelacht wird. Zwei gehen als Matador und Stier aufeinander los. Andere fechten mit Weinflaschen. Sartre dirigiert im Schrank ein unsichtbares Orchester. Und Camus schmettert auf Kochtöpfen einen Militärmarsch. Für Simone durchbrechen solche Feste den Alltag. Wer sich von der Lebenslust mitreißen lässt, der erlebt, dass der Tod in solchen Momenten keine Macht hat. Im Rückblick schrieb sie: »Ich war glücklich zu leben, und ich fand meine alte Gewissheit wieder, dass das Leben ein Glück sein kann und muss.«[6]

Dieses Leben kann schnell zu Ende sein. Beauvoir und Sartre erfahren, dass das Mitglied einer Widerstandsgruppe verhaftet wurde und Namen an die Deutschen verraten hat, vielleicht auch die ihren. Sie beschließen, eine Weile unterzutauchen, und fahren mit Bahn und Rad in einen Ort nördlich von Paris. Als sie erfahren, dass die Amerikaner schon Chartres erreichen, schwingen sie sich auf ihre Räder. Die Befreiung von Paris wollen sie auf keinen Fall versäumen. In Chantilly steigen sie in einen Zug, der schon nach kurzer Fahrt von einem Flugzeug beschossen wird. Simone wirft sich flach auf den Boden. Sie bleibt unverletzt, aber es gibt Tote und einer Frau wird das Bein abgerissen.

Ernst Jünger hat auf dem Montmartre einen letzten Blick auf die Stadt geworfen. »Die Städte sind weiblich und nur dem Sieger hold«, schreibt er in sein Tagebuch.[7] Ob er weiß, dass auch für den Sieger von Paris nicht mehr viel übrig bleiben soll? Hitler hat befohlen, die Stadt bis auf den letzten Mann zu verteidigen und sie im Falle eines Rückzugs zu zerstören. An den Brücken über die Seine und an vielen Kulturstätten wie dem Eiffelturm, der Sacré-Cœur und an der Oper sind Sprengladungen angebracht. Jüngers Vorgesetzter, General Dietrich von Choltitz, wird den Befehl Hitlers nicht befolgen. Paris bleibt verschont. Aber immer noch weht die Hakenkreuzfahne auf dem Senatsgebäude. In der sommerheißen Stadt herrscht das blanke Chaos. Die sich zurückziehenden deutschen Soldaten schießen auf jeden, der sich ihnen in den Weg stellt. Von den Dächern herab feuern Scharfschützen auf wehrlose Passanten. Männer und Frauen laufen gebückt über Plätze oder kriechen auf allen vieren zu Hauseingängen. Ein alter Mann, der vor den Kugeln flieht und verzweifelt an eine Tür hämmert, die sich nicht öffnet, sackt tot zusammen.

Die Bewohner von Paris wollen nicht länger auf die alliierten Truppen warten und die Befreiung der Stadt selbst in die Hand nehmen. Von den Résistancekämpfern werden Frauen und Männer angewiesen, toten deutschen Soldaten die Gewehre, Pistolen und Munition wegzunehmen und sich damit zu bewaffnen. Barrikaden werden errichtet. Ein deutscher Lastwagen versucht, die Sperren zu durchbrechen, und fährt mit voller Geschwindigkeit durch eine Straße. Er wird beschossen, rast gegen die Eisengitter der Buchhandlung Perrin und geht sofort in Flammen auf. Ein deutscher Soldat, der aus dem brennenden Wagen krabbelt, wird von einem jungen Résistancekämpfer erschossen.[8]

Endlich, am Abend des 24. August 1944, rücken Einheiten der freien französischen Streitkräfte in Paris ein. Am nächsten Tag kapitulieren die Deutschen. Paris ist befreit. Die große Glocke von Notre-Dame läutet, gefolgt von den Glocken anderer Kirchen. Menschen singen die Marseillaise und rufen in Sprechchören »Libération!«. Simone de Beauvoir und Jean-Paul Sartre bummeln durch die Straßen, die überfüllt sind von festlich gekleideten Menschen. An jedem Haus hängt eine französische Fahne. Sogar auf dem Eiffelturm weht die Trikolore. Auf einer Straße wird ein Freudenfeuer entzündet. Simone und Jean-Paul reihen sich ein, als die Menschen sich an den Händen nehmen und singend um das Feuer tanzen. Simone hat das Gefühl, als hätte die Zeit zehn Jahre lang stillgestanden und als würden sich jetzt die Zeiger wieder vor wärts bewegen. Der Krieg hat für sie alles verändert. Sie spürt nun eine wunderbare Verbundenheit mit der Stadt und ihren Menschen. Auch sie hat sich verändert. Im Nachhinein ist für sie das Erlebnis der Befreiung »der beste Augenblick meines Lebens«[9]. Sie will nun die Enge ihres persönlichen Daseins überwinden und sich für die Belange ihrer Mitmenschen einsetzen. Kunst und Politik sollen keine Gegensätze mehr sein. Die Zukunft ist wieder offen. Alles ist möglich. In ihren Erinnerungen schreibt sie: »Die Welt und die Zukunft waren uns wiedergeschenkt, und wir stürzten uns hinein.«[10]

I
GEWORFEN

»Und Sie, Madame, sind Sie Existenzialistin?« Diese Frage stellt der Schriftsteller Jean Grenier Anfang 1943 im Café de Flore an Simone de Beauvoir und bringt sie damit in Verlegenheit.[1] Denn sie weiß nicht, was mit dem Ausdruck »existenzialistisch« gemeint ist. Was sie weiß, ist, dass man die Lehren bestimmter Philosophen wie Martin Heidegger oder Søren Kierkegaard als »Existenz-Philosophie« bezeichnet und dass sich Jean-Paul Sartre auf diese beiden Denker beruft. Sartres philosophisches Werk, das ihn berühmt machen wird, ist noch nicht erschienen. Simone war an seinem Entstehen beteiligt. Sie hat ihn bestärkt, ihn kritisiert, über manche Fragen mit ihm lange diskutiert und sie hat das Manuskript wieder und wieder gelesen. Sie kann sich rückhaltlos der darin vertretenen Weltsicht anschließen. Sie hat sogar eine eigene Abhandlung über diese Ideen verfasst. Insofern könnte man sie durchaus als »Existenzialistin« bezeichnen.

Doch das ist nur ein Wort. Entscheidender ist, dass diese neue philosophische Richtung ein Lebensgefühl zum Ausdruck bringt, von dem sie von jeher erfüllt ist. Ja, es kommt ihr so vor, als hätte ihre ganze Lebensgeschichte sie auf diese Sichtweise vorbereitet. Mit Hilfe dieser Einsichten kann sie nun auch verstehen, was sie angetrieben hat und warum sie so geworden ist, wie sie ist. Hat sie nicht schon als Kind vertraut auf ihre Wünsche und ihren Eigensinn? Hat sie nicht mit zwölf Jahren beschlossen, nicht mehr an einen Gott zu glauben? War sie nicht schon als Teenager davon überzeugt gewesen, »dass es dem Menschen zusteht, und nur ihm allein, seinem Leben einen Sinn zu geben«?[2] War sie nicht schon immer durchdrungen von dem Wunsch, ein selbstbestimmtes Leben zu führen?

Ohne es zu wissen, war Simone eigentlich schon immer eine Existenzialistin. Nur kann sie jetzt ihr Verhalten verstehen und erklären. Mehr noch, sie hat aus ihren Erfahrungen eine Lehre entwickelt, von der sie glaubt, dass sie für die menschliche Wirklichkeit insgesamt gilt. Sogar ihre Geburt erscheint in dieser Lehre in einem besonderen Licht. Mit der Geburt beginnt für sie das »Drama eines jeden Existierenden«[3]. Dieses Drama besteht darin, dass jedes Kind hineingeboren oder, existenzialistisch ausgedrückt, »geworfen« wird in eine Welt, die ohne sein Zutun entstanden ist und die voller Erwartungen und Vorherbestimmungen ist. Gleichzeitig hat es einen natürlichen Drang, die Welt zu erforschen und eigene Bedürfnisse und Wünsche auszubilden. Das führt zu einem Konflikt, der schon in den ersten Kinderjahren zu spüren ist und der sich in späteren Jahren zu Kämpfen um die eigene Identität steigern kann.

Simone Lucie Ernestine Marie Bertrand de Beauvoir wird am 9. Januar 1908 in Paris geboren. Nach der erwachsenen Simone de Beauvoir sollten wir uns wundern, wie einfach und selbstverständlich für uns dieser Satz klingt.[4] Denn wenn man genauer darüber nachdenkt, wie viele Zufälle zusammenkommen müssen, damit man geboren wird, kann einem schwindlig werden. Man müsste bis zum Anfang der Welt zurückgehen, um die unerschöpfliche Vielfalt der Verbindungen zu erfassen, von der die eigene Existenz abhängt. Das ist natürlich unmöglich. Es reicht schon, sich der langen Reihe der Vorfahren bewusst zu werden. Wie viele Wege mussten sich in den Geschichten dieser Familien kreuzen, welche politischen und gesellschaftlichen Ereignisse mussten auf sie einwirken, damit auch der eigene Vater, die eigene Mutter geboren werden konnten. Und wie viele Zufälle mussten mithelfen, damit sich die beiden begegneten, sich ineinander verliebten, heirateten und ein Kind zeugten.

Von außen betrachtet ist die eigene Geburt extrem unwahrscheinlich. Verstörend ist der Gedanke, dass man genauso gut hätte nicht geboren werden können. Niemand würde einen vermissen. Die Welt käme ohne einen aus. Die eigene Existenz ist nicht notwendig. Es gibt auch keine Berechtigung, auf die man sich berufen könnte. Man ist, so sagte es einmal Jean-Paul Sartre, wie ein Reisender in einem Zug, der kontrolliert wird und der keine Fahrkarte vorweisen kann.[5] Trotz alledem ist man da. Und das erscheint einem ganz normal und alltäglich.

Mit Simones Geburt sind schon bestimmte Weichen für ihr Leben gestellt. Sie wird Französisch sprechen und in Paris aufwachsen. Sie ist nicht die Tochter von Handwerkern oder Bauern, sondern von Angehörigen der bürgerlichen Mittelschicht und also sozial privilegiert. Aller Voraussicht nach wird sie in bescheidenem Wohlstand, in einem städtischen Milieu aufwachsen, eine behütete Kindheit haben, eine gute Schulausbildung erhalten und irgendwann standesgemäß heiraten und Kinder haben.

Schon die Vornamen, die man ihr gibt, sind ein Teil der Welt, in die sie »geworfen« wird, Namen, mit denen Erwartungen verbunden sind. Auf »Simone« bestand der Vater, weil er sich von der Tradition abheben wollte und seine Tochter einen modernen Vornamen haben sollte. »Lucie« heißt die fromme Großmutter mütterlicherseits. »Ernestine« ist die weibliche Form von Ernest, dem Großvater väterlicherseits, der für den weit zurückreichenden Stammbaum der Familie Bertrand de Beauvoir steht. Und »Marie« verweist auf die Jungfrau Maria und die Nähe zur katholischen Kirche, die vor allem für die Mutter wichtig ist.

Françoise Brasseur, wie sie vor ihrer Heirat hieß, war in einer Klosterschule in ihrer Heimatstadt Verdun erzogen worden. Für sie ist es selbstverständlich, dass ihr erstes Kind im Geist der katholischen Kirche aufwachsen soll. Sie hat sich auch schon Broschüren besorgt, in denen genau beschrieben wird, wie eine junge katholische Mutter sich zu verhalten hat. Mit ihrer Einstellung steht Françoise de Beauvoir, wie sie jetzt heißt, gegen die gesellschaftliche Entwicklung in Frankreich. Seit drei Jahren regelt ein Gesetz die strikte Trennung von Kirche und Staat. Das richtet sich in erster Linie gegen den Einfluss der katholischen Kirche. Es gibt jetzt in staatlichen Schulen keinen Religionsunterricht mehr. Es wird keine Kirchensteuer erhoben und Ordensgemeinschaften sind aufgelöst.

Von alledem weiß die kleine Simone freilich nichts. Auch nicht, dass das Land, in das sie »geworfen« wird, vor fast vierzig Jahren einen Krieg gegen Deutschland verloren hat und durch die Reparationszahlungen an die Sieger in der wirtschaftlichen Entwicklung zurückgeworfen wurde. Für das nationale Selbstbewusstsein war es eine Genugtuung, dass die große Weltausstellung im Jahr 1900 nicht in Deutschland, das sich auch beworben hatte, sondern in Paris stattfand. Eine Bilanz des vergangenen Jahrhunderts wollte man den Besuchermassen darbieten und ihnen gleichzeitig einen Blick in eine fantastische Zukunft ermöglichen, in eine durch die Elektrizität völlig veränderte Welt, in der alles »per Knopfdruck« funktioniert. Die Besucher konnten auf Rolltreppen fahren, was bei manchen Übelkeit und Schwindelgefühle hervorrief. Die Pariser Nächte wurden von »elektrischen Sonnen« taghell erleuchtet und sogar der Eiffelturm war mit Tausenden von Glühlampen dekoriert. Diese spektakuläre Leistungsshow veränderte nachhaltig das Gesicht der französischen Hauptstadt. Neue Gebäude entstanden, das Verkehrsnetz wurde ausgebaut, und anlässlich der Weltausstellung wurde das neue U-Bahn-System, die Metro, eröffnet, mit der zehn Kilometer langen Strecke nach Vincennes.

Paris ist noch nicht der Lebensort für Simone de Beauvoir. Die Welt ist für die kleine Simone die elterliche Wohnung am Boulevard du Montparnasse, direkt über dem Café La Rontonde und gegenüber dem Café Dôme. Von der Wohnung nimmt Simone nur die Farben wahr, den roten Teppichboden, die roten Plüschvorhänge, die dunklen, schweren Möbel und den Flügel im Salon. Rot ist Wärme, Schwarz dagegen etwas, das auch Angst machen kann. Das schwarze, bauschige und steife Kleid der Mutter ist wie ein Hindernis, wenn Simone versucht, sie zu umarmen. Freundlich und weiß dagegen ist ihr Kinderbett im Zimmer von Louise. Sie ist das Dienstmädchen. Wie in allen großbürgerlichen Familien macht sie nicht nur den Haushalt, sondern ist auch für die Kinder zuständig. Simone schläft in Louises enger Kammer, sie wird von ihr gefüttert und von ihr im Kinderwagen im Park spazieren gefahren. Die Mutter ist von solchen Arbeiten befreit. Ihre Aufgabe ist es, über die Erziehung zu wachen und die Familie nach außen zu repräsentieren, besonders bei den Gesellschaften, die im Salon stattfinden.

Für Simone wie für alle Kinder in diesem Alter sind die Eltern »Götter«[6]. Sie sind das Maß aller Dinge. Ihnen kann man sich bedingungslos hingeben. Sie bestimmen, wer man ist. Schon ein Blick kann einem mitteilen, ob man etwas falsch oder richtig gemacht hat. Und durch Lob oder Tadel lernt ein Kind, was gut und was böse ist. In dieser Hinsicht ist Françoise de Beauvoir Simones großes Vorbild. Sie hat feste Grundsätze und gestaltet danach den Alltag ihres Kindes. Sobald Simone gehen kann, nimmt die Mutter sie mit in die Kirche Notre-Dame-des-Champs und zeigt ihr dort alle Bilder des Jesuskindes und der Jungfrau Maria. Einen Engel, der wie Louise aussieht, bestimmt sie zu Simones persönlichem Schutzengel. Zu Hause wird zweimal am Tag gebetet. Und wenn die Mutter sie darin unterweist, wie ein Mädchen aus gutem Hause sich zu benehmen hat, haben diese Verhaltensregeln auch etwas von göttlichen Geboten.

Der Vater ist für Simone eine undeutliche Figur. Morgens verlässt er das Haus mit einer Aktenmappe unter dem Arm. Abends kommt er wieder, und bevor Simone von Louise ins Bett gebracht wird, spielt er mit seiner kleinen Tochter, er singt ihr Lieder vor oder zaubert aus ihrer Nasenspitze ein kleines Geldstück hervor. Obwohl der Vater tagsüber nicht da ist und oft auch abends nicht nach Hause kommt, hat er in der Wohnung sein eigenes Zimmer. Er nennt es sein »Büro«. Schränke mit vielen Büchern stehen darin und ein riesiger Schreibtisch. Simone krabbelt oft darunter und fühlt sich dann geborgen wie in einer dunklen Höhle.

Georges Bertrand de Beauvoir, wie er sich nennt, geht jeden Morgen in das Palais, in den Justizpalast, oder in die Kanzlei, bei der er angestellt ist. Er ist Anwalt, aber seinen Pflichten geht er nur ungern nach. In seinem Element ist er, wenn er vor Gericht einen seiner Mandanten verteidigen darf. Dann fühlt er sich wie auf einer Bühne und kann sein theatralisches Talent ausleben. Georges wäre gern Schauspieler geworden, aber das war mit dem Ruf seiner Familie nicht vereinbar. Die Beauvoirs entstammen zwar nur dem niederen Adel, aber es gehört zum Selbstverständnis der Familie, ein möglichst aristokratisches Leben ohne einen Brotberuf zu führen. Georges' Vater Narcisse Bertrand de Beauvoir hätte ohne weiteres von seinem geerbten Vermögen leben können. Dass er bis zu seiner Pensionierung eine Stelle im Rathaus von Paris innehatte, ist eher seinem Pflichtbewusstsein und seiner Abneigung gegen nutzlose Müßiggänger zuzuschreiben. Sein eigentliches Leben führte er auf dem Landgut Meyrignac, wo er viele Stunden in seinem geliebten Garten verbringen konnte. In der luxuriösen Wohnung der Beauvoirs in Paris war Georges als jüngstes von drei Kindern aufgewachsen. Da sein älterer Bruder, Gaston, das Landgut des Vaters erben würde und seine Schwester für ihre Heirat mit einem Landadligen eine beträchtliche Mitgift benötigte, blieb für Georges nur ein kleines Erbe übrig. Er musste studieren und Jurist werden. Das reizlose Leben eines biederen Beamten zu führen, das konnte und wollte er nicht. In seiner Freizeit verkehrte er in den Salons und Varietés der Stadt, er galt als charmanter, gebildeter Unterhalter und Frauenheld und spielte leidenschaftlich gern bei Aufführungen von Laienschauspielern mit. »Nur im Salon und auf dem Parkett fühlte er sich wohl«, meinte Simone de Beauvoir später.[7]

Georges ging schon auf die dreißig zu, als sein Vater ihn drängte, endlich zu heiraten. Eine Agentur, die man beauftragte, fand eine sehr gute Partie für ihn: Françoise Brasseur aus Verdun. Die junge, zwanzigjährige Frau war nicht nur schön, sie kam aus einer reichen Familie. Der Vater, Gustave Brasseur, war ein angesehener Bankier. Irritiert war Georges nur von der Frömmigkeit und den starren moralischen Grundsätzen seiner zukünftigen Frau, aber angesichts ihrer Schönheit und der zu erwartenden Mitgift konnte er darüber hinwegsehen. An Silvester 1906 wurde geheiratet. Zwei Jahre später bekam das junge Paar sein erstes Kind: Simone.

Nun ist Georges de Beauvoir also ein Ehemann und Vater. Das ist nicht das Leben, das er sich erträumt hat, aber es hat auch Vorteile. Er hat eine junge, schöne Frau und eine reizende kleine Tochter. Und wenn er morgens die Wohnung verlässt, dann kann er das in der Hoffnung tun, dass er vielleicht schon bald nicht mehr zur Arbeit zu gehen braucht und sich den schönen und angenehmen Seiten des Lebens widmen kann. Die reiche Aussteuer, Möbel und Hausbedarf, hat Françoise schon nach Paris mitgebracht und mit der versprochenen Mitgift, sicher eine stattliche Summe, rechnet er jeden Tag.

Aus Verdun kommt im Sommer 1908 tatsächlich eine Nachricht. Es ist nicht die erhoffte frohe Botschaft, sondern ein verzweifelter Notruf. Françoise' Mutter Lucie und ihre Geschwister Hubert und Marie-Thérèse müssen weg aus Verdun und wollen nach Paris kommen. Die fassungslose Françoise erfährt erst allmählich, was geschehen ist. Die Bank ihres Vaters musste Bankrott anmelden, das Haus und das Vermögen der Familie wurden beschlagnahmt. Gustave Brasseur sitzt in Untersuchungshaft und seine Frau und seine Kinder müssen Verdun verlassen. Es ist ein riesiger Skandal und eine Katastrophe für die Familie Brasseur. Wenn Françoise darüber sprechen muss, bricht sie in Tränen aus. Glück im Unglück ist es immerhin, dass ihrem Vater eine längere Gefängnisstrafe erspart bleibt und er nach einem Jahr freikommt. Gustave Brasseur zieht mit seiner Frau und seiner Tochter nach Paris, in eine Wohnung nicht weit entfernt von der Familie Beauvoir. Anfangs stehen immer wieder Leute vor der Tür, die durch ihn ihr Geld verloren haben. Allmählich jedoch beruhigt sich die Lage und Gustave kann darangehen, sich eine neue Existenz aufzubauen. Trotz seines Bankrotts hält er sich für ein Finanzgenie, und er ist überzeugt davon, dass er durch einen großen Coup wieder ein reicher Mann werden wird.

Georges de Beauvoir hält nicht viel von den großartigen Ideen seines Schwiegervaters. Er muss sich damit abfinden, dass es mit der versprochenen Mitgift nichts wird und er weiter arbeiten muss. Diese Enttäuschung belastet auch seine Ehe. Er liebt seine Frau, aber er kann nicht vergessen, dass er sie auch aus finanziellen Gründen geheiratet hat und sich nun getäuscht fühlt. Und Françoise muss mit der Scham leben, einen verurteilten Betrüger zum Vater zu haben, und mit dem schlechten Gewissen, mit schuld zu sein an den zerstörten Hoffnungen ihres Ehemannes. Zu allem Überfluss ist sie wieder schwanger. Am 9. Juni 1910 bringt sie ihr zweites Kind zur Welt. Es ist ein Mädchen, Henriette-Hélène. »Gottes Wille geschehe«, kommentiert der Großvater Gustave, der sich einen Jungen als Enkelkind gewünscht hat, diese Geburt.[8] Der Vater Georges weiß jetzt schon, dass er seinen zwei Töchtern nicht viel Geld wird hinterlassen können. Wenn nicht noch ein Wunder geschieht, werden sie selbst für ihren Unterhalt sorgen müssen oder froh sein, wenn sie einen Mann finden, der sie ohne Mitgift nimmt. Wenn sie alt genug sind, wird er ihnen diese traurige Wahrheit sagen.

Simone ist von all diesen Problemen unbehelligt. Ihre Eltern und Louise sind für sie weiterhin »übernatürliche Wesen«[9], an deren Verhalten und Werten es nicht den geringsten Zweifel gibt. Ihre Welt hat sich nun erweitert. Sie hat eine kleine Schwester und Großeltern und eine Tante, die ganz in der Nähe wohnen. Jeden Donnerstag wird Simone zu den Großeltern gebracht und darf bei ihnen zu Mittag essen. Ihre Wohnung ist mit Möbeln, Bildern, Teppichen und allem möglichen Plüsch vollgestopft wie der Laden eines Antiquitätenhändlers. Sie darf auf der Schuhspitze des Großvaters reiten, und die Großmutter verwöhnt sie mit gebratenen Klößen und Pudding. Die beiden Alten sind ganz vernarrt in ihr Enkelkind, das so neugierig und temperamentvoll ist. Auch zu Hause lebt Simone ihre Launen, Freuden und Tränen unbesorgt aus. Auf ihre kleine Schwester ist sie nicht eifersüchtig. Sie ist froh, dass sie nun eine Spielkameradin hat, und von Anfang an ist klar, dass die kleine »Poupette«, wie sie alle wegen ihres puppenhaften Aussehens nennen, im Schatten ihrer großen Schwester steht.

Simone ist ein sehr lebhaftes Mädchen, und es stört sie, dass die Erwachsenen sie nicht für voll nehmen, nur weil sie körperlich noch unausgereift ist. Sie weiß nicht, wie sie es sagen soll, will aber den Erwachsenen begreiflich machen, dass auch ein Kind von wenigen Jahren schon eine eigene Person ist. Die erwachsene Simone hat sich an diese Erfahrung erinnert und behauptet, dass jedes Kind sich in einer zwiespältigen Lage befindet. Es nimmt die Werte der Eltern und Erzieher ohne Vorbehalte hin und gleichzeitig hat es schon eine eigene Vorstellung von sich selbst und entwickelt eigene Vorlieben und Eigenschaften. Das führt zu Widersprüchen, auf die es dann auf eine Art und Weise reagiert, die für Erwachsene oft unverständlich, ja ärgerlich ist.

Simone, die sonst ein »vergnügtes kleines Ding«[10] ist, gibt ihren Eltern, Louise und den Verwandten Rätsel auf, weil sie manchmal wie aus heiterem Himmel einen Wutanfall bekommt. Sie wirft sich kreischend auf den Boden, windet sich wie eine Besessene und strampelt mit den Beinen. Oder sie hält die Luft an, bis ihr Gesicht violett anläuft. Einmal im Park ist sie ganz vertieft darin, Sandkuchen zu backen, als Louise ihr die kleine Schaufel wegnimmt und sie nach Hause bringen will. Simone, die aus dem Spiel gerissen wird, versteht absolut nicht, warum sie jetzt nach Hause muss. Sie stürzt von der »Fülle ins Leere«, bekommt einen Wutanfall und schreit so laut, dass alle Leute besorgt zu ihr hinsehen. Eine alte Dame, die denkt, dass sie geschlagen worden ist, will sie trösten. Als sie ihr ein Bonbon gibt und übers Haar streicht, gibt Simone ihr einen Fußtritt.[11] Wenn Simone einen ihrer Wutanfälle hat, ist sie nicht zu bändigen und schon gar nicht zu beruhigen.

Es hilft auch nicht, dass man sie ausschimpft oder sie in die Besenkammer sperrt. Sie macht darin einen Höllenlärm, schreit wie am Spieß und schlägt mit den Füßen gegen die Tür. »Simone ist eigensinnig wie ein Maulesel«, sagt ihr Vater resignierend.[12] Schon gar nicht kann sie es ausstehen, wenn Erwachsene sie herablassend behandeln. Wenn ihre Großmutter sie beim Kartenspiel gewinnen lässt oder der Großvater beim Essen mit seinem Glas gönnerhaft mit ihr anstoßen will. Dieses »herablassende Getue«[13] kommt ihr unaufrichtig vor. Sie hat dann das Gefühl, dass die Erwachsenen ihre Arglosigkeit ausnutzen wollen, um sie zu beeinflussen.

Abgesehen von ihren Wutausbrüchen ist Simone ein kleines braves Mädchen. Ihr Vertrauen darauf, dass die Eltern alles richtig machen und sie unter dem »Schutzdach«[14] der Familie vor allem Bösen bewahrt wird, ist unerschütterlich. Einverstanden ist sie natürlich auch damit, dass sie, die mittlerweile Fünfjährige, in eine besondere Schule gehen soll, in die Privatschule Cours Désir, benannt nach ihrer Gründerin Adeline Désir. Dass die Wahl dieser

Schule auch mit der veränderten Situation der Familie zusammenhängt, ahnt sie nicht. Obwohl das Einkommen ihres Vaters ziemlich bescheiden ist, hält er an den Ansprüchen einer großbürgerlichen Familie fest. Eine staatliche Schule kommt nicht infrage. Eine Klosterschule ist zu kostspielig. Den Cours Désir kann sich Georges leisten, und vor allem ist ihm wichtig, dass diese Schule nur Mädchen aus vornehmen Familien aufnimmt. Sie sollen nicht mit den Kindern unterer Schichten in Berührung kommen. Und für die Mutter ist ausschlaggebend, dass die Schule eine katholische Einrichtung ist und Simone eine religiöse Erziehung erhält. Außerdem dürfen die Mütter im Unterricht anwesend sein.

Seit dem Skandal in ihrer Familie ist Françoise noch mehr darauf bedacht, alles richtig zu machen und nach außen das Bild einer makellosen Familie zu bieten. Ihre größte Angst ist es, dass eines ihrer Kinder, vor allem Simone, aus diesem Bild ausbrechen könnte. Am liebsten würde sie Simone keine Sekunde aus den Augen lassen. Noch muss sie sich keine Sorgen machen. Simone ist eine gehorsame Tochter und auf dem besten Weg, eine kleine Heilige zu werden. Doch irgendwann werden diese Bilder, die ihr Vater und ihre Mutter von sich und der Familie aufrechterhalten wollen, Risse bekommen. *Les belles images* wird einmal eines der Bücher von Simone de Beauvoir heißen: Die schönen Bilder. Hat sie schon als Kind gemerkt, dass mit diesen Bildern, die ihre Familie von sich entwirft, irgendetwas nicht stimmt? Als erwachsene Frau wird sie sich erinnern, dass sie gegenüber ihren Eltern immer ein seltsames Gefühl hatte: »[N]ichts war völlig wahr [...]. Und ich wünschte doch so sehnlichst, die Welt in Freiheit zu sehen ...«[15]

II

LÖCHER UND RISSE

»Ich fange jetzt mit etwas ganz anderem an«, schrieb die fast neun-
undvierzigjährige Simone de Beauvoir am 1. Januar 1957 an ihren
Geliebten, den Schriftsteller Nelson Algren in Chicago, »Kindheits-
und Jugenderinnerungen, wobei ich versuche, nicht nur zu erzählen, sondern zu erklären, wer ich war, wie ich die Person geworden bin, die ich bin, im Zusammenhang mit der Lage, in der sich
die Welt, in der ich lebte, befand und befindet. Es ist interessant,
die Sache zu versuchen, auch wenn es mir nicht gelingen sollte,
sie zu vollenden.«[1]

Der Versuch gelang. Es entstand nicht nur ein Buch, sondern
vier Bände, insgesamt fast dreitausend Seiten. Diese Schriften gehören zu den »umfangreichsten individuellen Lebensdokumenta-
tionen des 20. Jahrhunderts«[2]. Angesichts dieser ungeheuren Fülle
an autobiographischem Material kann man sich fragen, warum
man das Leben der Simone de Beauvoir noch einmal erzählen
will. Hat sie es nicht besser und vor allem ausführlicher gemacht,
als man es je könnte? Läuft man nicht Gefahr, nur zu wiederho-
len, was schon gesagt ist? Soll man ihre Deutung ihres Lebens
übernehmen oder daran zweifeln?

Beauvoir hat einmal bekannt, den Wunsch gehabt zu haben,
dass ihr ganzes Leben bis auf das kleinste Detail auf einem »gigan-
tischen Magnetophon« aufgezeichnet werde.[3] Später hat sie von
dieser Vorstellung Abschied genommen. Was wäre denn auch eine
solche Aufzeichnung im Maßstab 1:1 anderes als ein Durcheinander, ein Nebeneinander von Wichtigem und Belanglosem, Zufäl-
ligem und Gewolltem. Ein Abbild ihres Lebens wäre das nicht. Es
fehlte die ordnende Hand, die Auswahl nach wichtig und unwichtig, bedeutend und bedeutungslos. Beauvoir musste sich also an

die Aufgabe machen, ihr Leben zu beschreiben. Indem sie es in Sätze fasste, fand sie Zusammenhänge und gab ihm eine »klar umrissene Realität«[4], die das Leben so nicht hat. Sie schuf also etwas Künstliches, aber es war für sie die einzige Möglichkeit, ihr Leben zu erfassen und es zu verstehen. Ebenso stellt jeder weitere Versuch, Beauvoirs Leben zu erzählen, eine kreative Verarbeitung eines vorhandenen Materials dar, mit neuen Fragen, anderen Blickwinkeln, veränderten Schwerpunkten, vorher nicht gewonnenen Erkenntnissen. Es ist eine Annäherung an eine Wahrheit, die man nie erreicht.

Simone sitzt in dem kleinen, dunklen Klassenzimmer des Cours Désir. Ihr Blick ist beflissen auf Mademoiselle Fayet gerichtet, die Lehrerin der ersten Klasse. Sie trägt einen bodenlangen Rock, eine Bluse mit steifem Kragen und eine schwarze Krawatte. Mademoiselle Fayet legt Wert darauf, dass sie nicht als Lehrerin angesehen wird, sondern als Erzieherin. Und die Erziehung richtet sich nach den Grundsätzen der katholischen Kirche. Gutes Benehmen und Fleiß sind wichtiger als Wissen. Im hinteren Teil des Klassenzimmers sitzen die Mütter der Mädchen auf Stühlen, strickend und stickend. Natürlich ist auch Françoise de Beauvoir darunter. Sie ist sehr stolz auf ihre Tochter, die sich in kurzer Zeit zur besten Schülerin entwickelt hat. Nicht nur fällt ihr das Lernen leicht, sie ist auch in ihrer Frömmigkeit ein Vorbild für die anderen. Vor dem Unterricht geht Simone mit ihrer Mutter in die Frühmesse, nachmittags machen sie zusammen die Hausaufgaben, und abends hält Françoise eine Gebetsstunde. Zweimal in der Woche versammelt Mademoiselle Fayet die Schülerinnen um einen großen Tisch und die Mütter geben ihren Töchtern dann Noten für ihr alltägliches Benehmen, die Mademoiselle Fayet in ein Buch einträgt. Françoise gibt ihrer Tochter immer eine Zehn, das ist die Bestnote. Etwas anderes käme für sie und auch für Simone nicht infrage. Die beiden sind verbunden in einer »frommen Gemeinsamkeit«[5] – zum Leidwesen von Hélène, die sich angesichts dieser innigen Beziehung ihrer Mutter zu Simone wie ausgeschlossen vorkommt.

Von den Nöten ihrer kleinen Schwester merkt Simone nichts. Sie steht im Mittelpunkt, und Hélène fügt sich in die Rolle, die Simone ihr zuteilt. In ihren Spielen ist sie die Lehrerin und bringt ihrer kleinen Schwester Lesen und Schreiben bei. Die Familie ist für Simone ein Hort der absoluten Sicherheit. In dieser Welt ist alles geordnet und man weiß, was gut und was böse ist. Vor allem weiß man, dass man zu den guten Menschen gehört und dass man sich von bestimmten Leuten fernhalten muss.

Auch für ihre Mutter ist ein harmonisches Familienleben das Wichtigste. Die Erziehung der Kinder ist ganz ihr überlassen. Georges mischt sich nur selten ein. Françoise will ihre Aufgaben so gut wie möglich erfüllen. Und es ist eine Bestätigung für sie als gute Mutter, dass Simone so fleißig ist, ihrer Erziehung so bereitwillig folgt, nicht mehr launisch ist und auch keine Wutanfälle mehr hat. Simone ihrerseits hat ein übersensibles Gespür dafür entwickelt, ob ihre Mutter mit ihr zufrieden ist oder nicht. Ein Satz wie »Das ist ja lächerlich!«[6] oder kleine Gesten der Enttäuschung können sie in die größte Unsicherheit stürzen und ihren Ehrgeiz, der Mutter zu gefallen, noch steigern. Ratlos ist Simone allerdings dann, wenn ihre Mutter ohne erkennbaren Grund die Fassung verliert, wenn sie zornig ist oder schreit. Das sind Momente, in denen etwas Fremdes an der Mutter aufblitzt, und das macht Simone Angst. Solche Momente werden immer häufiger, als die historischen Ereignisse die Verhältnisse der Familie Beauvoir durcheinanderbringen.

Am 3. August 1914 erklärt Deutschland Frankreich den Krieg und deutsche Truppen marschieren in Belgien ein. Das ist der Auftakt zum Weltkrieg, den man später den Ersten nennen wird. Simone ist mit ihrer Schwester auf dem Landgut Meyrignac des

Großvaters, als die Meldung eintrifft und die Landgesellschaft in helle Aufregung versetzt. Simone kann sich unter »Krieg« nicht mehr vorstellen, als dass in solchen Zeiten die Menschen einander umbringen und die Gefahr besteht, dass Fremde in Frankreich eindringen. Was sie allerdings schnell lernt, ist, dass Krieg die Menschen um sie her in eine patriotische Stimmung versetzt. Und sie begreift, dass sich ihr hier eine Rolle bietet, die ihr noch mehr Anerkennung und Bewunderung einbringt.

Zurück in Paris, wird aus Simone eine glühende Patriotin. Die Deutschen sind für sie nur mehr »boches«, ein eigentlich unübersetzbares Wort, das so viel heißt wie »Holzköpfe«. Sie lässt sich von der Mutter einen kleinen Militärmantel schneidern und sammelt auf der Straße in dieser patriotischen Aufmachung für die belgischen Flüchtlinge. Mit Buntstiften schreibt sie »Vive la France!« auf die Mauern und trampelt auf einer Puppe herum, die allerdings ihrer Schwester gehört, nur weil darauf »Made in Germany« steht.[7] Sie ist auch sehr stolz darauf, dass ihr Vater ein Soldat wird. Georges de Beauvoir ist zwar sehr national gesinnt, aber dass er nun sein Vaterland verteidigen soll, darüber ist er alles andere als glücklich. Er hat nämlich von Geburt an einen Herzfehler und hat fest damit gerechnet, daher dem Kriegsdienst zu entgehen. Gerade hat er noch auf der Bühne einer Laienspieltruppe brilliert, und nun soll er in Uniform auf Menschen schießen. Diese Rolle gefällt ihm gar nicht. Im Oktober wird er sogar an die Front versetzt, wo er prompt einen leichten Herzinfarkt erleidet. Nachdem er sich im Lazarett wieder erholt hat, schickt man ihn zurück nach Paris und weist ihm eine Stelle im Kriegsministerium zu. Jetzt ist er zwar außer Gefahr und mit der Familie vereint, aber seine Besoldung als Obergefreiter ist niedrig, und damit soll er das anspruchsvolle Leben seiner Familie bestreiten. Noch kommt er über die Runden, weil sein Vermieter keine Miete verlangt, solange Georges dem Vaterland dient. Aber seine finanziellen Reserven schmelzen dahin, und sein einziger Trost ist, dass er Geld in Aktien angelegt hat, wo es sich sicher vermehren kann.

In ihren Memoiren hat die erwachsene Simone de Beauvoir wenig Sympathie für das Kind Simone. Wie ein »kleiner Affe«[8] kommt sie ihr in der Rückschau vor, wie ein artiges, überangepasstes Kind, das nach der Pfeife der Erwachsenen tanzt. Dabei ist ihr natürlich bewusst, dass sie mit dem Blick einer erwachsenen Frau auf dieses Kind schaut. Und sie weiß auch, dass das Verhalten der kleinen Simone ganz natürlich und verständlich ist. Wie jedes Kind sucht Simone ihren Platz in der Welt. Sie will gesehen und anerkannt werden. Aber da sie noch kein eigenständiges Selbstbewusstsein entwickelt hat, übernimmt sie das Bild, das die Erwachsenen von ihr haben. Sie sieht sich mit den Augen ihrer Eltern, von Louise und ihrer Lehrerin Mademoiselle Fayet. Alle vermitteln ihr, wie sie sein soll. Und zwischen der Simone, wie sie sein soll, und ihrer eigenen Vorstellung von sich selbst gibt es keinen Unterschied. Ihre Freiheit besteht sozusagen darin, das Bild von sich anzunehmen, das man ihr zuweist. »Man hat mich dazu erzogen, das, was sein soll, mit dem zu verwechseln, was ist«, schreibt Simone de Beauvoir im Rückblick.[9]

Dabei kommt es dem Kind Simone überhaupt nicht in den Sinn, dass ihre Eltern, Louise oder ihre Lehrerin anders sein könnten, als sie sind. Deren Verhalten, deren Werte sind absolut. Sie verkörpern die Wahrheit, sind unfehlbar. Und so lernt Simone, dass sie zu einer Elite der Guten gehört, für die Bildung und gute Sitten mehr wert sind als Geld. Sie lernt, dass der Blick Gottes immer auf sie gerichtet ist, dass er jede kleinste Verfehlung sieht, aber auch in der Beichte alle Sünden wieder wegwischen kann. Sie lernt von ihrer Mutter, dass Frauen, die sich schminken oder ihre Haare färben, »gewöhnlich« sind und der nackte Körper etwas Gefährliches ist und zur Sünde verführt. Zu Hause und im Cours Désir lernt sie, dass sie sich als Mädchen zurücknehmen muss und ihr zukünftiges Glück darin besteht, dass einmal ein Mann sie heiratet, der sie liebt und dem sie gehorchen muss. Das alles lernt Simone. Und alles Gelernte bildet eine feste, klare Welt, in der sie ihren Platz hat, geliebt und bewundert wird. Für die erwachsene Simone de Beauvoir ist die kleine Simone ein lebender Widerspruch. Sie ist ein »verfremdetes Wesen«[10] und zugleich ein glückliches Kind.

Dieses Glück bekommt allerdings manchmal Risse. Oder anders gesagt: Es gibt Situationen, in denen Simone Erfahrungen machen muss, die nicht in ihre heile Kinderwelt passen. So zum Beispiel kann sie nicht verstehen, warum ihr Vater nicht in die Kirche geht, sondern am Sonntag lieber zum Pferderennen. Er nimmt auch nicht an den Gebetsstunden teil und macht sich lustig über die Leute, die zur Wallfahrtsstätte Lourdes pilgern, um von ihren Krankheiten geheilt zu werden. Religion und Glaube sind für ihn etwas für Frauen und Kinder. Er hält es mit den von ihm hochgeschätzten Autoren, die alle Skeptiker und Atheisten sind. Simone bewundert ihren Vater, weil er Bücher liest. Wie kann aber ein Mensch, der so klug ist wie er und sich nie irrt, an Gott zweifeln, während es für sie und ihre Mutter das größte Unglück wäre, den Glauben zu verlieren? Sie kann diesen Widerspruch nur ertragen, indem sie annimmt, dass es eben zwei ganz verschiedene Bereiche im Leben gibt: einen Bereich des Glaubens und einen anderen, in dem es um Literatur, Kunst, Theater geht. Aber allein die Tatsache, dass ihre Eltern zu einer Sache so völlig verschiedene Ansichten haben, ist höchst verwirrend für Simone.

Verstörend ist auch, dass sie nun öfter, wenn sie im Bett liegt, ihre Eltern streiten hört. Sie hält sich dann die Ohren zu oder zieht sich die Decke über den Kopf. Manchmal schnappt sie jedoch Worte auf, die sie am liebsten nicht hören würde. Einmal steht sie dabei, als Louise im Treppenhaus mit anderen Bediensteten abschätzig über ihre Mutter redet. Simone kann es nicht fassen, dass gewöhnliche Menschen wie Louise oder die Tochter der Hausmeisterin über ihre Mutter herziehen, die doch ihr Vorbild und in allem perfekt ist. Simone weiß sich nicht anders zu helfen, als schweigend über solche störenden Erlebnisse hinwegzugehen. Als Kind, so wird sich Simone de Beauvoir einmal erinnern, habe sie den Eindruck gehabt, als sei jeder Erwachsene »eingeschlossen in seine eigenen vier Wände«. Manchmal habe sie unabsichtlich diese Wände durchstoßen, dann habe sie nichts Eiligeres zu tun gehabt, als diese Löcher rasch wieder zu stopfen. »[M]eine Schutzwälle«, so schreibt sie, »sollten nicht rissig sein.«[11]

Die Versorgungslage im Krieg wird von Jahr zu Jahr schlechter. In der Wohnung der Beauvoirs ist es kalt und meist gibt es nur eine dünne Suppe zu essen. Nachts heulen häufig die Sirenen und die Fenster müssen verdunkelt werden. Die Deutschen haben eine Wunderwaffe entwickelt, ein Monstrum von einer Kanone mit einem riesigen Rohr, das sie »Paris-Geschütz« nennen, weil man damit auch die weit entfernte französische Hauptstadt erreichen kann. Die Einschläge richten keinen großen Schaden an, aber sie verbreiten unter der Bevölkerung Angst und Schrecken. Großmutter Brasseur ist mit ihren Nerven am Ende und ihre Tochter Françoise nimmt sie bei sich auf. Sie bekommt Simones Zimmer, die nun mit Louise im Wohnzimmer schläft. Zu den Mahlzeiten kommen Großvater Brasseur und Tante Lili vorbei, was regelmäßig zu Streit und hitzigen Gesprächen führt. Gustave Brasseur hat seinen Bankrott längst hinter sich gelassen, er leitet jetzt eine Schuhfabrik und ist voller verrückter Ideen, wie er wieder Millionen verdienen wird. Er hat einen Goldbarren dabei und behauptet, ein Alchimist hätte dieses Gold vor seinen Augen aus einem Klumpen Blei gemacht. Er will, dass Georges in die Sache investiert, aber der lächelt nur, was wiederum seinen Schwiegervater zur Weißglut treibt und in der Wohnung alle durcheinanderschreien lässt.

Simone hat sich daran gewöhnt, dass es mit der vielbeschworenen Harmonie in der Familie nicht weit her ist. Sie zieht sich dann zurück in die Spiele mit ihrer kleinen Schwester oder versinkt in eines ihrer Bücher. Für kulturelle Bildung wie Theater oder Kino ist kein Geld da. Lesen ist noch das billigste Vergnügen und das kommt Simone entgegen. Sie liest alles, was ihr in die Finger kommt oder, richtiger, was ihre Mutter erlaubt, dass ihr in die Finger kommt. Je stärker aber ihre Neugier und ihr Wissensdrang zutage treten, desto enger wird ihr Verhältnis zu ihrem Vater. Georges gibt ihr Bücher aus seiner Bibliothek und spricht mit ihr über Literatur. Simone ist begeistert, dass ihr Vater sie wie eine Erwachsene behandelt. Für ihre Mutter ist sie noch ein Kind, und sie wacht streng darüber, dass Simone nichts liest, was in ihrem Kopf Schaden anrichten könnte. Bei manchen Büchern, die eigentlich völlig harmlos sind, steckt sie sogar mit einer Nadel jene Seiten zusammen, die ihrer Ansicht nach unschickliche Stellen enthalten. Simone wagt es nicht, die Nadeln herauszuziehen.

Manchmal kann Françoise doch nicht verhindern, dass Simone auf ein Wort stößt, das Fragen in ihr auslöst. Ausgerechnet in einem Marien-Gebet bleibt Simone an dem Ausdruck von der »Frucht des Leibes« hängen und fragt ihre Mutter danach. Die zeigt mit einem Stirnrunzeln oder indem sie ihre Lippen verzieht, dass sie darüber nicht reden möchte und es sich um eine ungehörige Sache handelt. Daraufhin behält Simone in Zukunft solche Fragen lieber für sich. Als ungehörig gilt es auch, sich zu lange im Spiegel zu betrachten oder zu viel Haut zu zeigen. Wenn sie ihre Unterwäsche wechselt, darf sie sich nie ganz ausziehen.

Einige Räume des Cours Désir werden als Lazarett genutzt. Verletzte und verstümmelte Soldaten liegen auf Feldbetten. Die meisten Mädchen sind wegen der Fliegerangriffe von ihren Eltern aus Paris weggebracht worden. In ihrer Klasse sind sie nur noch zu zweit und von einem sinnvollen Unterricht kann nicht mehr die Rede sein. Simones Mutter erlaubt es ihr, die Großtante Alice zu besuchen, eine korpulente Frau mit Damenbart, die kleine Geschichten für eine Kinderzeitschrift schreibt. Im Nachbarhaus wohnen ihre zwei Enkelkinder, Jacques und Thérèse, Titite genannt. Der Vater der beiden, Charles Champigneulle, ist bei einem Autounfall ums Leben gekommen, und die Mutter ist mit ihrem zweiten Mann aus Paris weggezogen.

Simone bewundert Jacques, nur wenig älter als sie, weil der so viele Freiheiten hat, in ein angesehenes Gymnasium geht und viel mehr weiß als sie. Er hat einen Bücherschrank, aus dem sich Simone Bücher nehmen darf, die sie dann nicht mit nach Hause nimmt, sondern gleich auf der Treppe liest. Erst später wird sie erfahren, dass Jacques' Vater und ihre Mutter einst ineinander verliebt waren und es ihrer Mutter das Herz gebrochen hat, als er eine andere heiratete. Jacques ist mit seinen goldbraunen Locken ein hübscher Junge, der sich normalerweise nicht mit Mädchen abgibt, weil sie ihm alle zu dumm sind. Simone ist eine Ausnahme. Umgekehrt ist Jacques für Simone eine ganz neue Erfahrung. Er nimmt sie ernst und mit ihm kann sie über alles offen reden. Bald wird die beiden mehr verbinden als nur Bücher.

Außer Jacques hat Simone keine Freunde. Es ist ihr verboten, die Kinder im Park anzusprechen oder gar mit ihnen zu spielen. Fast jede Minute am Tag ist sie in der Obhut ihrer Mutter. Am Montag, dem 11. November 1918, überwacht Françoise de Beauvoir die Klavierübungen ihrer Tochter, als die Glocken aller Kirchen in der Stadt läuten. Der Krieg ist zu Ende. In den frühen Morgenstunden haben eine deutsche und eine französische Delegation im Wald von Compiègne das Waffenstillstandsabkommen unterzeichnet. Im Friedensvertrag von Versailles, den man jetzt aushandelt, wird Deutschland zum Hauptschuldigen am Krieg erklärt und zu Gebietsabtretungen und Reparationszahlungen verpflichtet.

Frankreich gehört zu den Siegermächten. Davon jedoch merkt Georges de Beauvoir wenig. Er ist jetzt kein Soldat mehr, aber wie es mit ihm beruflich weitergeht, ist offen. In der Familie schimpft er oft über die »Bolschewiken«, die ihn zugrunde gerichtet hätten. Simone denkt dabei an die deutschen »boches«, weil die Wörter so ähnlich klingen. Georges aber meint die radikalen Kommunisten, die in Russland unter ihrem Anführer Wladimir Iljitsch Lenin einen Bürgerkrieg ausgelöst und die Zarenfamilie ermordet haben. Durch die Revolution sind die russischen Eisenbahn- und Bergbauaktien, in die Georges investiert hat, wertlos geworden. Nachdem er auf die Mitgift seiner Frau verzichten musste, ist das der zweite schwere Schlag für ihn. Er ist jetzt quasi mittellos und hat auch nicht mehr das Geld, sich wieder eine Existenz als Anwalt aufzubauen. Es bleibt ihm nichts anderes übrig, als das Angebot seines Schwiegervaters anzunehmen und in dessen Schuhfabrik als »Vizedirektor« einzusteigen. Das ist ein hochtrabender Titel für einen schlecht bezahlten Job.

Georges de Beauvoir muss sich wohl oder übel damit abfinden, dass seine Familie nun zu den neuen Armen gehört. Die große Wohnung kann er sich nicht mehr leisten, und seine Töchter werden ohne Mitgift keinen Mann finden, jedenfalls keinen, der den Ansprüchen der Familie genügt. Denn am Anspruch, einer gehobenen, elitären Klasse anzugehören, halten Georges und Françoise de Beauvoir fest. Uneins sind sie allerdings in der Frage, ob Simone weiter in den Cours Désir gehen soll. Françoise ist unbedingt dafür. Georges ist dagegen schon länger der Meinung, dass seine intelligente Tochter in dieser Schule völlig unterfordert ist. Sie braucht eine gute Ausbildung, damit sie später einen Beruf ergreifen kann, der sie ernährt. Er findet es auch bedenklich, dass Simone den Wunsch geäußert hat, einmal ins Kloster zu gehen.

Georges kann sich nicht durchsetzen, auch weil Simone unbedingt im Cours Désir bleiben möchte. Das hat weniger mit der frommen Ausrichtung der Schule zu tun. Im Gegenteil. Der Grund ist eine neue Schülerin, die nach den Ferien in ihre Klasse kam. Sie heißt Elisabeth Le Coin und ist so ganz anders als die anderen Mitschülerinnen. Sie ist selbstbewusst, ja frech und macht sich über die Lehrerinnen lustig. »Zaza«, wie Simone de Beauvoir sie in ihren Memoiren nennt, und Simone sind inzwischen unzertrennlich.

III

VORBILDER

In ihrem Buch über die Bedeutung der frühen Kindheit spricht Alice Miller über das »Damoklesschwert«, das über jedem Kind hängt, das nicht »Nein« sagen darf, weil es fürchten muss, dass jede Weigerung eine Ablehnung durch die Mutter nach sich zieht, also einen Verlust von Geborgenheit und Liebe. Ein begabtes Kind wird seine scharfe Beobachtungsgabe unterdrücken, um irritierende Erfahrungen auszublenden und sich anzupassen. Wenn es aber anfängt, die Gedankenwelt der Eltern zu verlassen, will dieses Kind nicht allein sein. Es sehnt sich nach Gleichgesinnten und Vorbildern. Weil es die Lüge zu hassen gelernt hat, sucht es in diesen Vorbildern jene Offenheit und Ehrlichkeit, die es bisher so schmerzlich vermisst hat. Diese Offenheit ist, so Miller, »im Grunde das höchste, aber unerfüllbare Ideal«.[1]

Zum Skandal kommt es beim alljährlichen Klaviervorspiel der Schülerinnen des Cours Désir. Im festlich geschmückten Saal sitzen die herausgeputzten Mädchen in den ersten Reihen, dahinter die Lehrerinnen und die Eltern. Als Zaza an der Reihe ist, spielt sie ein Stück, das sie vorher nie fehlerlos beherrscht hat und von dem ihre Mutter ihr deswegen abgeraten hat. Jetzt spielt sie es tadellos. Als sie fertig ist, dreht sie sich zu ihrer Mutter um und streckt ihr die Zunge heraus. Die übrigen Mädchen sind schockiert und die Gesichter der Lehrerinnen erstarren. Als fast noch schlimmer als dieses unmögliche Benehmen wird es empfunden, dass Madame Le Coin ihre Tochter nicht zurechtweist, sondern ihr einen »vergnügten Kuss«[2] gibt.

Früher, als sie noch klein war, hat Simone auf den Familienfotos auch die Zunge rausgestreckt oder dem Fotografen den Rücken zugedreht. Jetzt würde sie sich das nicht mehr trauen. Umso mehr bewundert sie Zaza für ihre Ungezwungenheit und ihre Mutter für ihre Toleranz. Françoise de Beauvoir ist ebenfalls entsetzt über Zazas Benehmen, aber sie erlaubt ihrer Tochter trotzdem den Umgang mit diesem frechen Mädchen. Die Familie Le Coin ist sehr angesehen, sehr wohlhabend und vor allem sehr katholisch. Nach ihrem finanziellen Abstieg müssen die Beauvoirs froh sein, wenn eine reiche Familie wie die Le Coins nicht auf Distanz zu ihnen geht. Inzwischen hat Georges eine neue, billigere Wohnung gefunden, in der Rue de Rennes. Im Oktober 1919 findet der Umzug statt. Die Wohnung liegt im fünften Stock und das Haus hat keinen Aufzug, was Georges schwer zu schaffen macht, wenn er mit seinem schwachen Herzen die vielen Treppen hinaufsteigen muss. Louise nennt das neue Zuhause eine »Bruchbude«[3], was sicherlich übertrieben ist, aber auf den gewohnten Komfort muss man verzichten. Es gibt keine Heizung und kein Badezimmer, nur ein Waschbecken ohne fließend Wasser. Das Zimmer, das Simone und Hélène sich teilen müssen, ist so klein, dass ihre Betten fast aneinanderstoßen und sonst keine Möbel darin Platz haben.[4]

Simone kann sich nirgendwohin zurückziehen. Nie ist sie allein. Dabei ist sie kein Kind mehr. Eines Tages zeigen sich Blutflecken auf ihrer Unterwäsche, und sie denkt, sie sei krank. Ihre Mutter weicht ihren Fragen aus und erklärt ihr lediglich, dass sie nun »ein großes Mädchen« sei. Ihr Vater ist ihr auch keine Hilfe. Er macht vor anderen anzügliche Bemerkungen über ihren Zustand, woraufhin Simone sich furchtbar schämt, worüber, weiß sie nicht. Überhaupt verändert sich das Verhältnis zum Vater. Bisher war Simone für ihn eine kluge Gesprächspartnerin, mit dem Verstand eines Mannes, wie er immer sagt. Jetzt, da sie sich körperlich verändert, Pickel hat und eine plumpe Figur bekommt, verliert er das Interesse an ihr.

Simones Anblick ist ihm nicht nur unangenehm, sie führt ihm auch sein Versagen vor Augen. Er kann ihr keine Zukunft ermöglichen, wie es andere Väter seiner Klasse ihren Töchtern bieten können. Beruflich geht es bei ihm immer mehr bergab. Die Schuhfabrik seines Schwiegervaters machte nach dem Krieg große Verluste und er musste entlassen werden. Ein reicher Vetter verhilft ihm nun zu einem Job bei verschiedenen Zeitungen. Er muss dafür sorgen, dass Geschäftsleute Anzeigen bei diesen Zeitungen in Auftrag geben. Die Arbeit ist nicht nur schlecht bezahlt, sondern auch erniedrigend. Georges muss den potenziellen Kunden mit einer schlechten Presse drohen, falls sie eine Zusammenarbeit verweigern.

Wenn Simone ihre Freundin Zaza besucht, erlebt sie eine andere Welt als zu Hause. Die Wohnung der Le Coins in der Rue de Varenne ist riesig, was auch nötig ist bei einer Schar von neun Kindern. Zazas kleine Geschwister können herumtoben, wie sie wollen, ohne dass ihre Mutter einschreitet oder schimpft. Das ist für Simone umso erstaunlicher, als Madame Le Coin den größten Wert auf die richtige religiöse Erziehung ihrer Kinder legt. Sie und ihr Mann, ein Ingenieur bei der Bahn, sind überzeugte Katholiken, die ihren Glauben durch Taten beweisen wollen. Sie spenden viel Geld für wohltätige Zwecke. Und jedes Jahr pilgert die Familie nach Lourdes, wo die Söhne helfen, die Kranken zu transportieren, und die Töchter in der Hospitalküche mitarbeiten.

Zaza ist der Liebling ihrer Mutter und sie tut auch alles, um deren Erwartungen zu erfüllen. Andererseits macht sie sich in heimlichen Gesprächen mit Simone über das christliche Engagement ihrer Eltern lustig und vermutet dahinter nur Heuchelei und Prestigesucht. Simone misst diesem Widerspruch vorerst keine Bedeutung bei. Was ihr an Zaza so ungeheuer imponiert, ist, wie zynisch sie über alle möglichen Leute herzieht: über ihre überfromme ältere Schwester, über die einfältigen Lehrerinnen im

Cours Désir oder die scheinheiligen Hausgeistlichen an der Schule. Dabei ist Zaza bei den Mitschülerinnen beliebt, im Unterschied zu Simone, die als humorlos und verbissen gilt. »Zaza war wirklich bezaubernd, sogar brillant«, erinnert sich eine Mitschülerin, »viel lustiger als Simone.«[5] Die beiden sind die Besten in ihrer Klasse. Aber während Zaza alles leichtnimmt und ihr alles leichtfällt, ist Simone immer ernst, strebsam und ehrgeizig, ja verbissen. Dass diese Mädchen beste Freundinnen sind, ist für manche ein Rätsel. Was die beiden verbindet, sind ihr Wissensdurst und die Liebe zu Büchern. Was sie allerdings auch verbindet, ist, dass sie in den Konventionen ihrer Familien gefangen bleiben. Sie reden viel miteinander und schreiben sich lange Briefe. Aber sie siezen sich, und über ihre innersten Gefühle und Wünsche sprechen sie nicht, auch nicht über ihre Sehnsucht nach Glück und Unabhängigkeit. Simone bleibt auch nicht verborgen, dass Zaza ihr mehr bedeutet als umgekehrt.

Simone beneidet Zaza um ihre Freiheiten. Ihre Mutter hat nichts dagegen, wenn sie allein in der Stadt unterwegs ist. Simone und Hélène dürfen dagegen nicht einmal allein die vierhundert Meter von der Wohnung zur Schule gehen. Noch schlimmer wird es, als Louise kündigt. Sie hat einen jungen Handwerker kennengelernt, mit dem sie sich verlobt. Eine Nachfolgerin entlässt die Mutter gleich wieder, weil sie diese Catherine für eine »Herumtreiberin«[6] hält. Sie beschließt, die Hausarbeit nun selbst zu übernehmen. Auch in dieser Rolle, wie in der Rolle als Mutter, will sie vorbildlich sein. Das heißt für sie in erster Linie zu sparen, wo es nur geht. Darunter leiden vor allem die beiden Töchter, die in abgetragenen Kleidern herumlaufen müssen. Georges, ihr Mann, verbringt immer weniger Zeit in der Familie. Nach der Arbeit geht er meistens in sein Stammlokal, das »Versailles«, um Bridge oder Poker zu spielen. Manchmal kommt er um Mitternacht oder gar in den frühen Morgenstunden nach Hause, leicht angetrunken.

Françoise stellt ihn natürlich nicht zur Rede. Sie hat gelernt, über peinliche Wahrheiten einfach hinwegzusehen. Sie fühlt sich immer noch mitschuldig am Schicksal ihres Ehemannes. Und je schlechter es ihm geht und je mehr er sich gehen lässt, desto mehr glaubt sie, das Bild einer intakten Familie aufrechterhalten zu müssen. Dabei ist Françoise im Grunde eine sehr vitale Frau. Aber von Kindheit an und vor allem in der Klosterschule ist ihr beigebracht worden, dass Verzicht und Selbstverleugnung die höchsten Tugenden sind. Ihre Wünsche und Träume kann sie aber nicht ganz unterdrücken. Das macht sie gereizt und launisch. Françoise hat als Kind unter der Gefühlskälte ihrer Mutter gelitten. Nun will sie ihrem Mann eine treue, gute Ehefrau sein und ihren Kindern eine fürsorgliche und verständnisvolle Mutter. Doch durch ihren Kontrollwahn und ihre dauernden Verbote bewirkt sie das Gegenteil. »Sie hat gegen sich selbst angelebt«, wird Simone de Beauvoir einmal über sie urteilen.[7]

Die schönsten Tage im Jahr sind es für Simone, wenn die Familie im August und September ihre Ferien auf dem Gut des Großvaters verbringt. Zum Anwesen gehören Stallungen mit Pferden und ein weitläufiger Park, in dem sich Simone frei und ohne Aufsicht bewegen darf. Schon am frühen Morgen schleicht sie sich aus dem Haus, um den Tag in den Wäldern, an den Teichen und Bächen zu verbringen. Stundenlang liegt sie auf einer Wiese mit einem Buch über den heiligen Franz von Assisi und hört auf die Geräusche des Sommers. Viel lebhafter als im Cours Désir verspürt sie hier die Anwesenheit Gottes. Es kommt ihr so vor, als ob Gott ihre Augen braucht, um die Schönheiten der Natur wahrzunehmen. Fehlt ihr Blick, so glaubt sie, dann fallen all diese Bäume, Blumen und Wolken in eine stumme Gleichgültigkeit zurück. Wenn sie die Zeit vergisst und zu spät zum gemeinsamen Abendessen kommt, gibt es großen Ärger, und ihre Mutter verbietet es ihr, den nächsten Tag im Park zu verbringen. Unerträglich ist ihr dann der Gedanke, dass ein Sommertag ohne ihre Augen und Ohren vergeht. Den Tag verbringt sie mit Zorn im Herzen über dieses willkürliche Verbot. Dagegen verstoßen, das kann sie jedoch nicht.

Nur zwanzig Kilometer von Meyrignac entfernt liegt das Gut Grillère, wo Tante Hélène, Georges' Schwester, mit ihrem Mann Maurice lebt. Es ist ein kleines Schloss auf einem Hügel, der zu einem großen Garten umgestaltet ist. Tante Hélène hat eine Tochter, Madeleine, die älter ist als Simone. Madeleine ist ein richtiges Landkind, das mit Tieren aufgewachsen ist. Madeleine ist für Simone schon viel erfahrener. Und einmal, vor Jahren beim Spielen, hat sie sie unumwunden gefragt, was das eigentlich sei, worüber die Erwachsenen so ein Geheimnis machen. Madeleine hat ihr daraufhin die Hoden ihres Hundes gezeigt und gemeint: »Schaut mal, Hunde haben Kugeln zwischen den Beinen, und solche Kugeln haben Männer auch.«[8] Das war für Simone nicht besonders aufschlussreich. Doch immerhin konnte ihr Madeleine bestätigen, was sie immer schon geahnt hatte, dass nämlich die Kinder aus dem Unterleib der Mutter kommen und dass sie nicht, wie sie immer gedacht hatte, durch den Bauchnabel nach draußen gelangen. Mehr erfuhr sie auch nicht und wollte auch nicht mehr wissen. Denn solche Gespräche galten im Cours Désir als verboten und »hässlich«. Und der Schulgeistliche hatte ihnen von einem Mädchen erzählt, das schlechte Bücher gelesen hatte und sich daraufhin das Leben genommen hat. Der Schutz gegen solche Gefahren, so wurde ihr versichert, sei der Glaube.

An Verbote hält sich Simone oft nicht mehr. In unbeobachteten Momenten liest sie in Zeitschriften und Büchern, in denen von Liebhabern die Rede ist und Zärtlichkeiten geschildert werden. Daraufhin schläft sie unruhig und hat Träume, von denen sie niemand zu erzählen wagt, auch nicht Zaza. In der Schule ist ihr eingetrichtert worden und von ihrer Mutter hört sie es unentwegt, dass Liebe gleichbedeutend ist mit Heirat und Ehe. Wird sie also die Liebe nur kennenlernen, wenn sie einen Mann findet, der sie heiratet, auch ohne Mitgift? In Zazas Familie jedenfalls werden alle Mädchen auf eine zukünftige Ehe vorbereitet. Ihre Mutter nimmt sie schon jetzt mit auf Gesellschaften, um mögliche Heiratskandidaten auszuspähen. Zaza kommt sich vor wie eine Prostituierte, lässt sich aber willig von einem Treffen zum anderen schleppen. Simone hat keine solche Auswahl. Der einzige junge Mann, mit dem sie Umgang hat, ist Jacques. Er kommt oft zu Besuch in die neue Wohnung, um mit Simone zu reden. Er tritt sehr selbstbewusst auf und verteidigt gegenüber dem Vater leidenschaftlich seine literarischen Vorlieben und politischen Ansichten, die Georges bedenklich findet.

In gewisser Weise hat Jacques bei Simone die Stelle des Vaters übernommen. Er schätzt ihre Intelligenz und ihre Belesenheit, und dass sie nicht besonders attraktiv ist, scheint ihn nicht zu stören. Françoise findet Jacques sehr charmant, und sie erlaubt es sogar, dass Simone ihn besucht. Da er die prekäre Situation der Familie kennt und trotzdem Interesse an Simone hat, macht sie sich Hoffnungen, dass aus den beiden einmal ein Paar werden könnte. Jacques wäre eine gute Partie. Sein Vater hat ein gutgehendes Unternehmen für Glaskunst hinterlassen, das er, der Sohn, eines Tages weiterführen möchte. Jacques hat ein in Blei gefasstes Glasfenster für sie angefertigt, in das er eine Widmung einfügt: »Für Simone«. Simone ist so angetan von diesem Geschenk, dass sie es in romantischem Überschwang als Zeichen einer Verlobung betrachtet. Jacques macht diese spielerische Verbindung mit und sie unternehmen eine Hochzeitsreise auf den Holzpferden eines Karussells im Jardin du Luxembourg.[9]

Die fünfzehnjährige Simone macht sich viele Gedanken, wie ein zukünftiger Gefährte sein sollte. Zu einer idealen Beziehung gehört für sie, dass man sich alles sagen kann. Um einen Mann respektieren zu können, müsste er ihr aber auch überlegen sein. In dem Sinne, dass er so sein soll, wie sie es werden will. Er sollte also gewissermaßen eine »Idealform«[10] von ihr sein. Das trifft auf Jacques zu, der so viel mehr weiß als sie. Zaza ist auch so, wie sie sein möchte, weil sie nicht so unterwürfig ist wie die anderen Mädchen am Cours Désir und über Leute so respektlos redet. Ein Vorbild ist auch Jo, das Mädchen in dem Roman »Little Women« von Louisa May Alcott, den Simone begeistert liest. Jo ist wie sie selbst zwar nicht so hübsch wie ihre Schwestern, aber sie hat einen viel schärferen Verstand als diese und sie will Schriftstellerin werden. Simone ist zunächst entsetzt darüber, dass Jos Freund Laurie Jos dumme Schwester Amy heiratet. Aber es beeindruckt sie, dass Jo trotz dieser Zurückweisung ihren Stolz behält und an ihren Träumen festhält. Durch diese literarische Figur kommt Simone zum ersten Mal auf die Idee, dass man als junge Frau ja nicht unbedingt heiraten muss, sondern es andere Wege gibt, Liebe und ein selbstbestimmtes Leben zu führen.[11]

Zaza, Jacques, Jo – das sind für Simone Vorbilder oder, richtiger gesagt, sie zeigen ihr, wie sie sein könnte, sein möchte. Gleichzeitig machen sie ihr auch bewusst, wie schwierig es ist, sich von dem Milieu zu befreien, in dem man aufgewachsen und von dem man geprägt ist. Simone ist verwundert und empört, als Zaza, die doch sonst eine Rebellin ist, einmal meint, dass es ebenso viel wert sei, neun Kinder in die Welt zu setzen wie ihre Mutter, wie Bücher zu schreiben.[12] Und Jacques sieht sich schon als Geschäftsmann in der Nachfolge seines Vaters, sodass Simone oft daran zweifelt, ob er es mit seinen künstlerischen Ambitionen wirklich ernst meint. Sie selber ist absolut überzeugt davon, dass sie einer Klasse angehört, die den unteren Schichten haushoch überlegen ist. Wenn sie in Meyrignac einfache Bauern erlebt, verklärt sie sie zu glücklichen Naturmenschen oder verachtet sie, wenn sie ihnen zu nahe kommt, weil sie schmutzig sind und keine Bücher lesen. Ihrem Vater gibt sie recht, wenn er die Unzufriedenheit der Arbeiter damit erklärt, dass sie nur neidisch sind auf die oberen Schichten.

Wie dünkelhaft und realitätsfremd diese Einstellung ist, wird Simone bewusst, als sie mit ihrer Mutter Louise besuchen. Sie ist inzwischen verheiratet und hat ein Kind. Zusammen mit ihrem Mann wohnt sie in einer winzigen Dachkammer. Simone kann sich nicht vorstellen, dass Menschen in dieser Enge und in diesem Schmutz leben, und sie bekommt das erste Mal einen Eindruck davon, was Elend wirklich bedeutet. Als sie später erfährt, dass Louises Kind gestorben ist, muss sie stundenlang weinen. Fragwürdig wird ihr nun die Frömmigkeit ihrer Lehrerinnen und Geistlichen am Cours Désir, die viel von Liebe und Mitleid reden, aber zu einem Gott beten, der mit den irdischen Dingen möglichst nicht in Berührung kommen soll. Fragwürdig wird ihr auch die Moral der Menschen ihrer bürgerlichen Klasse, die zwar Geld für wohltätige Zwecke stiften, aber nie auf ihre Privilegien und ihre Sicherheit verzichten oder sich für die Interessen der Arbeiter einsetzen würden.

Bei der feierlichen Vergabe der Zeugnisse am Ende des Schuljahres erhält Simone gute Noten, aber kein »Ehrenzeugnis« mehr für besonderen Fleiß und »Sittsamkeit«. Ihre Mutter wird darauf hingewiesen, dass Zaza keinen guten Einfluss auf sie habe und man sie deshalb nicht mehr nebeneinandersitzen lasse. Simone weint, aber nicht, wie alle denken, aus Enttäuschung darüber, dass sie kein »Ehrenzeugnis« bekommen hat, sondern aus Zorn, weil man sie von Zaza trennen will. Sie hat in diesem Moment das Gefühl, dass ihre Kindheit endgültig zu Ende geht.[13] Etwas trennt sie unwiderruflich von dieser Schule und auch von den Eltern. Sie wird es später »Freiheit« nennen. Noch ist es eher ein Hauch von Freiheit. Diese Erfahrung, die sie einmal stolz und glücklich machen wird, macht sie vorerst nur traurig und einsam.

Es gibt Situationen, in denen Simone in schwärzeste Stimmungen verfällt. Einmal hilft sie ihrer Mutter beim Abspülen und sieht durch das Fenster in die Küchen von Nachbarwohnungen, wo ebenfalls Frauen Geschirr spülen. Bei der Vorstellung, dass sie einmal tagaus, tagein mit Hausarbeit beschäftigt sein soll, steigt ein Gefühl der Hoffnungslosigkeit und Trostlosigkeit in ihr hoch. Mag sein, dass sie in diesem Moment an ihre Romanheldin Jo denkt, die sich weigert, Hausarbeit zu machen, weil sie Zeit haben will für Bücher und Musik. Ein anderes Mal bringt sie, wie jeden Abend, den Mülleimer hinunter. Als sie das Himmelsviereck über dem Hof sieht und die Geräusche des Nachtlebens von der Straße her zu ihr dringen, wird ihr ihre Lage unerträglich bewusst. Sie lebt in einer armseligen Wohnung mit schlechtgelaunten Eltern wie in einem Gefängnis ohne Gitterstäbe. Und sie fragt sich, wann und wie sie diesem »Leben im Käfig« entrinnen wird.[14]

Wir wissen nicht, wann genau jenes Erlebnis stattfand, das Simone de Beauvoir in ihren Memoiren eine »Erleuchtung« nennt. Ihre Angaben dazu sind ungenau. Auf alle Fälle war es bei einem der Ferienaufenthalte auf Meyrignac, dem Gut ihres Großvaters: Simone sitzt eines Abends in ihrem Zimmer am Fenster und schaut in den Garten hinaus. Sie will ein Gebet sprechen, merkt aber, dass es nur noch kraftlose Worte sind und sie sich selber etwas vormacht. Ihre Zweifel an der Religion sind immer größer geworden, ihre Verstöße gegen die Vorschriften der Lehrerinnen und ihrer Eltern haben ihr immer weniger Skrupel bereitet. Von einem Moment auf den anderen merkt sie, dass Gott keine Bedeutung mehr für sie hat und sie sich nicht mehr weiter etwas vormachen will. Sie ist selbst erstaunt darüber, wie leicht es ihr fällt zu sagen, dass sie nicht mehr an Gott glaubt. In ihren Erinnerungen schreibt Simone de Beauvoir: »Ich leugnete ihn nicht, um mich von jemandem zu befreien, der mir Hemmungen auferlegte: Ich stellte im Gegenteil fest, dass er in mein Leben nicht mehr eingriff, und ich schloss daraus, dass er für mich zu existieren aufgehört habe.«[15]

Nach Alice Miller besteht das »Drama des begabten Kindes« auch darin, dass es Strategien entwickeln muss, um der Zwangslage zu entgehen, einerseits die Eltern schonen zu müssen und andererseits seine wahren Gefühle äußern zu wollen. Gerade Jugendliche, die streng religiös erzogen worden sind, richten, so Miller, ihre Wut stellvertretend »zunächst« auf jenen »Gott, an den ihre Eltern glaubten«.[16]

Irgendwann wird sich diese Wut gegen die Eltern selbst richten.

IV

DIE RUHELOSEN

Die französische Schriftstellerin Annie Ernaux hat in einigen ihrer Bücher den Versuch unternommen, als dreiundsechzigjährige Frau das Mädchen zu verstehen, das sie einmal war. Radikal soll dieser Versuch sein, insofern Ernaux den Teenager so zeigen will, wie er *damals* gedacht und gefühlt hat. Sie will der »Falle« entgehen, in die man beim Schreiben über sich selbst allzu leicht tappt, indem man nämlich dieses frühere Ich beschreibt und bewertet mit Erfahrungen, die man erst später erworben hat. Der Schreibauftrag, den sie sich gibt, lautet: alle Interpretationen zu zerstören, die sie im Laufe der Jahre angesammelt hat, und dazu gehört auch die Lektüre der Bücher von Simone de Beauvoir. Ernaux weiß, dass dieses Vorhaben nahezu unmöglich ist. Sie ist nicht mehr das Mädchen von damals. Dennoch ist sie davon überzeugt, dass sich dieses Mädchen irgendwo in ihr versteckt. Es ist, so schreibt sie, eine »Art reale Präsenz«.[1]

Als Simone de Beauvoir den ersten Band ihrer Memoiren niederschrieb, *Mémoires d'une jeune fille rangée*, sah sie das Mädchen Simone vor sich, und manchmal glaubte sie, »dass ich die Kleine in mir trage«. Wie Annie Ernaux zweifelt sie daran, ob es möglich sei, sich noch einmal ganz in dieses frühere Selbst hineinzuversetzen. Ein Irrtum wäre es für sie jedenfalls zu meinen, dass man die jugendliche Simone einfach der Vergangenheit entreißen könne. Für diese »Auferstehung« ist ihrer Meinung nach mehr nötig als ein gutes Gedächtnis oder faktengenaue Wiedergabe. Es ist eine kreative Aufgabe. Es ist, so meint sie, ein »Schöpfungsakt, weil er an die Fantasie und die Überlegung genauso große Ansprüche stellt wie an das Gedächtnis«.[2]

Annie Ernaux erzählt, wie die siebzehnjährige Annie im August 1958 das erste Mal in ihrem Leben ihr Elternhaus und ihre gewohnte Umgebung verlässt, um als Betreuerin bei einer Jugendfreizeit mitzumachen. Streng katholisch erzogen und sorgsam behütet, kann sie nicht verhindern, dass die Mutter sie auf der Bahnfahrt begleitet. Am Bahnhof von Rouen hat sie nichts Eiligeres zu tun, als sich von der Mutter mit einem hastigen Kuss zu verabschieden. Seit sie weiß, dass sie diesen Sommer ohne Eltern verbringen wird, hat sie nur einen Gedanken im Kopf: junge Männer kennenzulernen und Sex zu haben.

Ende September 1925 darf die siebzehnjährige Simone de Beauvoir das erste Mal alleine reisen. Térèse, eine Mitschülerin am Cours Désir, hat sie zum Landsitz ihrer Familie nach Joigny, einem Ort südlich von Paris, eingeladen. Ihre Mutter bringt sie zum Bahnhof und übergibt sie Térèse. Françoise de Beauvoir hat dieser Reise zugestimmt, weil Térèses Familie sehr kirchentreu ist und sie somit Simone in guten Händen weiß. Simone erwartet keine aufregenden Abenteuer, aber sie fühlt sich frei. Das Cours Désir liegt hinter ihr und sie hofft, dass sich nun die Tür zu einem neuen Leben öffnet. Im letzten Jahr und in den letzten Monaten hat sie einen wahren Marathon an Prüfungen absolviert. Zuerst den normalen Abschluss am Cours Désir, dann das Baccalauréat, vergleichbar dem deutschen Abitur, das zum Studium berechtigt. Dazu musste sie in einem zusätzlichen Schuljahr vorbereitet werden. Die Prüfungen fanden dann an der Universität Sorbonne statt.

Jetzt ist die Frage, was Simone studieren wird und wo. Die Mutter hat ihr vorgeschlagen, Bibliothekarin zu werden, der Vater möchte gern, dass sie Jura studiert. Beides lehnt Simone ab. Sie ist entschlossen, Lehrerin zu werden, bevorzugt für Philosophie, und zwar nicht an einer Schule wie dem Cours Désir, sondern an einem staatlichen Gymnasium. Am liebsten würde sie natürlich die École Normale Supérieure besuchen, die Pariser Elite-schule, die am besten auf die Agrégation vorbereitet, jene Prü-fung, die man bestehen muss, um zur obersten Kategorie der Leh-rerschaft an Gymnasien zu gehören. Simone muss erst eine Lizenz an der Sorbonne erwerben und das Staatsexamen für das höhere Lehramt machen, um dann zur Agrégation zugelassen zu werden. Würde sie diese letzte Hürde schaffen, wäre sie eine der ganz we-nigen Frauen mit einer solchen Ausbildung. Die Eltern geben schließlich nach, nicht ohne große Vorbehalte. Waren sie doch bis-her darauf bedacht, dass Simone in kirchlichen Einrichtungen er-zogen wird. Und nun will sie Lehrerin an weltlichen Schulen wer-den. Für die Erzieherinnen am Cours Désir ist das eine riesige Enttäuschung, und sie halten es für eine ausgemachte Sache, dass Simone an Orten wie der Universität Sorbonne in kürzester Zeit jeden moralischen Halt verlieren und in einem Sündenpfuhl ver-sinken wird.

Françoise de Beauvoir lässt sich von diesen Ängsten beeinflus-sen und sucht andere Lösungen, nicht zuletzt in der Absicht, ihre Tochter weiterhin unter Kontrolle zu halten. Sie soll möglichst wenig Zeit an der Sorbonne verbringen und die Vorbereitungen für das Examen hauptsächlich an Bildungsstätten machen, die da-zu berechtigt und an die katholische Kirche gebunden sind. Ihre Wahl fällt auf das »Institute Saint-Marie« im Pariser Vorort Neuilly und auf das »Institut Catholique«, ganz in der Nähe der elterlichen Wohnung. Simone ist einverstanden, weil auch Zaza am »Institute Saint-Maire« sein wird. Hauptsache, sie ist Studentin!

Simone muss zugeben, dass ihr bisheriges Leben ein ziemlich verkopftes Dasein war. Sie hat ungeheuer viel gelernt und Hun-derte Bücher gelesen, aber erlebt hat sie wenig. Liebe und Leiden-schaft kennt sie nur aus Romanen. Im Grunde ist sie ein »Unschulds-gänschen«[3], das sich vor allem ängstigt, was mit Sexualität zu tun hat. Alles, was sie an Exzessen erlebt hat, waren ein Tanzkurs und eine durchwachte Nacht mit Freundinnen in den Ferien. Einmal fasste ihr im dunklen Kino ein Mann unter den Mantel. Sie war völlig rat- und hilflos und hielt ihre Handtasche fest, weil sie glaubte, er wolle sie stehlen.[4] Simone ist kein pummeliges, ungepflegtes Mädchen mehr, sondern eine hübsche junge Frau. Sie glaubt sogar, in der Bibliothek die Blicke der Männer auf sich zu spüren. Mit diesen Blicken ist es vorbei, als der Großvater Brasseur im Spätherbst stirbt. Ihre Mutter lässt Simone Schwarz tragen, und sie muss nun als trauernde Enkelin auftreten, obwohl sie ihren Opa nicht ausstehen konnte. Sie kommt sich vor wie eine Vogelscheuche. Wenn sie mit Zaza auf dem Boulevard St. Michel entlanggeht, beneidet sie die jungen Frauen und Männer, die in den Cafés sitzen oder vor den Kinos stehen und sich lebhaft unterhalten. Sie sitzt den ganzen Tag in den Bibliotheken oder lernt zu Hause. Die einzige Freiheit, die ihre Mutter ihr zugesteht, ist, dass sie mit ihren Büchern in den Jardin du Luxembourg gehen darf. Andere Menschen anzusprechen ist ihr verboten oder sie verbietet es sich selber. Immerhin darf sie noch mit Jacques zusammen sein, und das auch nur, weil er bei den Eltern weiterhin als einzig möglicher Heiratskandidat gilt.

Jacques studiert inzwischen Jura und er hat einen Sportwagen geschenkt bekommen, einen kleinen roten Flitzer, mit dem er durch Paris jagt. Manchmal nimmt er »Sim«, wie er Simone nennt, mit, die wie ein kleines Mädchen kreischt, wenn er waghalsige Bremsmanöver macht. Und wie erwachsen kommt sie sich vor, wenn Jacques sie in eine Bar einlädt und sie Cocktails trinken. Geküsst hat Jacques Sim noch kein einziges Mal, auch nie zärtlich berührt. Ihr Verhältnis ist rein platonisch. Wenn Simone ihn besucht, sitzt sie auf dem mit rotem Samt bezogenen Sofa und Jacques geht rauchend auf und ab, seinen Gedanken nachhängend. Seine Sätze bricht er oft mittendrin ab, weil es, wie er meint, Unsagbares gibt, über das er nicht reden kann. Er leiht ihr Bücher von modernen

Autoren, die für die Eltern zu Hause »krankhaft«[5] sind, Bücher von Paul Claudel, Paul Valéry, Jean Cocteau, André Gide. Simone hätte gern, dass Jacques ihr erklärt, warum ihm diese Lektüre gefällt. Doch Jacques redet nicht gern darüber. Man müsse es erspüren, meint er immer mit vielsagendem Blick. Simone liest diese Bücher mit klopfendem Herzen. Ihr ist, also ob diese Autoren wüssten, was in ihr vorgeht, wenn sie von Liebe, von Verzweiflung, von Auflehnung gegen die bürgerliche Moral reden. In ihrem Kopf hat Simone eine weite Welt, in ihrer Umgebung dagegen hat sie das Gefühl, ersticken zu müssen.

Ihre Hoffnung, dass mit dem Studium ein anderes, freieres Leben beginnt, muss sie begraben. Alles wäre leichter für sie, wenn sie zu Hause mehr Unterstützung erhalten und Verständnis erfahren würde. Ihrer Mutter hat sie gebeichtet, dass sie nicht mehr an Gott glaubt. Seitdem betet Françoise täglich um Simones Seelenheil und überwacht sie noch mehr, offenbar in der Überzeugung, dass sie ihre Tochter dadurch vor schlimmen Einflüssen bewahren könnte und sie zum Glauben zurückfände. Nach wie vor liest sie auch die Briefe, die Simone und Hélène erhalten. Sie versucht sogar, Hélène von Simone fernzuhalten, damit sie nicht vom Unglauben der großen Schwester angesteckt wird.[6] Hinter dem Rücken der Mutter halten die beiden jedoch zusammen. Sie verbünden sich sogar gegen sie und setzen durch, dass die Mutter ihre Briefe nicht mehr liest. Hélène hat ebenfalls den Abschluss am Cours Désir gemacht, und weil sie gerne zeichnet, möchte sie sich in dieser Richtung ausbilden lassen. Die Eltern verbieten ihr ein Studium, erlauben ihr aber, Zeichenunterricht zu nehmen. Hélène ist sehr hübsch und hat gute Chancen, einen Mann zu finden. Eine junge Frau, die hübsch ist und die noch dazu ein paar Stücke auf dem Klavier spielen und schöne Bilder zeichnen kann, gilt für viele Männer als ideale Ehepartnerin.

Simone entspricht so gar nicht diesem Frauenbild. Und das lässt sie ihr Vater spüren. Obwohl er eine gute Bildung schätzt, sind ihm intellektuelle Frauen und »Blaustrümpfe« zuwider. In Simones Gegenwart schwärmt er von Jeanne, der Tochter seines Bruders Gaston, die immer lächelt und so liebenswürdig ist. Simone dagegen ist nicht liebenswürdig. Sie ist verschlossen und übellaunig. Bei Familienfeiern ist sie so muffig, dass man sie gerne in Ruhe lässt. Simone, die früher in ihrem Mitteilungsbedürfnis nicht zu bremsen war, vergräbt sich jetzt in ihr Schweigen. Sie hat den Eindruck, dass jedes Wort, das sie sagt, von ihren Eltern verdreht und gegen sie verwendet wird. Immer stärker verspürt sie die Kluft zwischen dem, was sie für sich selbst ist oder sein will, und dem, was sie für andere ist, nämlich ein »Misserfolg« und eine Enttäuschung für die Mutter, »eine Art Monstrum«[7] für den Vater.

Simone weiß nicht, dass vor kurzem nahe Wien ein gerade 40-jähriger Mann verstorben ist, der ganz ähnliche Erfahrungen gemacht hat wie sie und dessen Bücher sie einmal hochschätzen wird. Dieser Franz Kafka lebte die meiste Zeit seines Lebens bei seinen Eltern und wollte doch nichts anderes, als den »Krallen« seiner Familie zu entfliehen. Er schrieb sogar eine kleine Geschichte, in der der Sohn sich in ein ekliges Ungeziefer verwandelt. Die Mutter hoffte, dass der Sonderling Franz normal wird, wenn er heiratet. Und der Vater hielt ihn für einen »schlechten Sohn«. Franz musste sich ähnliche Vorwürfe anhören wie Simone, nämlich keinen »Familiensinn« zu haben, herzlos und »undankbar« zu sein.[8] Vor solchen Vorhaltungen floh Franz Kafka in sein Tagebuch, in das er am 12. November 1914 schrieb: »Die Eltern, die Dankbarkeit von ihren Kindern erwarten (es gibt solche, die sie fordern), sind wie Wucherer, sie riskieren gern das Kapital, wenn sie nur die Zinsen bekommen.«[9]

Simone führt auch ein Tagebuch. Es soll ein Selbstgespräch sein, zu dem niemand Zutritt hat. »Sollte jemand, wer es auch sei«, so schreibt sie auf das Deckblatt, »diese Seiten lesen, so werde ich es ihm niemals verzeihen.« Dem Tagebuch vertraut sie alles an, was sie nicht Zaza, nicht Jacques zu sagen wagt: ihre Einsamkeit, ihre Unruhe, ihre Ängste, ihre Hoffnungen. Als noch nicht verwirklichte »Philosophie meines Lebens« bezeichnet sie es, ein »unabhängiges Wesen« sein zu wollen, das »in sich sinnvoll« ist, das aber auch allem, was ihm begegnet, trotz aller Zufälle, Sinn geben kann, als da sind: »Gelegenheit zu handeln, Glück, Schmerz und die Meinung und Zuneigung anderer«.[10]

Zum »Glück« gehört für Simone immer noch ein Partner, mit dem sie über alles reden und mit dem sie alles teilen kann. Bei Jacques, an den sie dabei als Erstes denkt, weiß sie nicht recht, woran sie mit ihm ist. Einmal glaubt sie, ihn zu lieben. Dann überfallen sie wieder Zweifel. Jacques sendet Zeichen aus, die sie mehr verunsichern als beruhigen. Liegt ihm etwas an ihr oder spielt er nur mit ihr? Einmal sieht sie sein Auto vor einer Bar stehen und es wird ihr bewusst, dass er noch ein Leben hat, von dem sie nichts weiß. Ist sie nur eine von vielen Freunden und Freundinnen? Dagegen spricht, dass er einen Roman schreiben und ihr widmen will.

Dass er beim Jura-Examen durchfällt, ist für Simone ein Zeichen, dass er zu etwas anderem berufen ist. Wie nebenbei lässt er die Bemerkung fallen, dass er einmal heiraten wolle, aber dass er dabei vielleicht an sie denkt, sagt er nicht. Simone macht sich schier verrückt, Jacques' Worte und Gesten zu deuten und die richtige Antwort darauf zu finden. Nach einem Abendessen bei Jacques' Familie schreibt sie in ihr Tagebuch: »Ich habe Angst vor ihm, ich habe Angst vor mir. Ich spüre zu sehr meine Schwäche, meine unheilbare Dummheit, die mich dazu bringt, einen Scherz zu dramatisieren, mich wegen ein paar dahingesagten Worten zu quälen […]. Was kann ich für ihn sein?«[11]

Auf alle Fälle ist Simone für Jacques eine Seelenverwandte. Da ist sich Simone sicher. Und es empört sie, dass ihre Mutter nur daran denkt, dieses schöne Einverständnis in die Bahnen einer bürgerlichen Ehe zu lenken. In der Tat hält Françoise de Beauvoir die beiden für verlobt und wartet darauf, dass sich Jacques endlich erklärt. Als es ihr mit dem erhofften Antrag zu lange dauert, setzt sie Jacques unter Druck, indem sie Simone nach den Ferien verbietet, zu ihm zu gehen. In diesen Ferien hat Simone ihn wochenlang nicht gesehen und er hat auch nicht auf ihren Brief geantwortet. Wieder bringen sie seine Launen und seine Undurchsichtigkeit zur Verzweiflung. Aber verlieren möchte sie ihn nicht, weil Jacques in ihren Augen anders ist als die Menschen ihrer Klasse. Er gehört zu den »Unruhevollen«, zu jenen, die »unter Qualen suchen«[12]. Simone ist ihm dankbar für diese Unsicherheit.

Zu diesen »Unruhevollen« gehört auch ein Lehrer am Institute Saint-Marie. Er heißt Robert Garric und unterrichtet Literatur. Garric ist befreundet mit Jacques, und nicht zuletzt deswegen versucht Simone, seine Aufmerksamkeit auf sich zu lenken. Das schafft sie nicht nur durch brillante Aufsätze, sondern auch, indem sie bei Garrics sozialem Engagement mitmacht. Garric war Soldat im Weltkrieg und hat im Schützengraben den Entschluss gefasst, die Grenzen zwischen den Klassen zu überwinden. Er gründete das »Equipe social«, eine Art Volkshochschule, um Männern und Frauen aus der Arbeiterklasse Bildung zugänglich zu machen. Seine Studenten setzte er dazu als Lehrer ein. Auch Simone meldet sich und bekommt die Aufgabe, mit Fabrikarbeiterinnen über Literatur zu reden. Es ist jedoch weniger Garrics soziales Gewissen, das Simone imponiert. Absolut fasziniert ist sie davon, dass dieser Mann nicht einfach den vorgegebenen Wegen seines Berufs folgt, sondern sich selber ein Ziel setzt, seinem Leben einen eigenen Sinn gibt. Nach einem Vortrag Garrics ist sie so berauscht vom Pathos, mit dem er seine Ideen vertritt, dass sie zu Hause eine Art Gelübde ablegt. Auch sie will ihr Leben selber wählen! Auch sie will ein eigenes Ziel verfolgen! »Es ist absolut nötig«, so sagt sie zu sich selber, »dass mein Leben zu etwas dient!«[13]

Aber welchen Zielen will Simone dienen? Auch ihr Vater betont bei jeder Gelegenheit, dass man Ideale haben müsse. Obwohl er ein glühender Nationalist ist und über andere Nationen abfällig redet, beneidet er doch die Italiener, weil sie einen Mussolini haben, der Ideale vertritt. Benito Mussolini ist gerade dabei, mit Hilfe der katholischen Kirche, in Italien eine faschistische Diktatur zu errichten. Simone ist politisch zu naiv, um die Ansichten ihres Vaters zu kritisieren, aber es schmerzt sie, dass er ihre Ideale nicht gelten lässt. Seit er kurze Zeit Soldat war, bedient er sich einer sehr kriegerischen Sprache. Alle Intellektuellen sind für ihn »Kommunisten«, die man »erschießen« müsse. Und die gleiche Behandlung wünscht er sich auch für moderne Künstler wie Picasso.[14] Zu seinen Idealen gehört es auch, dass ein Mann seine Freiheiten haben muss. Fast jeden Abend geht er zu seiner Bridge-Runde. Wo er die Abende und Nächte wirklich verbringt, danach fragt keiner mehr.

Simone hat bisher einen geheimen Groll gegen ihre Eltern gehegt, nun beginnt sie, sie zu verachten. Unerträglich ist ihr der Gedanke, dass sie noch jahrelang in diesem »Käfig« mit ihnen leben muss. An die Moral ihrer Kreise glaubt sie nicht mehr, auch nicht mehr daran, dass sie die Menschen der unteren Klasse mit ihrer Bildung beglücken kann. Dass die Frauen, die sie im »Equipe social« unterrichten soll, nach einem arbeitsreichen Tag keine Lust haben, etwas über die Werke von Victor Hugo oder Thomas Mann zu erfahren, und lieber tanzen gehen wollen, kann sie verstehen. Unter dem Vorwand, ihre Kurse halten zu müssen, treibt sie sich mit ihrer Schwester, die ihre Zeichenkurse schwänzt, in der Stadt herum. Dank ihrer guten Noten hat Simone am Institute Saint-Marie eine Stelle als Hilfslehrerin bekommen und hat so ihr eigenes Geld. Mit Hélène sucht sie »schlimme Orte« auf. Sie sitzen in Cafés, und wenn Simone sich an manchen Tagen sehr alleine fühlt, geht sie in eine Bar und trinkt einen Gin Fizz oder einen

Sherry Cobbler. Alkohol ist sie nicht gewohnt, und schon nach dem zweiten Gin Fizz dreht sich ihr alles im Kopf. Einmal muss sie sich in der Metro übergeben und kommt bei ihrem Arbeitskreis mit wackligen Beinen an. Riecht zu Hause ihre Mutter ihren Alkoholatem oder entdeckt sie, dass ihre ungläubige Tochter ein wenig Rouge aufgetragen hat, fängt Simone sich eine Ohrfeige ein.

Jacques ist das zweite Mal durch die Prüfung gefallen. Damit verändert sich seine ganze Situation. Es steht jetzt fest, dass er die Firma des Vaters weiterführen wird. Simone hat den Eindruck, dass er im Grunde immer schon darauf hingelebt hat. Aus dem Buch, das er schreiben wollte, ist nichts geworden. Er habe sich nicht »prostituieren« wollen, gibt er als Grund an. Jacques spricht wieder von Heirat, aber es hört sich so an, als ob Ehe für ihn ein letztes Ziel, eine Lösung aller Probleme wäre, wohingegen Simone sie sich immer als Anfang eines gemeinsamen, abenteuerlichen Weges denkt. Eine Zukunft als Frau des Firmenchefs, die dazu bestimmt ist, den Haushalt zu führen, ist nicht das, was sie sich erträumt hat. Überhaupt hat sie das Gefühl, das zwischen ihr und Jacques etwas nicht stimmt. Auch seine Unruhe sieht sie jetzt anders. Ist sie nicht, so fragt sie sich, eine »besonders raffinierte Spielart der Unruhe«, eine, die im Rahmen einer bürgerlichen Ordnung bleibt und also zur bürgerlichen Lebensform gehört? Ist es nicht so, dass Jacques mit seinen Plänen und Träumen auf halbem Weg stehen bleibt? »Niemals«, so schreibt Simone de Beauvoir in ihren Erinnerungen, »war er ganz der, den er so geräuschvoll darzustellen bemüht war.«[15]

Zunächst bekommt die Beziehung zu Jacques eine Atempause. Er muss seinen Militärdienst ableisten, Achtzehn Monate lang wird er in Algerien stationiert sein. Zum Abschied zieht er mit »Sim« durch die Bars. Als er sie später mit seinem Auto in der Rue de Rennes absetzt, wartet vor der Haustür schon ihre Mutter, in Tränen aufgelöst, und Simone erfährt, dass sie aus lauter Sorge um Simones Ehre zu Jacques Mutter gelaufen war und vor dem Haus lautstark nach der Tochter verlangt hat. Wie peinlich! Als sie diese Geschichte Zaza erzählt, kann die nicht darüber lachen. Ihre Mutter hätte sicher genauso gehandelt. Zaza gehört für Simone auch zu den Ruhelosen, aber sie ist sich sicher, dass Zaza weiter gehen würde als nur den halben Weg. Doch Zaza hat Angst vor der Zukunft. Ihre älteren Schwestern sind verheiratet und nun ist sie an der Reihe. In einem Brief gesteht sie Simone, dass sie sich mit fünfzehn Jahren unsterblich in einen gleichaltrigen Jungen aus der Verwandtschaft verliebt hat, aber auf Verlangen ihrer Mutter mit ihm brechen musste. Sie war damals so verzweifelt, dass sie an Selbstmord dachte.

Durch dieses Geständnis kommen sich Simone und Zaza so nahe wie nie zuvor. Zaza überredet ihre Mutter, Simone in den Sommerferien auf das Landgut der Familie einzuladen. Madame Le Coin gibt dieser Bitte nach, tut aber alles, damit ihre Tochter nicht zu viel Zeit mit Simone verbringt, die in der Familie als Ungläubige gilt. Simone darf nicht mit Zaza in einem Zimmer schlafen, sondern wird bei einer jungen Studentin untergebracht, die für die Zeit der Ferien als Hauslehrerin eingestellt ist. Simone ist zunächst enttäuscht darüber, ist dann aber mehr und mehr entzückt von dieser jungen Frau aus der Ukraine. Sie heißt Estepha Awdycowicz, alle nennen sie aber nur Stépha. Diese Stépha ist so lebenslustig und ungeniert, dass Simone alle anderen Frauen, sie eingeschlossen, ihr vorkommen wie verklemmte Betschwestern. Stépha sorgt in der ganz auf Sittsamkeit bedachten Gesellschaft für manche Aufregung, so als sie eines Abends aus voller Kehle ukrainische Liebeslieder singt oder allen die Karten legt. Sogar mit einem der Vettern, einem Priesterzögling, flirtet sie und sagt ihm voraus, dass er bald die Dame seines Herzens finden würde. Stépha macht sich auch über Simone lustig, als die ihr von

Jacques erzählt. Sie kann es nicht fassen, dass jemand so prüde ist und man aus der Liebe eine so komplizierte Sache machen kann. Am Ende der Ferien wird Stépha entlassen und kehrt nach Paris zurück, um an der Sorbonne weiter Literatur zu studieren. In der Bibliotheque Nationale begegnet sie wieder Simone; die beiden treffen sich nun fast jeden Tag. So jemand wie Stépha hat Simone bisher nicht gekannt. Stépha hakt sich einfach bei ihr unter, umarmt und küsst sie bei jeder Gelegenheit und erzählt ihr freimütig Dinge, bei denen sich Simone am liebsten die Ohren zuhalten würde. Das ist der Beginn einer lebenslangen Freundschaft.

Es mag an Menschen wie Stépha liegen, dass Simone Anfang 1928 eine Entscheidung trifft. Voraussichtlich drei Jahre dauert es noch, bis sie zur Agrégation antreten kann, zu jener Prüfung, die, wenn sie sie besteht, ihr den Weg zur Elite der Lehrerschaft öffnet. Vorher muss sie das Diplom in Philosophie machen. Drei Jahre – das bedeutet auch weitere drei Jahre bei ihren Eltern wohnen. Drei Jahre weiter der gleiche Trott. Drei Jahre bis zur Freiheit. Simone will nicht so lange warten. Sie beschließt, beide Ziele zugleich in Angriff zu nehmen. Das bedeutet zwar ein ungeheures Lernpensum, aber mit der Aussicht, ein Jahr früher fertig zu werden, glaubt sie, das zu schaffen.

Simone hat sich verändert und sie braucht ein anderes Umfeld. An der Sorbonne hat sie neue Freunde kennengelernt, nicht nur Frauen, sondern auch Männer. Ihr bester Freund ist mittlerweile Maurice Merleau-Ponty[16], ein schlaksiger Student, mit dem sie auf langen Spaziergängen tiefsinnige Gespräche führt. Merleau-Ponty kommt auch aus einem katholischen Milieu, hat sich aber, so behauptet er jedenfalls, davon befreit. Ein anderer Student, René Maheu, tritt auf wie ein eleganter Snob und verabscheut alles, was mit Kirche, Militär und Nationalismus zu tun hat. Maheu ist schon verheiratet, hat sich aber in Simone verliebt. Er nennt sie »Castor«, also Biber, weil sie immer so emsig arbeitet. Maheu gehört zu einer Gruppe junger Männer, die sich an der Universität von den anderen absondert.

Ein anderer aus diesem elitären Clan ist Paul Nizan. Von ihm geht das Gerücht, dass er Kommunist sei und, obwohl verheiratet, die sexuelle Freiheit predige. Der Anführer dieser rebellischen Bande ist ein klein gewachsener, kaum über einen Meter fünfzig großer, schielender und nicht sehr attraktiver Student, von dem es heißt, dass er Frauen verführe und ein philosophischer Freigeist sei. Beim ersten Anlauf zur Agrégation ist er durchgefallen, was seine Freunde nur noch als weiteren Beweis seiner Genialität betrachten. Simone würde gern zu dieser Gruppe gehören, auch wenn sie diesen Jean-Paul Sartre nicht ausstehen kann. »Sartre ne m'est pas sympathique«, schreibt Simone in ihr Tagebuch.[17]

V

FREIHEIT

Am 17. Juni 1929, es ist ein Montag, muss Simone schon sehr früh aufstehen. Es ist der Tag der ersten großen schriftlichen Prüfung. Ein wenig nervös, aber gut gelaunt geht sie an diesem kühlen Junimorgen durch das erwachende Paris zur Sorbonne. Im Innenhof der Universität stehen die jungen Männer und Frauen in Gruppen beieinander und reden aufgeregt. Sie haben Notizhefte, Thermosflaschen und belegte Brote bei sich. Sechsundsiebzig Kandidaten aus allen Teilen Frankreichs treten zu der Prüfung an, die sechs Stunden lang dauern wird. Simone de Beauvoir ist die Jüngste. Nur wer besteht, wird zu den mündlichen Prüfungen zugelassen. Alle werden nun in die große Bibliothek gebeten, wo sie ihre Plätze einnehmen. Simone stellt eine Thermosflasche und eine Packung Kekse neben sich. »Viel Glück, Castor!«, ruft René Maheu ihr zu. Dann wird das zu behandelnde Thema bekannt gegeben: »Liberté et Contingence« – Freiheit und Kontingenz oder Freiheit und Bedingtheit. Nach kurzem Besinnen fängt Simone an zu schreiben und füllt Seite um Seite.[1]

In gewissem Sinn ist es ihr Lebensthema, das Simone de Beauvoir jetzt behandelt. Viele Jahre später wird sie dieses Thema wieder aufnehmen und, bereichert durch viele Erfahrungen, als eigene philosophische Weltsicht darlegen. Sie weist in dieser Schrift alle Versuche zurück, dem Menschen die Freiheit abzusprechen. Freiheit ist für sie ein Faktum. Jeder Mensch findet sich als freier Mensch vor. Für ein Kind ist diese Freiheit noch verborgen, weil Eltern und Erzieher über es bestimmen und es noch keine Verantwortung kennt. Spätestens der junge Erwachsene muss sich dieser Freiheit stellen. Frei sein bedeutet zu erkennen, dass es keine absoluten Werte gibt, auch keinen Gott. Es bedeutet, dass das Leben keinen Sinn *hat*, sondern dass jeder Einzelne seinem Leben einen Sinn *geben* muss. »Es ist Sache des Menschen zu bewirken«, so schreibt Simone de Beauvoir, »dass das Menschsein Bedeutung hat, und er allein kann seinen Erfolg oder seinen Misserfolg erfahren.«[2]

Der Mensch allein ist verantwortlich für seine Taten und Entscheidungen. Diese Verantwortung macht Angst. Man kann diese Freiheit nicht loswerden, aber man kann sich ihr entziehen, indem man sich beispielsweise nach den Eltern neue Autoritäten sucht, denen man sich unterwirft, in der Masse mitschwimmt, sich im Konsum verliert oder sich hinter der Haltung verschanzt, dass alles sinnlos ist und demzufolge es sich nicht lohnt, sich für irgendetwas anzustrengen. In diesen Fällen wird der ursprüngliche Drang der Freiheit, sich ins Leben zu »werfen«, sich immer wieder neue Ziele zu setzen, abgewürgt. Ein solcher Mensch lebt für Beauvoir eigentlich nicht: Er ist nur da.

Wer das Wagnis der Freiheit auf sich nimmt, dem können auch Widerstände nichts anhaben. Er akzeptiert sie zwar, aber er kapituliert nicht vor ihnen, sondern nimmt sie als Gelegenheit, neue Wege zu finden, seine Freiheit weiterhin zu verwirklichen, auch wenn damit das Wagnis des Scheiterns verbunden ist. Freiheit und Befreiung gehören immer zusammen. Oder wie Beauvoir schreibt: »Der Widerstand des Dinglichen trägt das Handeln des Menschen, wie die Luft die fliegende Taube trägt […].«[3]

Nach der Prüfung warten schon Zaza und Merleau-Ponty auf Simone. Sie gehen ins Café de Flore, um Zitronenlimonade zu trinken. Simone ist nicht verborgen geblieben, dass die beiden sich gernhaben. Zusammen mit Simones Schwester Hélène und deren lebenslustiger Freundin Gégé, bilden sie die »Bois-de-Bologne-Bande«. Wenn sie an warmen Sommerabenden im »Bois« Bootsfahrten auf dem See unternehmen, ist nicht zu übersehen, wie sehr Zaza und Maurice sich zueinander hingezogen fühlen. Simone ist das nur recht, denn sie ist von Maurice wieder abgerückt, nachdem er ihr gestanden hat, dass er wieder zur Kirche zurückgekehrt ist. Außerdem ist ihr nicht ganz geheuer, wie gut sich Maurice mit ihren Eltern versteht. Für Zaza scheint er genau der Richtige zu sein. Aber das bringt Probleme mit sich. Madame Le Coin hat bereits einen anderen Heiratskandidaten für ihre Tochter gefunden, den Zaza allerdings ablehnt.

Simone hatte sich wie besessen auf die Prüfung vorbereitet. Bis zu zehn Stunden täglich hat sie in der Bibliotheque Nationale gesessen. Abends war sie dann mit Zaza, Hélène oder Stépha ins Kino oder ins »Styx«, ihre Lieblingsbar, gegangen. Stépha war nun mit einem Maler zusammen, und Simone war schockiert, als dieser Fernando Gerassi andeutete, dass Stépha ihm nackt Modell gestanden hatte. Stépha hatte Simone dazu gebracht, besser auf ihr Äußeres zu achten und allem Körperlichen gegenüber nicht so verkrampft zu sein. Aber es gibt Tabus, die sie nicht ablegen kann. Sie hält am Ideal der »Reinheit« fest und verteidigt ihre Ansicht, dass man sich auch in der körperlichen Liebe rein halten müsse.[4] Andererseits lockt es sie, Dinge auszuprobieren, die sie nicht kennt, in verruchte Bars zu gehen, sich als Prostituierte auszugeben und sich von Männern ansprechen zu lassen. Einmal stieg sie sogar zu einem fremden Mann ins Auto, flüchtete aber, als der sie küssen wollte.

Bei René Maheu, den sie »Lama« nennt, braucht Simone keine Angst zu haben, dass er zu aufdringlich wird. Schließlich ist er verheiratet und hat perfekte Manieren. Er ist aber auch sehr charmant, sehr sinnlich und der erste Mann, der Simone als Frau behandelt und ihr Komplimente wegen ihres Aussehens macht. Und das, obwohl Simone aus den schwarzen Kleidern nicht mehr herauskommt. Überraschend ist ihr Onkel Gaston gestorben, der ältere Bruder ihres Vaters, und der Großvater liegt auf seinem Gut

Meyrignac im Sterben. Maheu stört die Trauerkleidung nicht, er findet sogar, dass sie darin besonders reizvoll aussehe. Zwischen ihnen herrsche, so schreibt sie in ihr Tagebuch, »eine bewundernswert reine Zärtlichkeit, vollständig, vertrauensvoll und sanft«.[5] In der Bibliothek hatte Simone immer den Platz neben sich für René frei gehalten, und nach getaner Arbeit haben sie zusammen etwas unternommen, bis dann Maheu in den Vorortzug stieg und zu seiner Frau fuhr.

Inzwischen ist Jacques wieder aus Algerien zurück. Durch Zufall hat Simone erfahren, dass er vor seiner Abreise eine langjährige Beziehung zu einer schwarzhaarigen Schönheit hatte. Trotzdem hegt Simone immer noch starke Gefühle für ihn. Immerhin ist er, anders als René, noch nicht verheiratet. Simone wundert sich, dass er ihr aus dem Weg geht und sie immer nur in Anwesenheit anderer sehen will. Ihr gegenüber macht er wieder vage Bemerkungen darüber, dass er heiraten möchte. Simone ist sich in seiner Abwesenheit darüber im Klaren geworden, wie sehr sie ihn immer idealisiert hat. Ihre Tagebücher zeigen jedoch, wie sehr sie an ihm hängt und wie große Hoffnungen sie sich macht, dass sie beide doch noch zusammenkommen.

René Maheu hat seinen Freunden von »Castor« erzählt, und nun wollen sie alle näher kennenlernen. Sartre will sich sogar alleine mit ihr treffen. Simone ist einverstanden, aber Maheu traut seinem Freund nicht. Er ist so eifersüchtig, dass Simone aus Rücksicht auf ihn ihre Schwester zu dem vereinbarten Rendezvous schickt. Hélène berichtet ihr nachher, dass sie von Sartre ziemlich enttäuscht sei und ihn unattraktiv und langweilig finde.[6] Sartre war offenbar an Simone interessiert und weniger an ihrer Schwester.

Noch bevor die Ergebnisse der schriftlichen Prüfung bekannt gegeben werden, will der Freundeskreis sich auf die mündlichen Prüfungen vorbereiten. Maheu lässt sich dazu überreden, auch Simone einzuladen. Das hat sie sich immer gewünscht, doch sie ist schrecklich aufgeregt, als sie zum ersten Treffen geht, das in Sartres Studentenbude stattfindet. Im Zimmer herrscht ein furchtbares Durcheinander, Bücher, Papiere und Zigarettenstummel liegen verstreut umher. Paul Nizan, immer mit Zigarette im Mund, mustert diese fleißige und zugeknöpfte Studentin mit skeptischem Blick. Sartre, mit Pfeife, gibt sich bewusst entspannt, um ihr die Befangenheit zu nehmen. Sie ist jedoch so eingeschüchtert, dass sie sich kaum etwas zu sagen traut. Aber bei den nächsten Zusammenkünften hat sie jede Scheu abgelegt und diskutiert selbstbewusst mit. Die Männer schätzen nicht nur ihre Klugheit, sondern akzeptieren sie als Freundin. Wenn sie, was ein anarchistisches Ritual der Gruppe ist, auf die Dächer der Häuser steigen, nehmen sie Simone mit. Und bei den Ausflügen ist »Castor«, wie sie nun alle nennen, wie selbstverständlich dabei. Einmal besuchen sie ein Volksfest und Simone schießt mit einem Luftgewehr auf Plastikblumen. Maheu ist dabei darauf bedacht, dass keiner seiner Freunde ihm seine besondere Rolle streitig macht. Nur er hat das Recht, allein mit Simone auszugehen. »Lama ist zufrieden, weil Sartre seinen Vorrang in meiner Freundschaft anerkannt hat«, schreibt sie in ihr Tagebuch.[7]

Am 17. Juli 1929 werden die Ergebnisse der schriftlichen Prüfungen verkündet. Sechsundzwanzig Prüflinge haben bestanden, darunter Simone, Sartre, Nizan und auch Merleau-Ponty. Maheu ist durchgefallen. Noch am gleichen Tag macht er wahr, was er für den Fall seines Misserfolgs angekündigt hat: Er verlässt Paris. Er hat es so eilig, dass er sich nicht einmal mehr von Castor verabschiedet, sondern ihr von Sartre ausrichten lässt, dass er ihr viel Glück wünsche.[8] Ein Grund für seinen radikalen Entschluss ist offenbar, dass ihm seine Frau wegen Simone eine Szene gemacht hat. Maheu will einen Posten auf dem Land annehmen und dann im nächsten Jahr wieder zur Prüfung antreten. Er wird nicht in der Provinz versauern, sondern Karriere machen und einmal Generaldirektor der UNESCO werden.

Vierzehn Tage später gehören die Freunde der Lerngruppe zu den dreizehn verbliebenen Kandidaten, die auch die öffentlichen mündlichen Prüfungen bestanden haben. Bei der feierlichen Abschlussveranstaltung wird bekannt gegeben, dass Jean-Paul Sartre der Beste des Jahrgangs ist und Simone de Beauvoir die Zweitbeste. Simone hat ihr Ziel erreicht. Sie hat in kürzester Zeit die anspruchsvollsten Prüfungen gemeistert, und das mit Auszeichnung. Sie gehört jetzt zur Elite der Lehrerschaft mit einer sicheren Lebensstellung in Frankreichs Schulsystem. Beginnt jetzt die lange ersehnte Freiheit? Auf alle Fälle will Simone bei ihren Eltern ausziehen. In der großen Wohnung der Großmutter Brasseur, die nach dem Tod ihres Mannes Untermieter aufnahm, wird ein Zimmer frei. Simones Vater ist sogar bereit, den Umzug zu bezahlen. Bevor sie das Zimmer im Herbst beziehen kann, will Simone noch einmal mit der Familie nach Meyrignac fahren, dem Paradies ihrer Kindheit.

Der Großvater Beauvoir war im Frühsommer verstorben, und da auch Onkel Gaston nicht mehr lebt, gehört das Anwesen jetzt dessen Frau, Tante Marguerite. Simone erlebt diese Ferien als eine Schwelle, einen Übergang von ihrem alten Leben zu einem neuen. Wenn sie Streifzüge in den Park unternimmt, denkt sie an die Phasen ihres Lebens, an die Zeit ihrer Kindheit, an die Zeit im Cours Désir, an die Zeit an der Universität. Sie denkt auch an Jacques und an Lama, den sie sehr vermisst und dem sie weiterhin Briefe schreibt. Sie sagt ihm jedoch nicht, dass sie, nachdem er aus Paris verschwunden war, jeden Tag mit Sartre verbracht hat. Sie waren an der Seine spazieren gegangen und Sartre hatte ihr bei den »Bouquiniste« Comic-Hefte gekauft, die er leidenschaftlich gerne liest. Sie hatten sich im Kino Cowboyfilme angeschaut und im Café Cocktails getrunken. Keine Minute hatte sie sich gelang-

weilt. Sartre brachte sie immer zum Lachen und war voller Einfäl-
le und Ideen. Was ihr aber am meisten an ihm gefiel, war, dass er
sich ganz auf sie einlassen konnte. Er wollte alles über sie wissen.
Dabei beurteilte er sie nicht nach Werten und Maßstäben, die ihr
fremd waren, sondern respektierte die Art und Weise, wie sie war
und wie sie die Welt sah. Und so unterstützte er auch begeistert
ihre Sehnsucht nach Freiheit und Glück und ihren Wunsch, einmal eine Schriftstellerin zu werden.

In Meyrignac schreibt Simone Briefe an Sartre in Paris und ist
enttäuscht, dass sie keine Antwort bekommt. Warum, das wird ihr
klar, als sie eines Morgens in La Grillère beim Frühstückstisch sitzt
und ihre Cousine Madeleine hereinkommt und ihr aufgeregt zu-
flüstert, dass draußen beim Taubenschlag ein Mann auf sie warte.
Es ist Jean-Paul, der es in Paris ohne Simone nicht mehr ausgehalten hat und ihr Hals über Kopf nachgereist ist. Er ist in einem
Dorfgasthof abgestiegen und hat sich auf die Suche nach ihr gemacht. Simone verlässt jetzt jeden Morgen mit einem Korb voll
Brot, Käse und Obst das Haus, um den Tag mit Sartre im Freien
zu verbringen. Den Eltern, die Verdacht schöpfen, sagt sie, dass
ein Kollege von der Universität gekommen sei, mit dem sie ein
Buch gegen den Marxismus schreiben wolle. Dieses Thema
kommt zwar den politischen Ansichten ihres Vaters entgegen,
kann aber nicht seine moralischen Bedenken beruhigen. Er und
seine Frau machen sich eines Nachmittags auf die Suche nach
ihrer Tochter. Und so kommt es zu jener Szene, die Simone de
Beauvoir in ihrem Tagebuch als »die lustigste Erinnerung«, die
sie und Sartre einmal haben werden, bezeichnet.[9] Als sie mit
Jean-Paul im Gras liegt, stehen plötzlich ihre Eltern vor ihnen.
Es gibt einen erregten Wortwechsel. Simone ist wütend. Ihre
Mutter weint. Ihr Vater fordert Sartre im Namen der öffentlichen
Moral auf, wieder abzureisen. Der bleibt standhaft und gibt ihm
zu verstehen, dass er nicht daran denke. Das Ganze endet damit,

dass Simone mit ihren Eltern nach Hause gehen muss. Aber kurz darauf wartet sie neben dem Schweinestall auf Sartre und beide setzen ihre Treffen im Freien fort, ohne dass noch einmal jemand wagt, sie daran zu hindern.

Simones Eltern haben, das müssen sie jetzt erkennen, keine Macht mehr über ihre Tochter. Für Simone ist es ein weiterer Schritt in die Freiheit, als sie nach der Rückkehr aus Meyrignac von zu Hause auszieht. Endlich bekommt Simone das, was sie sich seit Kinderzeiten ersehnte – ein eigenes Zimmer. Die Großmutter mischt sich nicht in ihr Leben ein. Simone kann die Tür hinter sich zumachen und keiner stört sie mehr. Sie kann kommen und gehen, wann sie will, und einladen, wen und wann sie will. Simone könnte schreien vor Glück.

Zur Einweihung ihrer Wohnung lädt sie einige Freunde ein. Im Gespräch kommt die Rede auch auf Jacques und Simone erfährt, dass er sich kurz nach seiner Heimkehr aus Algerien verlobt hat und heiraten wird, ein sehr junges Mädchen mit einer sehr großen Mitgift. Nun ist ihr klar, warum er sich so seltsam benommen hat. Wie sehr sie Jacques' Verhalten verletzt, davon verrät ihr Tagebuch nichts oder zumindest so viel, dass es ihr jetzt töricht vorkommt, sich noch Hoffnungen gemacht zu haben. Diese Hoffnungen sind jetzt, da Jacques sich als »berechnender Bourgeois«[10] erwiesen hat, zerstört. Trotzdem, und das beweisen ihre Tagebücher, kann sie nicht aufhören, an Jacques zu denken und auch an »mein Lama«, also Maheu, mit dem sie sich noch mal heimlich getroffen hat. Jacques ist ihre romantische Liebe, Maheu derjenige, mit dem sie ihre sinnliche Leidenschaft verbindet. Und Sartre »der unvergleichliche Freund meines Denkens«[11].

Simone hätte gern auch Zaza zu ihrer kleinen Einweihungsfeier eingeladen. Aber die ist wieder von ihrer Familie beschlagnahmt. Wie jeden Sommer wird sie auf dem Land von einem Verwandtenbesuch zum nächsten geschleppt und muss einige Tage in

Lourdes verbringen, um gute Werke zu tun. Dabei denkt sie an nichts anderes als an ihren geliebten Maurice, an Merleau-Ponty. Simone erhält von ihr lange Briefe, die sie beunruhigen. Einmal ist Zaza voller Zuversicht, dass Merleau-Ponty und sie ein Paar sein werden und nichts und niemand sie trennen kann. Ein andermal glaubt sie nicht mehr an ihr Glück und fürchtet die Auseinandersetzung mit ihrer Mutter. Als Simone sie wieder in Paris trifft, ist Zaza sichtlich abgemagert. Sie erzählt, dass ihre Mutter die Verbindung zu Maurice ablehnt und vorhat, sie im Dezember für ein Jahr nach Berlin zu schicken. Simone kann nicht verstehen, warum Merleau-Ponty nicht aktiv wird und um Zazas Hand anhält. Er entschuldigt seine Zurückhaltung mit Gründen, die ihr ziemlich fadenscheinig vorkommen. Immerhin beruhigt es sie, dass Zaza, als sie sich wieder begegnen, überschwänglich fröhlich und hoffnungsvoll ist. Doch schon einige Tage darauf erhält Simone von Madame Le Coin die Nachricht, dass Zaza mit hohem Fieber ins Krankenhaus gebracht werden musste. Merleau-Ponty erzählt ihr, dass Zaza völlig verwirrt bei seiner Mutter aufgetaucht sei und sie gefragt habe, warum sie verhindere, dass sie und ihr Sohn heiraten. Angesichts von Zazas dramatischem Zustand gibt ihre Mutter ihren Widerstand auf und willigt in eine Heirat ein. Aber es ist zu spät. Zaza ist nicht mehr zu retten. Simone schreibt in ihr Tagebuch: »25 novembre 1929 – Mort de Zaza«.[12]

Die Ärzte vermuten eine akute Hirnhautentzündung als Todesursache. Simone ist überzeugt davon, dass Zaza an einem gebrochenen Herzen starb. Für sie trägt Merleau-Ponty eine Hauptschuld. Erst viele Jahre später wird sie erfahren, dass er sich korrekt verhalten hat und ganz andere Umstände zu Zazas Tod geführt haben. Ihre Eltern hatten einen Privatdetektiv beauftragt, der herausfand, dass Merleau-Pontys Mutter in frühen Ehejahren eine Affäre mit einem verheirateten Mann gehabt hatte, der auch der Vater von Maurice und seiner Schwester ist. Für die kirchentreuen Le Coins kommt nach dieser Entdeckung eine Verbindung mit dieser Familie nicht mehr infrage.

Auch nachdem Simone de Beauvoir diese Hintergründe von Zazas Tod kannte, blieb sie bei ihrer Überzeugung, dass ihre Freundin durch den Moralismus und die starren Konventionen ihrer Familie in den Wahnsinn und in den Tod getrieben wurde. Lange Jahre beschäftigte sie der Umstand, dass ihre eigene Befreiung zusammenfiel mit Zazas Unglück. Und sie konnte den Gedanken nicht loswerden, dass Zazas Tod der Preis war für ihre Freiheit.[13]

Simone versteht Zazas Schicksal auch als Auftrag, sich ihre erkämpfte Freiheit nicht mehr nehmen zu lassen und sie radikal zu leben. Dafür ist Jean-Paul Sartre der richtige Partner. Er ist überzeugt davon, dass jeder Mensch eine grundlegende Wahl treffen muss, eine »choix fondamental«. Sie besteht darin, ob er bereit ist, aus dem Ich etwas zu »machen«, das bisher von anderen »gemacht« worden ist. Entscheidet er sich dafür, wird er sich seiner Freiheit bewusst. Das ist für Sartre »nichts Lustiges«[14], denn dazu bedarf es viel Mut und die Bereitschaft, die alleinige Verantwortung für sein Handeln zu tragen. Darum ist man, wie er sagt, »verurteilt, frei zu sein«.

Simone hat diese Wahl schon längst getroffen. Seit Jahren versucht sie, sich von jener Simone zu befreien, die man aus ihr gemacht hat oder versucht hat zu machen. Sie denkt auch nicht daran, sich über ihre Eltern zu beklagen. Sie kann Leute nicht ausstehen, die meinen, eine Garantie auf Glück zu haben, und es als Skandal empfinden, wenn ihnen dieses Glück versagt bleibt. »Meiner Meinung nach«, so schreibt sie in einem Brief an Sartre, »musste man sein Glück in bestimmten Bedingungen machen, von denen die einen widrig, die anderen günstig waren.«[15] Simone will das Glück, und zu diesem Glück gehört nun Sartre. Aber wie soll die Zukunft mit ihm aussehen? Sartre sitzt immer noch die Begegnung mit Simones Eltern auf der Wiese in den Knochen. Die moralischen Vorhaltungen ihres Vaters haben ihn anscheinend doch mehr beeindruckt, als er zugibt. Nicht anders ist es zu erklären, dass er nun sogar bereit wäre, Simone zu heiraten.[16] Davon will sie nichts wissen. Eine Heirat ist für sie ausgeschlossen. Einverstanden ist sie hingegen mit einem »Pakt«, den Sartre vorschlägt: Zwei Jahre lang wollen sie in Paris zusammenleben. Dann soll jeder ins Ausland gehen, und danach wollen sie sich wiederfinden und eine offene Beziehung führen, ohne Zwang und ohne Gewohnheit, mit der Möglichkeit, auch mit anderen Frauen und Männern Liebschaften einzugehen. Ihre tiefe Verbindung soll dadurch nie gefährdet sein, und dazu gehört, einander immer alles zu sagen.[17]

Dieser Pakt wird gleich auf eine Probe gestellt. Sartre muss seinen Militärdienst ableisten. Er wird in Saint-Cyr westlich von Paris stationiert, wo ihn Simone an den Wochenenden besucht.[18] Sie hat beschlossen, sich nicht auf eine feste Stelle als Lehrerin zu bewerben, weil sie Angst hat, dass man sie dann an einen Ort weit weg von Paris versetzt. Vorerst will sie sich mit ein paar Privatstunden und einem Lateinkurs an einem Gymnasium ihren Lebensunterhalt verdienen. Nach seiner Dienstzeit will Sartre nach Japan gehen. Er hat sich für eine Dozentenstelle beworben, die er, falls seine Bewerbung erfolgreich ist, im Herbst 1931 antreten will. Simone überlegt, auch ins Ausland zu gehen, vielleicht nach Ungarn oder Madrid. Beide sind sich sicher, dass ihre Liebe diese Zeit der örtlichen Trennung überstehen wird.

Sie sind auch überzeugt davon, dass ihre Freiheit grenzenlos ist. Ja, sie sind geradezu berauscht von ihrer Freiheit. Später wird Simone de Beauvoir einräumen, dass sie zu dieser Zeit sehr blauäugig waren. Sie hätten, so meint sie, weder Freud noch Marx gekannt[19], was heißen soll, dass sie weder von den inneren noch von den äußeren Widerständen etwas ahnten. Auch waren sie politisch blind. Von der Wirtschaftskrise, die weltweit Not, Arbeitslosigkeit und Hunger verursachte, nahmen sie so wenig Notiz wie von den Vorgängen in Deutschland, wo ein gewisser Adolf Hitler dabei war, die Macht an sich zu reißen und die Welt ins Chaos zu stürzen. Was bleibt übrig von der Freiheit angesichts solcher Katastrophen, die den Einzelnen zum hilflosen Opfer machen? Ist es nicht zynisch, einen Arbeiter in den Elendsvierteln von Berlin aufzufordern, seine Freiheit zu leben und aus sich etwas zu machen? Simone de Beauvoir wird sich dieser und weiterer Fragen stellen müssen. An einer Überzeugung allerdings hält sie fest: Widerstände tragen die Freiheit wie die Luft den Vogel.

VI

DIE ANDEREN

Amerikanische Wissenschaftler haben in umfangreichen Studien herausgefunden, wie Menschen ihre eigene Lebensgeschichte konstruieren. Ein »psychologisches Grundbedürfnis« ist es demnach für jeden Menschen, ein Selbstbild von sich zu haben, das moralisch gerechtfertigt ist. Das autobiographische Gedächtnis funktioniert in der Weise, dass es sich bevorzugt an jene Momente im Leben erinnert, die zum eigenen Wunschbild passen. Moralische Fehltritte oder Situationen, in denen man versagt hat, werden dagegen eher ausgeblendet oder so umgedeutet, dass die Wahrnehmung der eigenen Person als »guter Mensch« nicht gefährdet wird.[1]

Wie es öfter der Fall ist, entdeckt die Wissenschaft Neuigkeiten, die der Literatur längst bekannt sind. Es gehört zu ihren ureigensten Aufgaben, einer moralischen Selbstbeweihräucherung zu widerstehen und Lebenslügen aufzudecken. George Orwell warnte vor Leuten, die nur Gutes von sich berichten und deren Leben keine Widersprüche zu kennen scheint. »Einer Autobiographie ist nur zu trauen«, so meinte er, »wenn sie etwas Schändliches enthält.«[2] Auch Simone de Beauvoir kannte die Versuchung, »mein Leben zu verfälschen, um es zu verschönen«[3]. Um dieser Gefahr zu entgehen, vertraute sie auf eine Eigenschaft, nämlich »Aufrichtigkeit«. Mit ihren Erinnerungen wollte sie sich verstehen, nicht sich schmeicheln. »Meine Wahrheitsliebe«, so versichert sie, »übertrifft bei weitem die Sorge um den guten Eindruck.« Zu dieser Wahrheitsliebe gehört für sie, über sich kein Urteil abzugeben, sondern sich und ihr Leben so offen wie möglich »ins helle Licht zu rücken«. Dabei hofft sie auf die Mitarbeit der Leser, die sie bittet, Geduld zu haben und keine voreiligen Schlüsse zu ziehen. Denn die Bedeutung einzelner Ereignisse und Handlungen ergebe sich erst »in der Gesamtheit«.[4]

Simone steht auf der imposanten Treppe, die vom Bahnhof in die Innenstadt von Marseille führt, und blickt auf das Gewirr von Dächern und Straßen und auf das blaue Meer dahinter. Es ist das erste Mal in ihrem Leben, dass sie ganz auf sich allein gestellt ist, an einem fremden Ort, weit weg von Paris. Die Familie, alle Freunde, die ganze vertraute Welt hat sie hinter sich gelassen, auch Sartre. Mit ihm hat sie vor kurzem, im Sommer 1931, noch eine Reise durch Spanien gemacht. Danach haben sich ihre Wege getrennt. Aus Sartres Plänen, nach Japan zu gehen, ist nichts geworden. Er musste eine Schulstelle in Le Havre annehmen, und sie hat man nach Marseille geschickt. Fast tausend Kilometer sind sie voneinander entfernt. In Marseille kennt sie keinen Menschen. Und irgendwo in diesem Häusermeer ist eine Schule, an der sie unterrichten soll. Simone geht durch die unbekannten Straßen. An einem Restaurant hängt ein Schild. Ein Zimmer ist hier zu vermieten. Sie lässt es sich zeigen. Es gefällt ihr nicht besonders, sie nimmt es aber trotzdem. Bisher war ihr Leben mehr oder weniger reglementiert oder von Gewohnheiten bestimmt. Nun liegt es allein an ihr, was sie aus ihrer Zeit macht.

Schwierige zwei Jahre liegen hinter Simone. Solange sie sich auf die großen Abschlussprüfungen vorbereitete, hatte sie ein klares Ziel vor Augen: die Prüfungen zu bestehen und damit das Tor zur Freiheit aufzustoßen. Als sie die Agrégation geschafft hatte, war sie endlich frei. Die Frage war nun, was sie mit der gewonnenen Freiheit anfängt. Sie war frei. Aber wozu oder wofür? Hatte sie ein neues Ziel? Zunächst einmal wollte sie in Paris bleiben, um Sartre nahe zu sein. Sie besuchte den Soldaten Sartre an den Wochenenden, und manchmal kam er auch nach Paris. War sie nicht mit ihm zusammen, zog sie mit Freunden durch die Cafés und

Bars. Meistens kam sie erst in den frühen Morgenstunden ins Bett. Einmal machte sie mit Sartres Freund Pierre Guille eine zehntägige Autofahrt durch Frankreich. Ihr Vater war entsetzt über diesen Lebenswandel, und allen, die sich nach seiner Tochter erkundigten, antwortete er, dass sie »versumpft«[5]. Er konnte partout nicht begreifen, warum sie mit ihrer Ausbildung keine gut bezahlte feste Schulstelle annahm.

Für die paar Unterrichtsstunden, die Simone gab, bekam sie nur wenig Geld. Um noch etwas hinzuzuverdienen, machte sie einen halbherzigen Versuch, als Journalistin zu arbeiten, gab es aber bald wieder auf. Zeitweise hatte sie keinen Sou mehr in der Tasche. Und einmal, als sie in einem Café die Rechnung nicht bezahlen konnten, ließ Sartre sie als Pfand zurück und zog los, um sich bei Freunden Geld zu pumpen. Die Armut machte ihnen nichts aus, viel schwerer wog es in ihren Augen, wenn sie ihren geistigen Elan verloren, keine Ideen und Pläne mehr gehabt hätten. Bei Sartre war da keine Gefahr, er sprühte vor Ideen und schrieb unentwegt. Simone tat sich dagegen schwer, einen neuen Lebensinhalt zu finden. Ihr Traum war es, ein Buch zu schreiben. Die Idee, über Zaza zu erzählen, trug sie schon lange in sich. Die Versuche, so zu schreiben wie ihre Lieblingsautoren, brach sie bald wieder ab. Es kam ihr vor, als würde sie nur mit künstlichen Sätzen eine Geschichte »basteln«.

Sartre ermunterte sie in ihren Schreibversuchen, wofür sie ihm dankbar war. Hatte sie sich doch immer einen Gefährten gewünscht, der sie mitreißt. Jetzt jedoch empfand sie diesen Ansporn wie Druck. Seine gutgemeinten Bemerkungen, dass er von ihr etwas erwarte, lähmten sie mehr, als dass sie ihr halfen. »Er spricht zu mir wie zu einem kleinen Mädchen«, schreibt sie in ihr Tagebuch, »er will ja nichts anderes, als mich glücklich zu sehen, aber wenn ich mich mit etwas begnüge, ist er nicht mehr zufrieden.«[6]

Es waren nicht nur ihre künstlerischen Ambitionen, die sie nicht erfüllen konnte. Simone sah sich auch als Person und vor allem als Frau Erwartungen ausgesetzt. Gemäß ihrem Abkommen erzählte ihr Sartre freimütig von anderen Frauen, besonders von einer, die ihm anscheinend regelrecht den Kopf verdreht hat. Sie hieß auch Simone, Simone Jollivet. Sie war die Tochter eines Apothekers aus Toulouse und Sartre hatte mit ihr, bevor er Castor kennenlernte, eine leidenschaftliche Liebesbeziehung. Das Bild, das Sartre von dieser anderen Simone entwarf, verunsicherte Simone zutiefst. »Toulouse«, wie sie wegen ihrer Herkunft genannt wurde, war nicht nur betörend schön, sondern auch klug, von einer hemmungslosen Leidenschaft und von einem unbezähmbaren Temperament. Sie verkehrte in Bordellen, las Nietzsche, schrieb Romane, inszenierte sich wie eine Operndiva und schreckte vor keinem Exzess zurück. Simone de Beauvoir musste die Erfahrung machen, dass es Menschen gibt, die durch ihre pure Existenz eine Bedrohung darstellen, denen gegenüber man wehrlos ist und die durch ihr grandioses Anderssein einem jegliches Selbstbewusstsein nehmen. Wenn sie sich mit den Augen dieser faszinierenden Frau sah, kam sich Simone vor wie eine biedere, reizlose und prüde Streberin. Das Bild von dieser Frau war so erdrückend, dass sie unbedingt die reale Person kennenlernen musste, um sich von der Macht, die dieses »Zauberbild«[7] über sie hatte, zu befreien. Jollivet war inzwischen mit dem bekannten Theaterregisseur Charles Dullin liiert und trat als Schauspielerin auf. Simone besuchte Vorstellungen, bei denen sie mitspielte, und lernte Jollivet persönlich kennen. Was für eine Erleichterung war es, als sie hinter dem Bild einen Menschen aus Fleisch und Blut entdeckte. Eine lebenslustige Frau mit Eitelkeiten und Fehlern, die gleichwohl liebenswürdig war und normal. Die beiden freundeten sich an, und sie sollten ein Leben lang Freundinnen bleiben.

Die Begegnung mit Simone Jollivet machte Simone bewusst,

wie beeinflussbar sie war und wie groß die Gefahr, sich zu verlieren. Sie durfte sich nicht mehr ständig mit anderen vergleichen und auch nicht ihr Schicksal in die Hände anderer legen. Das galt auch und besonders für Sartre. Nur allzu gern redete Simone sich ein, dass sie beide »eins« seien. Doch das stimmte nicht. Bei aller Übereinstimmung waren sie verschieden, und jeder war für sich selbst verantwortlich. Seine Unterstützung konnte nur dann für sie hilfreich sein, wenn sie ein eigenständiges Gegenüber blieb. Als sie sich im bunten Leben von Paris treiben ließ, war sie manchmal drauf und dran, ihre großen Pläne aufzugeben. Was sie davon abhielt, war eine starke, fast religiöse Idee. Den Glauben an einen Gott hatte sie verloren. Den Glauben an ein persönliches »Heil« nicht. Für dieses Heil muss jedoch jeder selber sorgen. Und auch an den Gedanken an eine Schuld hält sie fest. Schuldig kann man werden, wenn man den Glauben an diese Erlösung verliert oder sie von anderen erwartet. In ihren Erinnerungen an diese Zeit schrieb sie im Hinblick auf Sartre: »Auf das Heil eines anderen mitzusetzen, ist der sicherste Weg zum Untergang.«[8] Im Kreis ihrer Freunde in Paris hatte sie sich vor der Einsamkeit gefürchtet. Jetzt wollte sie die Einsamkeit wieder lernen. Die Versetzung nach Marseille war die beste Gelegenheit dazu. Auf der Treppe in Marseille stand sie mit zwiespältigen Gefühlen: Einerseits sehnte sie sich zurück nach Paris und Sartre, andererseits nahm sie sich vor, »jeden Tag aufs Neue ohne Hilfe mein Glück zu zimmern«.[9]

In Marseille hat Simone jede Menge Zeit. Für den Unterricht braucht sie sich kaum vorzubereiten. Den Stoff, den sie behandelt, beherrscht sie noch aus dem Studium, und sie lässt Bücher lesen, die sie für wichtig hält. Ihre Freizeit verbringt sie in der Natur. Simone wird eine fanatische Wanderin. Angezogen mit einem alten Kleid, einer Tasche mit Verpflegung auf dem Rücken und Segeltuchschuhen an den Füßen steigt sie auf jeden Berg in der

Umgebung. Sie wandert durch Schluchten und unternimmt Streifzüge durch abgelegene Täler, wo es keine Wege mehr gibt und sie sich mit zerkratzten Beinen durch die Wildnis schlagen muss. An freien Tagen bricht sie schon frühmorgens, wenn es noch dunkel ist, auf und verbringt den ganzen Tag im Freien. Angebote ihrer Lehrerkollegen, mit ihnen in der Gruppe zu wandern, lehnt sie ab. Deren Warnungen, als Frau nicht alleine unterwegs zu sein und schon gar nicht, wie sie es tut, per Anhalter zu fahren, schlägt sie in den Wind. Sie hat keine Lust, vor lauter Vorsicht sich um die herrlichsten Erlebnisse zu bringen. Und solche Erlebnisse hat sie in Hülle und Fülle. Wie als Kind in Meyrignac glaubt sie, dass eine Landschaft ungeschaut bleibt, solange sie nicht mit eigenen Augen gesehen wird. Für dieses Abenteuer des Sehens nimmt sie gerne Gefahren in Kauf. Notfalls kann sie sich auch wehren, wie bei jenem zudringlichen Lastwagenfahrer, dem sie nur entflieht, indem sie ihm einen Tritt in die »empfindlichste Stelle« verpasst.[10]

Wenn sie nicht wandert, sitzt sie in einem der Cafés und schreibt, dieses Mal ohne Druck von außen. Immer noch ist es der Tod Zazas, der sie nicht loslässt, aber nun auch eine andere Erfahrung, die sie nun immer mehr beschäftigt. Als Sartre ihr von Simone Jollivet erzählte, war sie zunächst ihrer selbst sicher. Aber als sie sich mit den Augen Jollivets zu betrachten begann, erlebte sie sich selbst wie eine andere. So hält sich jeder für einzigartig, aber für andere ist man eben nur ein anderer, ein Objekt, einer oder eine unter vielen, ein beliebiger Fall. Dieses Phänomen der Selbst- und Fremdwahrnehmung will Simone jetzt auch literarisch darstellen. In ihrer Geschichte erfindet sie mehrere Frauengestalten, aus deren Blickwinkel sie Zaza, die sie Anne nennt, beleuchtet. Anne, wie sie sich selber sieht, und Anne, wie sie von anderen gesehen wird.[11]

In Marseille hat sich Simone weitestgehend fremden Blicken entzogen. Sie muss sich erst wieder an Gesellschaft gewöhnen, als ihre Eltern, dann »Poupette«, also Hélène, und schließlich Sartre sie besuchen. Für jede dieser Personen ist sie natürlich auch wieder eine andere: Tochter, Schwester, Geliebte. Zu welchen Konflikten das führen kann, erlebt sie auf einer Spanienreise im Sommer 1932 mit Sartre und gemeinsamen Freunden. Jeder hat seine Eigenheiten, Launen und Macken, von denen die anderen genervt sind. Fast kommt es so weit, dass man die Reise abbrechen muss.

Schon vor diesem Urlaub hat Simone erfahren, dass sie nach Rouen versetzt wird, vom Süden ganz in den Norden Frankreichs. Rouen ist nur achtzig Kilometer von Le Havre entfernt, wo Sartre immer noch als Lehrer arbeitet, und Paris ist mit dem Zug in eineinhalb Stunden zu erreichen. Im Oktober bezieht Simone ein Zimmer in einem Hotel nahe dem Bahnhof. Es regnet viel und Simone vermisst das südliche Klima Marseilles. Die Landschaft der Normandie findet sie reizlos, und mit den langen, einsamen Wanderungen ist es jetzt vorbei. Simone ist gerne allein, andererseits zieht es sie zu Menschen hin. Doch Kontakte zu schließen, fällt ihr nicht leicht. Ihr Urteil über andere fällt sie rasch und damit ist für sie ausgemacht, mit wem sie zu tun haben will und mit wem nicht.

Mit ihren Kolleginnen an der Schule kann sie jedenfalls nichts anfangen. Aber Paul Nizan hat ihr gesagt, dass eine darunter ist, deren Bekanntschaft sie unbedingt machen soll. Anstatt sich höflich nach dieser Colette Audry zu erkundigen, fragt Simone im Lehrerzimmer laut und barsch nach ihr. Audry hat später beschrieben, wie »trampelig und unhöflich« ihr diese neue Kollegin vorkam und dass sie keine Lust hatte, sie näher kennenzulernen.[12] Doch Simone ließ nicht locker, und als sie sich dann außerhalb der Schule treffen, findet Audry diese junge vierundzwanzigjährige Frau immer sympathischer. Simone weiß, dass sie auf andere arrogant und ihre Art schroff wirkt. Sie kann niemandem sagen, dass dieses

Auftreten nur ein Schutzschild ist und sich dahinter ihre Angst vor anderen verbirgt. »Die Existenz der anderen blieb für mich immer eine Gefahr«, schrieb sie im Rückblick, »und ich konnte mich nicht entschließen, ihr freimütig ins Auge zu sehen.«[13]

So gut sich die beiden verstehen, so stellt Colette für Simone doch auch eine Gefahr dar, insofern sie Simone infrage stellt. Colette ist als überzeugte Trotzkistin politisch aktiv und kann nicht begreifen, dass Simone sich für die aktuellen politischen Ereignisse nicht interessiert, auch nicht, dass in Deutschland Hitler zum Reichskanzler ernannt worden ist und die Nationalsozialisten dabei sind, die Demokratie zu zerstören. Colette erzählt ihr von Simone Weil, die sie sehr bewundert. Weil war bis vor kurzem noch Lehrerin in Le Puy und ist inzwischen strafversetzt worden nach Auxerre. In Le Puy hatte sie den Zorn der Eltern auf sich gezogen, weil sie deren Kinder nicht auf die ihrer Meinung nach sinnlosen Prüfungen vorbereiten wollte. Für einen Skandal sorgte die »rote Jungfrau«, wie man sie wegen ihrer sozialistischen Ideen nannte, als sie ihr Gehalt den arbeitslosen Arbeitern gab, sich an deren Demonstrationen beteiligte und sogar kurzfristig inhaftiert wurde. Simone de Beauvoir kannte Weil von der Sorbonne, wo sie einmal ein kurzes, ungutes Gespräch hatten. Schon damals hatte sie gespürt, für wie naiv und unbedarft Weil sie hielt. Und wenn sie sie jetzt erleben würde, so glaubt Simone, würde ihr Urteil noch härter ausfallen.[14]

Alle diese Bedenken fallen weg, wenn sie mit Sartre zusammen ist. Sie treffen sich abwechselnd in Rouen oder Le Havre oder verbringen gemeinsam die Wochenenden in Paris. Sartre ist seines Lehrerberufs ziemlich überdrüssig und würde sich am liebsten ganz seinen philosophischen und literarischen Projekten widmen. Er ist wie besessen von der Idee, eine Philosophie zu entwickeln, die sich nicht in abstrakte Ideen verliert, sondern beschreibt, wie wir die alltägliche Welt erleben. Das probiert er an sich selber aus.

Simone berichtet er, wie er in einem Park in Le Havre eine halbe Stunde vor einem Baum saß, um zu verstehen, »was ein Baum ist«.[15] Dass dieser Baum eine Kastanie war, interessierte ihn nicht, das erfuhr er erst von Simone. Sie nimmt lebhaft Anteil an seinen Gedanken und beide begeistern sich für alle Wissenschaften und Künste, die versuchen, die menschliche Wirklichkeit zu erfassen. Sie beschäftigen sich mit der Psychoanalyse Freuds, sie lesen begeistert die Romane Hemingways und Faulkners und entdecken einen Autor, von dem sie noch nie gehört haben, Franz Kafka. Wenn Colette Audry mit ihnen zusammensitzt, beneidet sie die beiden um die Leidenschaft, mit der sie über alles reden.

Simone de Beauvoir ist in Rouen eine auffällige Erscheinung. Eine junge Lehrerin, die in einem Hotel wohnt, das auch als Stundenhotel genutzt wird, die sich schminkt, in Cafés sitzt, bei jeder Gelegenheit nach Paris fährt, Besuch von einem Mann bekommt, der offenbar bei ihr übernachtet, sorgt für Klatsch und Gerüchte. Einige Eltern beschweren sich bei der Schulleitung über sie, weil sie im Unterricht behauptet hat, dass Frauen nicht nur dazu da sind, Kinder in die Welt zu setzen. Solche Skandale machen die junge, hübsche Lehrerin für ihre Schülerinnen noch faszinierender, auch weil sie nicht so unnahbar ist wie andere Lehrerinnen. Einer Schülerin, die intelligent ist, aber sich mit dem Lernen schwertut, gibt sie Privatunterricht und lädt sie in ihr Lieblingscafé ein. Zwischen Lehrerin und Schülerin entwickelt sich sogar eine Freundschaft. Das siebzehnjährige Mädchen heißt Olga Kosakiewicz und ist die Tochter eines adeligen russischen Auswanderers und einer Französin. Eigentlich müsste Olga für die neun Jahre ältere Simone auch eine Anfechtung sein wie Simone Jollivet. Aber in diesem Fall bewirkt die Fremdheit eine große Anziehungskraft.

Hélène de Beauvoir, die ihre Schwester öfter in Rouen besucht, kann sich nur wundern, wie sehr Simone an diesem Mädchen hängt, obwohl beide gegensätzlicher nicht sein könnten.[16]

Während Simone voller Pläne ist und keine Minute ungenutzt vergehen lassen will, lebt Olga in den Tag hinein. Sie macht am liebsten gar nichts, weigert sich, an die Zukunft zu denken, vermeidet jede Anstrengung und verachtet Leute, die in ihrem Leben etwas erreichen wollen. Mehr noch als Simone ist Sartre von dieser jungen, rebellischen Frau begeistert. Für ihn, der den »Ernst des Lebens« hasst und alles ablehnt, was die bürgerliche Gesellschaft an Verantwortung und Karriere von einem Mann erwartet, ist Olga die Verkörperung einer jugendlich anarchischen Freiheit, die nur im Augenblick lebt.

Diese Unmittelbarkeit sucht Sartre auch in der Philosophie. Was ihm vorschwebt, ist ein Denken, das nicht nach dem Wesen der Dinge fragt oder danach, ob sie existieren oder nicht, sondern das dem Leben im Vollzug folgt, Moment für Moment, und ganz konkret an jeder beliebigen Sache ansetzt. Darum ist er sofort Feuer und Flamme, als ihm sein Studienfreund Raymond Aaron im Café Bec de Gaz in Paris von einer neuen Philosophie erzählt, die es ermögliche, sogar über den Aprikosencocktail, der vor ihnen auf dem Tisch steht, zu philosophieren. Von Aaron, der in Deutschland studiert hat, erfährt Sartre, dass diese neue philosophische Richtung »Phänomenologie« genannt wird und der wichtigste Vertreter ein gewisser Edmund Husserl ist, der in Berlin lehrt.

Nach dem Motto »Zurück zu den Sachen!« hat Husserl die Philosophie aus einer Verengung herausgeführt, indem er nicht mehr danach fragt, *wie* wir erkennen, sondern *was* wir erkennen. Husserl macht Denken wieder welthaltig. Die Welt, das sind die Dinge, wie sie sich uns als Phänomene zeigen. Husserl hat eine eigene Methode entwickelt, wie wir die Dinge des alltäglichen Lebens betrachten können, ohne die »Scheuklappen« unserer Vorurteile. Dabei gibt es nichts, was nicht untersucht werden kann, auch ein Baum, ein Tisch oder ein Cocktailglas. Sartre ist von dieser Idee so elektrisiert, dass er sofort beschließt, sich für ein Stipendium am französischen Institut in Berlin zu bewerben, um bei Husserl zu studieren. Er bekommt das Stipendium und reist im Herbst 1933 nach Berlin.

Simone de Beauvoir besucht ihn Ende Februar 1934. Bei sibirischer Kälte besuchen sie die Cafés, die Kabaretts und die riesigen Bierhallen der Stadt, wo sie einen Eindruck davon erhalten, was die Deutschen unter »Stimmung« verstehen. Davon, dass Kommunisten und andere Gegner des Hitler-Regimes in den Folterkellern der nationalsozialistischen Schutzstaffel (SS) verschwinden und die Nazis missliebige Personen in Konzentrationslager sperren, bekommen sie nichts mit. In den Kreisen, in denen sie verkehren, rechnet man mit einem baldigen Ende der Hitler-Herrschaft und den Judenhass der Nazis hält man für ein dummes Vorurteil. Simone war von Olga gefragt worden, was es bedeute, Jude zu sein, und sie hatte geantwortet: »Nichts. Die Juden, das gibt es nicht; es gibt nur Menschen.«[17]

Kurz vor Simone de Beauvoirs Berlin-Besuch war eine nur zwei Jahre ältere junge Jüdin aus der deutschen Hauptstadt geflohen. Hannah Arendt, so heißt sie, hatte Material gesammelt, um das Ausland über Verbrechen der Nazis zu informieren. Sie war verhaftet worden und war mit viel Glück wieder freigekommen. Arendt hat auch, wie Simone, Philosophie studiert. Mit ihrem Lehrer, dem Philosophen Martin Heidegger, einem Schüler Husserls, hatte sie ein Liebesverhältnis. Aufgewachsen in einer assimilierten Familie, spielte für Arendt lange Zeit ihr Jüdischsein keine Rolle. Erst in Berlin begann sie, politisch zu denken und zu handeln und ihre Rolle als Jüdin zu akzeptieren. Sie machte sich lustig über ihre Landsleute, die gute Deutsche sein wollten und nicht verstehen konnten, warum Hitler etwas gegen sie hat. Für Arendt war der Judenhass kein menschliches oder privates Problem, sondern ein politisches und sie forderte: »Wer als Jude verfolgt wird, muss sich als Jude wehren.«[18] Über Prag und Genf war sie nun auf ihrer Flucht vor den Nazis in Paris gelandet. Dort weht auf dem Gebäude der deutschen Botschaft inzwischen die Hakenkreuzfahne. Simone de Beauvoir und Jean-Paul sind keine Juden. Sie können sich frei bewegen. Im Sommer 1934 unternehmen sie eine Reise durch Mitteleuropa. Sie besuchen den alten jüdischen Friedhof in Prag, die Museen in München, die Passionsspiele in Oberammergau und eine Theateraufführung in Salzburg. Nürnberg verlassen sie schnell wieder, weil es sie stört, dass die Stadt der Reichsparteitage von Hakenkreuzfahnen schier überflutet ist. Von ihrem Glauben, dass der Friede Bestand haben würde, lassen sie sich nicht abbringen, auch nicht, als sie in Prag erfahren, dass der österreichische Kanzler Dollfuss von Nationalsozialisten erschossen wurde.

In ihrem Lebensbericht ist Simone de Beauvoir »fassungslos« darüber, wie politisch blind sie zu dieser Zeit war, und sie führt diese Blindheit auf ihre »Idee der Freiheit« zurück, durch die sie »irregeleitet« gewesen sei.[19] Diese »Idee der Freiheit« war für Simone lebenswichtig, um sich von ihrer Familie und dem bürgerlich-katholischen Milieu ihrer Kindheit und Jugend zu befreien. Es war ein persönlicher Freiheitskampf. Nachdem er nun geglückt ist, hält Simone an ihrer Freiheitsliebe fest, was dazu führt, dass ihr Blick sich verengt. Sie sieht die anderen als Bedrohung, aber nicht die Bedrohung, die von den politischen Ereignissen für andere ausgeht. Die sechsundzwanzigjährige Simone de Beauvoir ist noch ganz in ihrer individuellen Freiheitsidee gefangen. Deren Kehrseite sieht sie nicht. Aber die sich zuspitzenden politischen Ereignisse machen Fragen unausweichlich, denen sie sich bald stellen muss: Kann diese »Idee der Freiheit« mehr sein als Antrieb zur Befreiung? Muss, wer sich von Einschränkungen und Hemmnissen befreit hat, nun die Werte finden und benennen, für die er diese Freiheit nun weiterhin einsetzen will? Kann er dem Ungeist, der sich über Europa ausbreitete, etwas entgegensetzen? Kann oder muss der Ruf nach Freiheit zu politischem Handeln führen?

VII

AMOUR FOU

Simone de Beauvoir und Jean-Paul Sartre haben sich vorgenommen, voreinander keine Geheimnisse zu haben. Lügen, Verdrängung, Verschweigen haben sie beide in ihren Familien zur Genüge erlebt. Eine solche Lebensform wollen sie nicht. Ihrer Meinung nach werden die Beziehungen zwischen Menschen dadurch vergiftet, »dass jeder versucht, vor dem anderen etwas zu verbergen, geheim zu halten«.[1] Ihr Ideal ist es, dass eines Tages Menschen es nicht mehr nötig haben, einander etwas vorzuenthalten. Diese Offenheit sollte dann nicht nur zwischen Liebenden herrschen, sondern allen Menschen gegenüber. Ist dieses Ideal überhaupt lebbar? Oder gehört es nicht auch zur Freiheit, dass jeder Mensch ein Recht auf Geheimnisse hat und gegenüber anderen einen Rest von Unverfügbarkeit behält?

Sartre jedenfalls würde diese Fragen verneinen. Er wollte diese »Transparenz« exzessiv betreiben und redete und schrieb über seine Stärken, Hoffnungen und Erfolge ebenso offen wie über seine Schwächen, Verirrungen, erotischen Fantasien und sexuellen Abenteuer. Alles sollte auf den Tisch, das Peinlichste zuerst. Er hätte es auch als eine »Dummheit« empfunden, seine Kindheit und Jugend im Rückblick als schöner erscheinen zu lassen, als sie es waren. In seinem Buch »Die Wörter« schildert er diese Zeit so eindringlich wie rücksichtslos.

An seinen Vater hatte er keine Erinnerung mehr. Jean-Baptiste Sartre, ein Marineoffizier, starb, als sein Sohn kaum über ein Jahr alt war. Nach dem Tod ihres Mannes zog seine Mutter Anne-Marie zu ihren Eltern nach Paris, wo sie wieder in die Rolle der unmündigen Tochter zurückfiel. Der Großvater, Charles Schweitzer, Onkel des berühmten Urwalddoktors Albert Schweitzer, wurde die alles überragende Gestalt in seinem Leben. Er, der Deutschlehrer, der mit seinem weißen Bart aussah wie Gottvater persönlich, machte den kleinen Sartre zu seinem Geschöpf. Und »Poulou«, wie man ihn nannte, lernte, dass er die Rolle eines Wunderkindes einnehmen musste, um den Erwachsenen zu gefallen. Das vermeintliche Wunderkind war im Grunde ein »Hampelmann«, ein »Clown«, ein »Monstrum«[2], das den anderen und sich ständig etwas vorspielen musste. Einen Riss bekam diese Familienkomödie, als man Poulou die blonden Locken abschnitt und darunter ein hässliches Gesicht zum Vorschein kam. Der Zauber des frühreifen Engels war fortan dahin.

Als Jean-Paul elf Jahre alt war, heiratete die Mutter erneut, den Marineingenieur Joseph Mancy. Die Familie zog nach La Rochelle an die Atlantikküste. Fünf Jahre später kehrte Jean-Paul, der seinen Stiefvater verachtete, zurück nach Paris an sein altes Gymnasium, das renommierte Lycée Henri IV. Als Jugendlicher litt Sartre unsäglich unter seiner Hässlichkeit, die ihn zum traurigen Außenseiter machte. Es war ein willentlicher Entschluss, diese Schwäche nicht mehr hinzunehmen. Er spürte in sich die Kraft, sich zu ändern, sein altes Ich abzulegen und sich neu auf die Welt zu bringen. Es sei dies eine Kraft, so schreibt er einmal in einem Brief, »als könnte man mit einer Hand die Straßenlaternen umbiegen«[3]. Diese Kraft gewann er durch die Wörter, durch das Schreiben. Das geschriebene Wort verlieh seinem Dasein eine Berechtigung. Mehr noch: Er hatte jetzt den Ehrgeiz, schöpferisch zu sein, Ruhm zu erlangen und alle zu überflügeln. Als Zweiundzwanzigjähriger schrieb er zustimmend den Ausspruch eines Schriftstellers in sein Tagebuch: »Wer mit achtundzwanzig Jahren nicht berühmt ist, muss für immer auf den Ruhm verzichten.«[4]

Jetzt, Anfang 1935, geht Sartre auf die dreißig zu und Ruhm ist nicht in Sicht. Er ist ein unbekannter Lehrer in der Provinz. Die

Zukunft erschien ihm früher als ein weites Feld. Nun spürt er, dass sein Lebensweg immer schmaler wird. Mit jedem Schritt werden die Möglichkeiten weniger, wie auch seine Haare immer weniger werden. Sartre graut vor dem Alter oder, richtiger, er hat Angst davor, ein »ernster«, das heißt seriöser Erwachsener zu werden, der in seiner Rolle als Chef, als Ehemann oder angesehener Bürger aufgeht. Sartre erweist sich mit dieser Haltung bereits als »Existenzialist«. Nach Hannah Arendt ist ein zentrales Kennzeichen dieser rebellischen Philosophie die strikte Ablehnung des »esprit sérieux«, den sie beschreibt als »Verneinung der Freiheit«. Denn diese seriöse Einstellung zum Leben führe, so Arendt, »den Menschen zum Einverständnis der Deformation, der er sich unweigerlich unterziehen muss, wenn er in die Gesellschaft eingepasst wird«.[5]

Und wie sieht es bei Sartre mit dem literarischen Ruhm aus? Zwar hat er unentwegt geschrieben, aber nichts davon ist veröffentlicht worden. Sartre ist in einer Krise. Er fühlt sich als Gefangener der bürgerlichen Welt, die er hasst. Auch seine Verbindung mit Castor kommt ihm »konstruiert« vor. Dabei sehnen er und Castor sich nach einem »Leben in Unordnung«[6], nach einem »antibürgerlichen Anarchismus«[7]. In Berlin hat er nochmal ein unbeschwertes Studentenleben genossen. Umso schwerer fiel es ihm, in sein geordnetes Lehrerdasein zurückzukehren.

Immerhin hat er aus Berlin einen Schatz neuer philosophischer Ideen mit nach Le Havre genommen. Besonders anregend findet er den Gedanken der Phänomenologen über die Intentionalität unseres Bewusstseins. Das bedeutet nichts anderes, als dass wir immer *an etwas* denken, wenn wir denken. Diese Auffassung wendet sich gegen die Vorstellung, dass unser Geist passiv ist wie ein Magen, der darauf wartet, dass ihm etwas zugeführt wird, das er dann verdauen kann. Vielmehr ist unser Denken höchst aktiv. Es ist immer »draußen«. Das merken wir spätestens dann, wenn wir versuchen, an nichts zu denken. Dazu müssen wir unseren Geist fast gewaltsam, gegen seine Natur, zurückhalten. Wie ein hungriges Wesen sucht er nach Nahrung. Nie ist Denken inhaltslos, immer greift es nach etwas aus. Unser Bewusstsein ist somit welthaltig, und die Welt kommt dem menschlichen Bewusstsein sozusagen entgegen. Sie enthüllt sich oder lässt sich enthüllen. Weder verschluckt das Bewusstsein die Welt, noch wird das Bewusstsein von der Welt aufgesogen. Beides ist aufeinander bezogen, ohne jemals ineinander aufzugehen.

Sartre macht auch Castor mit der Phänomenologie vertraut. Es fällt ihr sehr leicht, diese Gedanken zu verstehen. Hat sie doch schon als Mädchen im Park von Meyrignac das Gefühl gehabt, die Welt um sich durch ihren aufmerksamen Blick zum Leben zu erwecken. Sie und Sartre lehnen jede reine Innerlichkeit ab. In ihren Gesprächen reden sie nicht über seelische Probleme. Und Leute, die sich ständig mit ihrem Innenleben beschäftigen, langweilen sie. Begeistert sind sie hingegen von solchen, die, wie es Simone de Beauvoir ausdrückt, »immer draußen«[8] sind. Olga ist so jemand, und auch der junge Jacques-Laurent Bost, ein Schüler Sartres. Simone nennt ihn den »kleinen Draufgänger«, weil er an den Gegenständen »klebt«. Bost, Sohn eines evangelischen Pastors in Le Havre, geht vollkommen auf in dem, was er gerade macht. Wenn er ein Glas Pernod trinkt, ist er ganz dem Genuss hingegeben. Wenn er eine Geschichte erzählt, versinkt er ganz in ihren Worten.

Sartre arbeitet schon seit längerem an einem Text, der ihm endlich den ersehnten Ruhm bringen soll. Darin geht es zwar um eine philosophische Haltung zur Wirklichkeit, er soll jedoch keine trockene Abhandlung sein, sondern ein Roman, spannend wie ein Krimi. Passend zu seiner Stimmung will er ihn »Melancholia« nennen. Die Geschichte spielt in Le Havre, das im Buch Bouville heißt, und der Held der Geschichte, Antoine Roquentin, trägt deutlich Züge Sartres. Bei seinen ziellosen Streifzügen durch die Stadt ist Roquentin von einer Stimmung durchdrungen, wie sie Sartre seinerzeit beim langen Betrachten eines Baumes empfunden hat. Es ist Ekel, Ekel vor allen Dingen, die einfach nur da sind, nackt, ohne Sinn, ohne jede Notwendigkeit, ebenso beliebig wie die eigene Existenz. Von diesem Ekel kann ihn nur kurzfristig ein Jazzsong befreien, den er in einer Bar hört:»Some of these days«.

Im Frühjahr 1935 unterbricht er die Arbeit an diesem Roman, um einen philosophischen Essay über»Das Imaginäre« zu verfassen.[9] Es geht dabei um das welthaltige Bewusstsein, aber nun will er der Frage nachgehen, ob zu dieser Welt auch Träume und Halluzinationen gehören. Dieses Mal will sich Sartre nicht nur wieder theoretisch mit diesen Fragen beschäftigen, sondern sie praktisch, am eigenen Leib erproben. Im Krankenhaus Saint-Anne in Paris lässt er sich eine Meskalin-Injektion geben. Die Wirkung ist eine andere als erwartet. Statt in rosigen Träumen zu schwelgen, wird Sartre von grotesken Tiergestalten heimgesucht, von Tintenfischen und Schalentieren, die ihm Grimassen schneiden. Die Ärzte können sich diese Wirkung nicht erklären, halten aber diese Erscheinungen für harmlos und vorübergehend. Sartre glaubt, verrückt zu werden. Noch Wochen und Monate nach der Behandlung wird er von Krebsen, Hummern und Langusten verfolgt. Einbildungen können anscheinend sehr real sein.

Für Simone de Beauvoir sind diese Wahnvorstellungen Ausdruck eines»profunden Unbehagens«[10]. Sartre, so glaubt sie, könne sich einfach nicht damit abfinden, dass er jetzt das geordnete Leben eines vernünftigen Erwachsenen führen soll. Im Freundeskreis wirkt er schwermütig und teilnahmslos. Aus seiner Apathie können ihn nur Castor und einige Freunde reißen, bevorzugt Olga, die jetzt eine Art Krankenschwester für ihn wird. Olga hat die Schule abgeschlossen, aber da sie keinen blassen Schimmer hat, was aus ihr werden soll, will sich Simone de Beauvoir weiter ihrer annehmen. Nach dem Willen ihrer Eltern soll sie Medizin studieren, obwohl sie dieses Fach überhaupt nicht interessiert und ihr jede Begabung dafür fehlt. Wie zu erwarten, scheitert sie schon bei den Vorprüfungen im Sommer und Herbst. Simone de Beauvoir kann ihre Eltern dazu überreden, ihr Olga anzuvertrauen. Sartre und sie wollen sie privat in Philosophie unterrichten. Das klappt nur anfangs, schon bald lässt Olgas Eifer nach und sie verfällt in ihre alte Gleichgültigkeit.

Trotz dieses Misserfolgs ist Sartre von Olga wie verzaubert. Während andere sie für launisch, verantwortungslos, faul und unreif halten, ist sie für ihn die Verkörperung einer ursprünglichen Lebendigkeit, die ihm, wie er glaubt, abhanden kommt. Er philosophiert über Freiheit. Olga lebt Freiheit. Er analysiert sein Verhalten. Sie lässt sich von ihren Gefühlen und Stimmungen leiten. In sein Tagebuch schrieb Sartre: »Bei allem, was ich fühle, weiß ich, noch bevor ich es fühle, dass ich es fühle […] Alles, was die Menschen fühlen, kann ich erraten, erklären, schwarz auf weiß setzen. Aber nicht fühlen. Ich täusche, ich wirke wie ein Gefühlsmensch und bin eine Wüste.«[11] Sartre weiß nur zu gut, dass er nicht aus seiner Haut kann und dazu verdammt ist, ein Intellektueller zu sein. Aber ebendarum üben rätselhafte Frauen wie Olga eine so magische Wirkung auf ihn aus. Er ist wie besessen von dem Wunsch, Olga zu erobern, von ihr bewundert zu werden. Auf diese Weise, so glaubt er, erhält er Anteil an ihrer Vitalität, aus der er aber sofort »mit lüsterner Hast« Nutzen ziehen muss, indem er aus dieser Erfahrung Wörter macht. Sartre geht es weniger um Sex als um Verführung. Er ist kein Casanova. Er selbst hält sich für einen »ausgemachten Fummler«[12], einen »Anzeiger«[13], der auf das hinweist, was andere machen. Und zur Verführung gehört der Drang, diese Erfahrung »brühwarm«[14] anderen – vor allem Castor – mitzuteilen.

Simone ist erleichtert, dass Sartre nach Monaten der Paranoia nicht mehr von seinen tierischen Hirngespinsten verfolgt wird. Sie hat jedoch den Eindruck, dass ein Wahn den anderen ablöst. Sartre selbst schrieb im Rückblick auf diese Zeit, dass seine merkwürdige Melancholie »in Wahnsinn umschlug«[15]. Die Sucht, Olga zu gefallen, belastet zunehmend das Verhältnis zwischen ihm und Castor. Was sie empfindet, ist mehr als Eifersucht. Sartres Leidenschaft für Olga macht nur allzu deutlich, was Olga hat und was sie nicht ist, was ihr fehlt. Die Situation ist verfahren. Simone fühlt sich für Olga verantwortlich und schätzt sie als Freundin, gleichzeitig wird sie allmählich zur Feindin. Sie fragt sich auch, ob sie sich nicht etwas vorgemacht hat, als sie glaubte, das Band zwischen ihr und Sartre sei untrennbar. Einerseits will sie Sartre nicht verlieren und den »Pakt« einhalten. Andererseits muss sie sehenden Auges hinnehmen, wie sich langsam eine andere Frau zwischen sie schiebt. Aus dem Zweierbund ist ein Trio geworden, und dieses Trio entwickelt sich immer mehr zu einer »Miniaturhöllenmaschine«[16].

Im Frühjahr 1936 erfährt Simone de Beauvoir, dass sie an ein Pariser Gymnasium versetzt werden soll. Auch Sartre bekommt eine neue Schulstelle, allerdings nicht, wie erhofft, in Paris, sondern in Laon, nordöstlich der Hauptstadt. Nach einer Reise mit Sartre nach Italien, von wo er ellenlange Briefe an Olga schrieb, zieht Simone wieder um. Das Kapitel Provinz ist damit beendet. Simone ist wieder in ihrer Stadt, die sich inzwischen verändert hat. In den Cafés sitzen Menschen aus verschiedenen Ländern, die vor dem Hitler-Faschismus geflohen sind. Diese Flüchtlinge sind bei vielen Franzosen nicht willkommen. Gruppen wie die rechtsextremistische Liga »Croix-de-Feu«, die Feuerkreuzler, machen Stimmung gegen sie. »Ils mangent notre pain«, so heißt es. »Sie essen unser Brot.«

Simone bekommt wenig mit von diesen Spannungen. Sie verkehrt mit ihren alten Freunden aus Studienzeiten, die mittlerweile fast alle verheiratet sind. Der Freundeskreis wird jetzt erweitert. Lionel de Roulet kommt hinzu, ein Schüler Sartres aus Le Havre, der in Simones Schwester Hélène verliebt ist. Ein anderer ist Marc Zuorro, ein Lehrerkollege Simones aus Rouen, der jetzt auch in Paris unterrichtet. Der homosexuelle Zuorro träumt von einer Karriere als Opernsänger, will aber nicht wahrhaben, dass ihm jedes musikalische Taktgefühl fehlt. Zuorro ist verliebt in den jungen Jacques-Laurent Bost, der ebenfalls nach Paris umgezogen ist, um an der Sorbonne Philosophie zu studieren. Der »kleine Bost«, wie ihn alle nennen, wohnt bei seinem großen Bruder Pierre, einem bekannten Schriftsteller und Journalisten. Sartre drängt darauf, dass auch Olga nach Paris kommt. Simone wäre es lieber, wenn ihre Eltern das nicht erlaubten. Aber die haben anscheinend grenzenloses Vertrauen in die frühere Lehrerin ihrer Tochter und geben ihr Einverständnis. Simone bringt Olga unter im Hotel, in dem sie nun wohnt, im Hotel Royal Bretagne in der Rue de la Gaité. Olga kennt keinen Menschen in Paris. Meistens sitzt sie gelangweilt in ihrem Zimmer und wartet darauf, dass Simone etwas mit ihr unternimmt. Sie geht mit ihr ins Kino oder ins Theater und macht sie mit ihren Freunden bekannt. Am nächsten Tag in der Schule ist sie immer hundemüde.

Simone unterrichtet sechzehn Stunden in der Woche im Lycée Molière. Nachmittags sitzt sie dann im Dôme in einer Nische im rückwärtigen Teil des Cafés und schreibt an ihrem Buch über die verschiedenen Frauenfiguren. Sartre ist ihr erster kritischer Leser, und er ist so überzeugt von dem Text, dass er das Manuskript, sobald es fertig ist, dem Verleger Gaston Gallimard zukommen lassen will. Simone vertraut auf sein Urteil und erzählt ihren Freunden von ihrem ersten Buch, als ob es schon gedruckt wäre. Auch ihren Eltern gegenüber erwähnt sie es stolz. Vater Georges, inzwischen Ende fünfzig, ist skeptisch. Er glaubt nicht daran, dass Simone fähig ist, ein Buch zu schreiben, jedenfalls keines, das *er* für gut hält. Dazu müsste sie seiner Meinung nach ein anderes Leben führen und nicht nur »die Hure dieses Wurms« sein, wie er sie und Sartre nennt.[17] Simone hält es für sinnlos, mit ihrem Vater darüber zu reden, warum sie keine Ehe führen will wie er, warum sie seine Doppelmoral verachtet und keine Kinder will, warum sie lieber in schäbigen Hotelzimmern und Cafés lebt statt in schön eingerichteten Wohnungen. Sie spürt, wie die Wut ihrer Kindheit in ihr hochsteigt, schweigt aber, wenn er begeistert darüber redet, dass Hitler Flugzeuge nach Spanien schickt, um die rechtsgerichteten Putschisten unter General Franco in ihrem Kampf gegen die demokratisch gewählte Regierung zu unterstützen.

Simones Eltern würden noch viel schlechter über ihre Tochter und den »Wurm« Sartre denken, wenn sie wüssten, wie sie ihre offene Beziehung leben. Sartre kommt zweimal die Woche von Laon nach Paris und verbringt dann viel Zeit mit Olga. Mit seinem Charme und seiner Beredsamkeit wickelt er sie ein, aber sein Plan, sie auch ins Bett zu bringen, scheitert. Olga lässt ihn abblitzen, und Sartre ist furchtbar eifersüchtig, wenn sie mit Marco Zuorro oder dem kleinen Bost flirtet. Besonders Olgas Beziehung zu Bost wird immer enger und schließlich muss Sartre erkennen, dass er bei diesem Wettkampf um Olgas Gunst leer ausgehen wird. Für ihn ist es eine Schmach, die er dadurch zu tilgen sucht, dass er nun mit Olgas jüngerer Schwester Wanda anbandelt. Die hübsche Wanda lebt noch bei ihren Eltern in Beuzeville, will aber auch unbedingt nach Paris kommen. Sartre kann das nur recht sein.

Sein Selbstbewusstsein ist so ziemlich am Boden. Er hält sich selbst wechselweise für einen »jämmerlichen Neurotiker« oder einen »brillanten Clown«[18]. Nach Olgas Abfuhr muss er jetzt auch noch hinnehmen, dass sein Roman über sein Alter Ego Antoine Roquentin vom Verlag abgelehnt worden ist. Vier Jahre Arbeit sind umsonst. Seinen Traum, ein berühmter Schriftsteller zu werden, will er dennoch nicht aufgeben. Dass auch die politischen Ereignisse seine Zukunftspläne gefährden könnten, glaubt er nicht. Trotz der zunehmend aggressiven Außenpolitik Hitlers kann er sich nicht vorstellen, dass es zum Krieg kommt. Einige seiner Freunde sehen es anders. Fernando Gerassi, der mit Simones Freundin Stépha verheiratet und Vater eines kleinen Jungen ist, will nicht länger zusehen, wie sich der Faschismus in Europa ausbreitet, und entschließt sich, nach Spanien zu gehen, um sich den Internationalen Brigaden im Kampf gegen Franco anzuschließen. Castor und alle anderen Freunde begleiten ihn zum Bahnhof. Simone weiß, dass auch Simone Weil in Spanien auf Seiten der Antifaschisten mitkämpft. Ihr Einsatz dauert jedoch nicht lange. Nach einem Unfall – die kurzsichtige Weil verbrüht sich mit siedend heißem Öl – muss sie nach Frankreich zurückkehren.

Im Winter 1936/37 ist auch Simone de Beauvoir auf einem Tiefpunkt. Der Unterricht an der Schule, Sartres Krise, die dauernde Sorge um Olga, ihre undankbare Rolle im »Trio« und die anstrengende Arbeit an ihrem Roman – all das hat ihr viel Kraft gekostet. Eines Abends im Februar fühlt sie sich krank und legt sich ins Bett. Sie denkt zuerst an eine Grippe. Aber als sie Tag für Tag schwächer wird, muss man sie in die Klinik bringen. Dort stellt man eine schwere Lungenentzündung fest. Simone, die gewohnt ist, ihr Leben in die eigene Hand zu nehmen, muss sich erst daran gewöhnen, eine hilflose Patientin zu sein. Simone Jollivet, Marc Zuorro, der kleine Bost, Olga, Stépha, Paul Nizan – alle Freunde besuchen sie. Sartre sitzt an ihrem Bett, wenn er in Paris ist. Als sie im April die Klinik verlassen kann und sich in einem Hotel erholt, bringt er ihr Essen aus einem nahen Bistro und schreibt, wenn er in Laon ist, zärtliche Briefe an den »reizenden Castor«, wie er sie nennt: »Geht es Ihnen gut, ist Ihr Herz rosig? Vergessen Sie nicht, einen kleinen Spaziergang um Ihren Sessel zu machen. Und wenn Sie schön um den Sessel herumgegangen sind, setzen Sie sich rein.«[19]

Dem Rat ihres Arztes folgend, fährt Simone, die kaum noch fünfzig Kilo wiegt, im April in den Süden, an die Mittelmeerküste, wo sie, gegen den Rat ihres Arztes, wieder ihre langen Fußmärsche unternimmt. Dort erreichen sie enthusiastische Briefe von Sartre. Sein Roman ist nun doch vom Verlag Gallimard angenommen worden. Die erste Ablehnung war ein Missverständnis, so wird ihm gesagt. Das Buch soll mit dem Titel »Der Ekel« erscheinen. Er gehe nun, so schreibt er, durch die Straßen »wie ein Autor«[20]. Sartre glaubt, eine Glückssträhne zu haben, weil er nun auch noch den Bescheid bekommen hat, dass er zum neuen Schuljahr an einem Gymnasium in Paris unterrichten soll, am Lycée Pasteur. Zu den Glücksmomenten der letzten Zeit gehört auch, dass es ihm gelungen ist, Gégé, die Freundin von Simones Schwester Hélène, zu verführen. Ausführlich schildert er der wieder genesenen Simone, wie er sie in sein Hotelzimmer gelockt, ihr die Bluse und den Rock ausgezogen und dann mit ihr geschlafen hat. »Einfach so, weil es sich so ergab, weil es sein musste.«[21]

Wanda ist jetzt zeitweise in Paris. Sartre zeigt ihr die Stadt und hilft ihr, ein Zimmer in einem Hotel zu finden. Das ist nicht so einfach, weil in der französischen Metropole die Weltausstellung stattfindet und die Stadt von Besuchern überfüllt ist. Im spanischen Pavillon wird das Gemälde »Guernica« von Pablo Picasso ausgestellt. Das Bild ist eine Anklage gegen die Zerstörung der baskischen Stadt Guernica durch die deutsche Flugzeugstaffel »Legion Condor« im April 1937. Der deutsche Beitrag auf dem Gelände der Weltausstellung ist von Hitlers Lieblingsarchitekten Albert Speer gestaltet. Der Pavillon, »Ehrenhalle« genannt, hat einen monumentalen Turm, auf dem ein riesiger Reichsadler thront, der ein Hakenkreuz in den Krallen hält. Wenn Fernando Gerassi auf Heimaturlaub in Paris ist, schimpft er auf die »Saufranzosen«, die die spanischen Republikaner im Stich lassen, während Hitler und Mussolini die Franco-Faschisten mit Kanonen und Flugzeugen versorgen.

Frankreich und England bleiben neutral. Und auch Beauvoir und Sartre verhalten sich abwartend. Alles ist besser als Krieg, so behaupten sie. Sie vermeiden es sogar, an Krieg zu denken, als ließe er sich so verhindern. Der Gedanke, die Freiheit zu verlieren, ist ihnen unerträglich. Und zur Freiheit gehört für sie das Reisen. Im Sommer verreisen sie mit Bost nach Griechenland, nicht wie Touristen, die sie verachten, eher wie Vagabunden. Auf verrosteten Schiffen, eingezwängt zwischen stinkenden Hühnerkäfigen, setzen sie von Athen aus auf die griechischen Inseln über. Sie übernachten, wenn sie keine Unterkunft finden, im Freien und ändern spontan ihre Pläne. Manchmal, wenn ihm die Hitze zu groß und die Wanderungen zu anstrengend sind, weigert sich Sartre, noch einen Schritt weiterzugehen, und setzt sich in ein Café, um lange Briefe an Wanda zu schreiben. Simone und Bost ziehen dann allein los, besteigen in der Gluthitze hohe Berge oder schwimmen im Meer.

Zum neuen Schuljahr müssen sie in Paris zurück sein. Sartres neue Unterkunft ist das Hotel Mistral in der Rue Cels. Simone beschließt, auch in dieses Hotel umzuziehen. Sie braucht Abstand zu Olga, die inzwischen Schauspielunterricht bei Charles Dullin nimmt, dem berühmten Theaterregisseur und Liebhaber Simone Jollivets. Zusammenleben wollen Sartre und Simone allerdings nicht. Sie mietet ein Zimmer in einem anderen Stockwerk. So sind Sartre und sie sich nahe, ohne einander in die Quere zu kommen. Vom Mistral ist es nicht weit zu ihrem Lieblingscafé, dem Dôme. Eines Tages sitzt sie dort, als Sartre hereinkommt und wortlos ihr Manuskript auf den Tisch legt. Gallimard hat es abgelehnt. Sartre will es bei einem anderen Verlag versuchen. Aber auch ohne Erfolg.

Simone kann ihre Enttäuschung nur schwer verbergen. Es ist seit je ihr sehnlichster Wunsch, für die Literatur zu leben. Das Manuskript sollte der Test sein, ob wirklich etwas in ihr steckt oder ob ihr Wunsch nur ein leerer Traum ist. Dieser Test ist misslungen und sie ist nahe daran aufzugeben. Sartre lässt das nicht zu. Sie soll weitermachen. Er schlägt ihr vor, nicht über andere Frauen zu schreiben, sondern über sich, die er für viel interessanter hält. Simone ist diese Idee zunächst fremd, aber bald wird sie die ersten Sätze einer neuen Geschichte schreiben. Es ist die Geschichte des Trios, der Versuch, literarisch mit dieser Erfahrung fertigzuwerden.

Während Simone de Beauvoir damit beginnt, ihre Vergangenheit mit Hilfe der Literatur aufzuarbeiten, kommt es zu neuen Verwicklungen, die fatal an das Gefühlschaos des Trios erinnern. Nur dass dieses Mal mehrere Personen darin verwickelt sind. Eine davon ist wieder ein blutjunges Mädchen. Sie heißt Bianca Bienenfeld. Die sechzehnjährige Jüdin ist Schülerin in Simones Klasse am Lycée Molière. Sie ist begeistert von der Schönheit, der Intelligenz und der strahlenden Energie ihrer dreißigjährigen Lehrerin.[22] Im März 1938 wagt sie es, der Bewunderten einen Brief zu schreiben. Sie bekommt auch sofort eine Antwort mit dem Vorschlag, sich außerhalb der Schule in einem Café zu treffen. Diesem ersten Treffen folgen weitere, auch im Hotel Mistral, lange Spaziergänge durch Paris und im Frühjahr gemeinsame Wanderungen. Bei einem dieser Ausflüge im Naturpark Morvan in der Region Burgund übernachten sie in einem einfachen Gasthof und schlafen im selben Bett. Auf der Rückfahrt im Bus ziehen sie die schockierten Blicke der anderen Fahrgäste auf sich, weil sie sich zärtlich an den Händen halten.

Simone de Beauvoir ist daran gewöhnt, »mit geballten Fäusten«[23] durchs Leben zu gehen. Mit ihrem starken Willen hat sie es bisher geschafft, alles unter Kontrolle zu halten, was sie von ihren einmal gesteckten Zielen abhalten könnte, auch ihre körperlichen Bedürfnisse. Die gewaltigen Fußmärsche waren nicht nur eine überwältigende Naturerfahrung, sie waren auch ein Mittel, die quälende Unruhe ihres Körpers zu beruhigen. Andere Möglichkeiten hat sie nicht. Sartre ist zwar der wichtigste Mensch in ihrem Leben, ein guter Liebhaber ist er nicht. Auf diesem Gebiet, so meint sie einmal, sei er »nicht sehr begabt«[24]. Zu der kindlichen Freizügigkeit, mit der Sartre seine Seitensprünge unternimmt, ist Simone nicht fähig. Sie muss sich eingestehen, dass sie sich von dem »Moralismus und dem Puritanismus«[25] ihrer Erziehung nicht befreien konnte. Immer noch steckt etwas von der kleinen Simone in ihr, die sich ihr Nachthemd immer so anzog, dass kein Stück nackter Haut zu sehen war. Diese Prüderie begreift sie nun nicht nur als ein persönliches Manko. Sie steht auch ihrer Entwicklung als Schriftstellerin im Wege, weil sie dadurch daran gehindert wird, »die Menschen so zu sehen, wie sie sind«[26].

Simone de Beauvoir will sich auch sehen, wie sie ist. Analysieren will sie sich nicht. Wie Sartre lehnt sie jede Methode ab, die den Anspruch erhebt, mit abstrakten Begriffen die unbewussten Abgründe eines Menschen zu erfassen. Simone de Beauvoir will sich öffnen. Sie will sich zeigen, denn sie weiß, »dass man sich niemals kennen, sondern nur erzählen kann«[27].

VIII

IM KALTEN LICHT

Am 14. Juli 1938, in Frankreich ist Nationalfeiertag, sitzt Jean-Paul Sartre im Café Dôme. Draußen auf der Rue Delambre ziehen feiernde Menschen vorbei, unter ihnen ein Harlekin auf Stelzen, der auf einem Akkordeon spielt. Sartre wird oft angesprochen. Er ist mittlerweile ein gefeierter Autor. Sein Roman »Der Ekel« ist im April erschienen mit der Widmung »FÜR CASTOR« und ist begeistert aufgenommen worden. Eines der »bedeutendsten Werke unserer Zeit« hat eine Zeitung das Buch genannt. Sartre hat seinen Castor vor einigen Tagen zum Bahnhof gebracht. Sie fuhr nach Annecy, um mit dem »kleinen Bost« in den französischen Alpen zu wandern. Anschließend, am 30. Juli, wollen Sartre und sie sich in Marseille treffen und von dort zu einer Reise nach Marokko aufbrechen. Sartre vermisst seine »kleine Absurde« schon jetzt. Er kann ihr dringendes Bedürfnis, »Grün zu sehen«, und ihre seltsame Leidenschaft, »Kilometer zu fressen«, nicht verstehen.[1] Er selbst mag keine Natur, und um Simone auf ihren Touren zu begleiten, ist er schlicht zu unsportlich. Da ist der junge, zweiundzwanzigjährige Bost der bessere Begleiter.

Sartre ist ein Stadtmensch, und er berichtet Simone und Bost ausführlich, wie er seine Tage in Paris verbringt. Mit den Schwestern Olga und Wanda zieht er durch die Bars und mit der jungen Schauspielerin Colette Gibert hat sich eine charmante Affäre ergeben. Sie habe ihn, so schreibt er, geküsst »mit der Kraft eines elektrischen Staubsaugers«[2]. Amüsiert berichtet Sartre, dass Merleau-Ponty, der auch hinter Colette her ist, ihn für ein »Schwein« hält und Colette von ihrer Tante eindringlich gewarnt wurde vor diesem Sartre, von dem bekannt sei, dass er in wilder Ehe mit Simone de Beauvoir lebe und ihm keine Frau widerstehen könne.

Colette hat sich nicht abschrecken lassen und eine Nacht mit ihm verbracht. Sartre schildert in seinem Brief an Castor en detail die piksige Haut ihrer schlecht rasierten Beine, ihre »tropfenförmigen Arschbacken« und die Pickel auf ihrer Brust. Er verschweigt allerdings auch nicht, dass Colette ihn ihrerseits »lahmarschig« fand. Colette ist eifersüchtig auf Simone de Beauvoir, weil sie, so gesteht sie es Sartre, immer schon so wie diese mit einem Mann zusammenleben wollte. Sartre hat ihr klargemacht, dass dieser Platz in seinem Leben leider schon besetzt sei. »Sie müssen wissen, mein reizender Castor«, schreibt er an Simone, »dass ich es mitten in diesen Stürmen schaffe, ganz mit Ihnen vereint zu bleiben.«[3]

Simone »belustigt« Sartres Schilderung. Sie warte auf eine Fortsetzung, schreibt sie ihm.[4] Sie kennt Colette und findet sie sympathisch. Für Sartres Verhalten hat sie Verständnis, hegt sie doch selber zärtliche Gefühle für den acht Jahre jüngeren Bost, was sie ihm allerdings nicht zeigt und sich benimmt, »wie es sich gehört«. Die beiden machen die waghalsigsten Touren und bringen sich durch ihren Ehrgeiz manchmal in ernste Gefahr. Simone reißt sich beim Rutschen über einen Gletscher die Hand auf, und Bost ist einmal so erschöpft, dass er sich übergeben muss. Wenn sie abends keine Hütte finden, schlagen sie ihr Zelt auf und müssen sich einen Schlafsack teilen, weil Bost den seinen in Paris vergessen hat. An einem Sonntag flüchten sie sich vor dem Regen in eine Hütte. Lange liegen sie schlaflos nebeneinander und necken sich gegenseitig, bis etwas geschieht, was sie nicht beabsichtigt hatten, aber wohl in der Luft lag. »Etwas äußerst Angenehmes ist mir passiert«, schreibt Simone an Sartre, »das ich mir bei der Abreise nicht hätte träumen lassen – ich habe nämlich vor drei Tagen mit dem kleinen Bost geschlafen, natürlich war ich es, die den Vorschlag machte – die Lust dazu war uns beiden gekommen.«[5]

Sartre ist wenig überrascht und schon gar nicht eifersüchtig. Er gibt Simone allerdings zu bedenken, dass ihr Leben nun kompliziert werden wird. Bost ist fest mit Olga liiert und Simone mit Olga befreundet. Sie und Bost werden ihre Liebe vor Olga verheimlichen müssen. Denn verliebt haben sie sich ineinander. Im Bahnhof von Marseille, wo Simone auf Sartre wartet, schreibt sie Bost, dass sie in Gedanken seine Wangen, seine Wimpern und seine rissigen Lippen küssen möchte.[6] Und Bost antwortet ihr nach Marrakesch, dass er die gemeinsamen Tage nicht vergessen könne und sie »formidablement« liebe: »Ich möchte Sie umarmen und küssen, bis es wehtut.«[7]

In der Vorbemerkung zu ihren Memoiren weist Simone de Beauvoir darauf hin, dass sie nicht vorhabe, »*alles* zu sagen«[8]. Sie verschweigt den Zwischenfall in den Bergen, und worüber sie ebenfalls nichts sagt, ist, wie tief ihre Beziehung zu Bost weiterhin war. Über Jahre hinweg schrieben sie sich leidenschaftliche Briefe, die erst lange nach Beauvoirs Tod veröffentlicht wurden. Und jahrelang pflegten sie eine »gefühlvolle sexuelle Beziehung«[9], die Beauvoir erst beendete, als sie den amerikanischen Schriftsteller Nelson Algren kennenlernte.

In der sommerlichen Hitze Marokkos kämpft Simone mit den Tränen, wenn sie in den arabischen Bars Liebeslieder hört und an Bost denken muss, während Sartre besorgt die Zeitungsmeldungen liest über die Krise in der Tschechoslowakei. Hitler will die überwiegend von Deutschen bewohnten Grenzgebiete in das Deutsche Reich einverleiben und Verhandlungen haben bisher nicht vermocht, ihn von diesem Plan abzubringen. Als Simone und Sartre im September wieder in Paris sind, bereitet sich die Stadt auf einen Krieg vor. Simone weigert sich, auch nur daran zu denken, dass es zu einer Katastrophe kommen könnte, die ihr ganzes persönliches Glück zerstörte. Sie hieße es auch gut, wenn England und Frankreich Prag im Stich lassen. Hauptsache, es gibt keinen Krieg. Tatsächlich einigen sich die Vertreter Frankreichs, Englands und Italiens bei einem Treffen in München 1938 darauf,

Hitlers Forderungen nachzugeben. Um des Friedens willen wird das Sudetenland geopfert. Man glaubt Hitler, wenn er versichert, keine weiteren Gebietsansprüche zu stellen.

Das Schreckgespenst des Krieges ist vertrieben. Die emotionalen Kleinkriege und Verwirrspiele im Liebesleben von Simone und Sartre gehen weiter. Bost muss im November seinen Militärdienst in Amiens antreten. Simone besucht ihn an manchen Wochenenden. Und wenn er auf Urlaub nach Paris kommt, müssen sie es so arrangieren, dass Olga nichts von ihren heimlichen Treffen mitbekommt. Olga sollte auch nicht wissen, dass Simones Verhältnis zu Bianca Bienenfeld sehr intim geworden ist. Als Simone und Sartre in den Winterferien zum Skilaufen nach Megève in die Savoyer Alpen fahren, nehmen sie Bianca mit. Ob Simone Bedenken hatte, Bianca in Sartres Nähe zu bringen, dessen Schwäche für junge Mädchen sie doch kannte? Oder hat sie gar Bianca bewusst Sartre zugespielt? Sartre, der sich geschworen hat, nach der »Olga-Geschichte« jede Leidenschaft in sich abzuwürgen[10], kann jedenfalls nicht widerstehen, mit Bianca zu flirten. Zurück in Paris, macht er ihr eifrig den Hof und schließlich kommt es so weit, dass sie ihre beiderseitige Zuneigung auch, wie Sartre es ausdrückt, physisch »vollziehen«.[11]

Bianca Bienenfeld, die später Bianca Lamblin hieß, hat als ältere Dame ihre Sicht der Dinge in einem Buch dargelegt. Darin schildert sie Sartre als einen »Meister in der Sprache der Liebe«, der sich immer sehr »liebevoll« zu ihr verhalten hat und dessen Bildung sie bewunderte. Als achtzehnjähriges Mädchen wollte sie unbedingt ein neues Trio mit ihm und Beauvoir bilden. Andererseits sieht sie sich im Rückblick als »Gefangene des Trios«[12], als »getäuschtes Mädchen«, das nichtsahnend in die Fänge dieses verschworenen Paares geriet. Zur Wahrheit gehört auch, dass sich Sartre und Beauvoir um Bianca kümmerten, sie in ihrem Philosophiestudium unterstützten und ihr finanziell unter die Arme griffen. Aber was ist die Wahrheit?

Im Frühjahr siedelt Olgas Schwester Wanda nach Paris über. Weil sie nicht weiß, was sie machen soll, bittet Sartre Simones Schwester Hélène, ihr Zeichenunterricht zu geben. Poupette, wie sie alle nennen, hat schon eine erste eigene Ausstellung hinter sich und sogar von Pablo Picasso anerkennende Worte für ihre Bilder erhalten. Sie wohnt in ihrem Atelier in der Rue Santeuil, für die ihre Schwester Simone die Miete übernimmt. Mit Wanda kann sie wenig anfangen. Sie ist »unermesslich faul«[13] und legt sich erst einmal hin, wenn sie zu Poupette ins Atelier kommt. Sartre versucht daraufhin, sie wie Olga in der Schauspielschule von Charles Dullin unterzubringen, und schreibt sogar eigene Rollen für sie. Mit wenig Erfolg. Mehr Erfolg hat er als Liebhaber bei ihr, wenngleich in ihrer Beziehung oft die Fetzen fliegen. Damit er sich lebendig fühle, so schreibt er an Castor, brauche er »die Heftigkeit der Auseinandersetzungen oder das Pathetische der Versöhnungen«[14].

Poupette hält sich und Simone für »Arbeitstiere«. Und in der Tat ist Simone enorm fleißig und sehr diszipliniert. Wenn es sie nicht gerade ins Grüne zieht, gibt sie Unterricht und korrigiert Schularbeiten. In jeder freien Minute sitzt sie im Café und schreibt Briefe oder arbeitet an ihrem neuen Roman. Sie hat sich an Sartres Empfehlung gehalten und macht sich selbst zum Thema oder, genauer, ihre Welt. Im Grunde beschreibt sie literarisch, was sie gerade erlebt: die Lebenswelt eines unverheirateten Paares, das als unzertrennlich gilt und dessen Verbindung durch eine andere Person gefährdet wird. Die Personen, die in dieser Geschichte auftreten, sind der Wirklichkeit sehr nahe. In Françoise ist sie selbst erkennbar. Pierre, ein Theaterregisseur, hat deutliche Züge von Sartre. Und Xavière ist Olga nachgebildet oder dem Typ Olga, wie ihn auch Wanda und Bianca verkörpern.

Simone de Beauvoir hat darauf hingewiesen, dass es ihr wieder, wie schon bei ihren ersten literarischen Versuchen, um das philosophische Problem des Anderen ging. Man könnte aber auch sagen, dass der Roman eine Auseinandersetzung ist mit Sartres Forderung nach totaler Transparenz. Der Anspruch, alles zu sagen, keine Geheimnisse voreinander zu haben, alles ins grelle Licht zu stellen, war eine Idee Sartres und Teil des Paktes. Simone hat diese Idee übernommen, weil sie zu ihrem Freiheitsdrang passte. Sie konnte sie aber nicht so bedenkenlos umsetzen. Sartre macht in seinen Tagebüchern einmal die Bemerkung, dass er Castor in diese »Strahlung des kalten Lichts« hineingezogen habe, was ihn zwar glücklich gemacht habe, ihm jedoch nicht vollends gelungen sei, weil sie diesen »tiefen Mangel an Wärme« schmerzlich empfunden habe und »Zonen des Schattens oder der Scham zu wahren verstand«. Mit ihrem Roman, so Sartre, habe sich Simone »sanft darüber beklagt«.[15]

Im Roman *L'Invitée* ist Françoise' Protest nicht sanft, als die junge Xavière vom Land nach Paris kommt und sich zwischen sie und Pierre drängt. Wenn sie mit ansieht, wie völlig verzückt Pierre ist von der naiven Unbekümmertheit dieses Mädchens, gibt es ihr jedes Mal einen Stich ins Herz. Und wenn von ihr erwartet wird, dass sie Pierres Verliebtheit mit eifersuchtsloser Toleranz hinnehmen soll, steigt Groll, ja Hass in ihr hoch. Sie hasste, wie es einmal heißt, »die Rolle der gleichmütig segnenden Gottheit [...], die sie ihr zuschieben wollten«[16]. Gegen die unerschütterbare Selbstsicherheit, mit der Xavière sich behauptet, ist die sensible und unsichere Françoise machtlos. Sie hat nicht nur Angst, Pierre zu verlieren, sondern sich selbst. Insofern ist es psychologisch nur folgerichtig, dass sie am Ende des Buches Xavière umbringt, indem sie in deren Zimmer unbemerkt den Gashahn aufdreht.

Im August 1939 sind Beauvoir und Sartre in einer Villa in Juan-les-Pins an der Côte d'Azur. Die Villa gehört Louise Morel, die sie nur »cette dame«, diese Dame, nennen. Morel ist verheiratet mit einem sehr viel älteren Arzt, der traumatisiert aus dem Weltkrieg zurückkam und seither sein Zimmer im Stammsitz der Familie in La Pouèze im Loiretal nicht mehr verlässt. Sartre hat »diese Dame« kennengelernt, als er als Student ihrem Sohn Albert Nachhilfeunterricht gab. Seitdem sind er und Simone mit ihr befreundet. Morel gehört zu den wenigen Frauen, die Simone respektiert, weil sie sich nie an einen Mann angeklammert habe. Sie schätze eine Frau wie Louise Morel, »die es versteht, nicht für sich selbst, aber durch sich selbst zu leben.«[17]

Louise Morels Villa ist offen für alle Gäste. Auch Marc Zuorro ist da. Er bringt Sartre die Kraultechnik beim Schwimmen bei. Sartre glaubt sich im Wasser verfolgt von einer riesigen Krabbe und legt die Strecke zum Strand in »Rekordzeit« zurück. Simone traut sich nicht in tieferes Wasser. Sie hat als Kind nie schwimmen gelernt und macht auch jetzt kaum Fortschritte. In der größten Hitze ziehen sie sich auf ihre Zimmer zurück und schreiben Briefe, Sartre an Wanda und Simone an Bost. Zwischen ihr und Bost ist es zu Unstimmigkeiten gekommen, weil Simone in einem Brief einen Nachmittag schilderte, den sie mit Bianca im Bett verbrachte. Bost fand das abstoßend und war irritiert über Simones Liebesleben, woraufhin ihm Simone schrieb: »Ich habe nur *ein* sinnliches Leben, nämlich mit Ihnen, und das ist für mich etwas unendlich Wertvolles, Ernsthaftes, Gewichtiges und Leidenschaftliches […] und ich will, dass Sie sie ernst nehmen und wissen, dass ich sie mit meiner ganzen Seele ernst nehme.«[18]

Bost ist in seiner Kaserne in Amiens. Die Soldaten sind in Alarmbereitschaft. In den Zeitungen wird der Bevölkerung versichert, dass Mobilisierung noch lange nicht Krieg bedeute. Auch Sartre glaubt nicht an Krieg. Er hält es für ausgeschlossen, dass Hitler einen Krieg anzettelt. »Das ist Bluff«, schreibt er an Bianca.[19] Zwei Tage später muss er eingestehen, dass er sich getäuscht hat.

Simon de Beauvoir sitzt am 1. September im Café Dôme in Paris, als der Kellner verkündet, dass Deutschland Polen den Krieg erklärt hat. Sofort trifft sie sich mit Sartre. Sie gehen ins Hotel Mistral, um aus dem Keller Sartres Soldatenbeutel und seine Stiefel zu holen. Auf dem Sammelplatz wird ihnen gesagt, dass er am nächsten Morgen wiederkommen soll. Sartre und Beauvoir verbringen den letzten Abend und die letzte Nacht miteinander. Um halb vier Uhr morgens bringt sie ein Taxi zum Sammelplatz und von dort werden sie zum Gare de L'Est weitergeschickt.

In der Bahnhofshalle muss sich Sartre hinter eine Absperrung begeben. Getrennt durch eine Kette tröstet Sartre Castor und meint, er sei nicht in Gefahr, es sei nur eine Trennung. Dann geht er zum wartenden Zug. Als Letztes sieht sie nur noch seinen Rücken. Sie dreht sich schnell um, und weil sie Angst hat zusammenzubrechen, fängt sie an zu laufen, immer weiter, bis sie erschöpft und weinend in einem Café landet. Sie hat panische Angst um Bost und um Sartre. An Sartre schreibt sie einige Tage später: »Ich bin ruhig, was Sie angeht, beruhigt von der Gewissheit, die ich jetzt absolut habe, dass ich nicht weiterleben würde, wenn Ihnen ein Unglück zustieße.«[20]

Am 3. September erklärt Frankreich Deutschland den Krieg. Damit ändert sich auch die Situation der deutschen Flüchtlinge. Sie gelten jetzt als unerwünschte Ausländer. Alle emigrierten Männer zwischen siebzehn und fünfzig müssen sich in ein Sammellager begeben. Von dort werden sie in verschiedene Lager in Frankreich verlegt. In Paris weisen große Plakate darauf hin, wo sich Luftschutzbunker befinden. Aus Angst vor Luftangriffen wird Verdunkelung angeordnet. Alle Glühbirnen müssen blau angestrichen werden und sogar die Autos haben nun blaue Scheinwerfer. Im Dôme und im Flore werden die Fenster mit schweren Vorhängen verdeckt. Überall sieht man lange Schlangen von Menschen, die um Gasmasken anstehen. Auch Simone wird in der Schule eine

Gasmaske angepasst, die sie nun ständig bei sich tragen soll. Immer wieder heulen die Sirenen und jedes Mal stellt es sich als Fehlalarm heraus. Alte Menschen wie Simones Großmutter weigern sich, ihre Wohnungen zu verlassen. Oma Brasseur ist schon ziemlich senil, aber immer noch tiefgläubig. Sie will keine Butter auf ihr Ei tun, weil Gott, so behauptet sie, welche draufgetan hätte, wenn er das gewollt hätte. Salz streut sie aber schon auf ihr Ei.

Simone will nicht mehr im Mistral bleiben, weil sie in diesem Hotel alles an Sartre erinnert. Vorübergehend kommt sie bei Gégé unter. Als Olga, die zu Kriegsbeginn bei ihren Eltern in Laigle war, nach Paris zurückkommt, zieht Simone mit ihr und ihrer Schwester Wanda in das Hotel du Danemark. Die drei verstehen sich gut, aber es ist eine spannungsgeladene Freundschaft. Simone ist eifersüchtig auf Olga, wenn diese längere Briefe von Bost bekommt als sie. Und Wanda schreibt an Sartre, dass sie ihn besuchen will. Aber das ist ein Vorrecht, das Simone allein für sich in Anspruch nimmt, zumal sie und Sartre in diesen Tagen ihr zehnjähriges Jubiläum feiern. Vor zehn Jahren haben sie, wie Sartre es ausdrückt, »morganatisch geheiratet«. Aus Anlass dieses Festtages, so schreibt er, verlängere er den Vertrag »sofort um zehn Jahre«[21].

Mitte Oktober beginnt wieder die Schule. Simone muss an zwei Gymnasien unterrichten. Am Lycée Camille Sée und am Lycée Henri IV, wo Sartre einst Schüler war. Wenn der Unterricht zu Ende ist und Simone die Schule verlässt, wartet am Ausgang immer eine junge Frau auf sie oder, richtiger, sie passt sie ab. Es ist wieder eines dieser Mädchen, die von der Lehrerin Beauvoir begeistert sind und mehr für sie sein wollen als nur eine bevorzugte begabte Schülerin. Nathalie Sorokines Eltern sind geschieden, sie möchte Philosophie studieren, hat aber kein Geld und keine Arbeit. Damit trifft sie einen schwachen Punkt Simones, den sie einmal als »die einzig verwundbare Stelle meines Herzens« bezeichnet, nämlich: »sie brauchte mich.«[22] Neben Olga, Wanda und Bianca gibt es nun noch eine Freundin, die Simone mit Geld unterstützt und die erwartet, dass sie für sie da ist. Dabei hat sich Simone einen strengen Zeitplan auferlegt. Wenn sie nicht in die Schule muss, geht sie in das Café, arbeitet an ihrem Roman, schreibt Briefe und führt penibel Tagebuch. Abends dann geht sie mit einer der Freundinnen aus und muss darauf achten, dass sie ihre Gunst gerecht verteilt und keiner zu viel oder zu wenig Zeit widmet. Simone de Beauvoir lebt in einer Frauenwelt. Sartre dagegen in einer Männerwelt, und das, wo der doch bei jeder Gelegenheit bekennt, wie furchtbar langweilig er Männer findet und wie viel lieber er mit Frauen zusammen ist. Sartre ist in Elsass-Lothringen stationiert und seine Aufgabe ist es, mit seinen drei Kameraden meteorologische Messungen durchzuführen. Seine Arbeit bestehe darin, schreibt er lapidar an Simone, »Ballons steigen zu lassen und ihnen durchs Opernglas nachzuschauen«[23]. Wenn er nichts zu tun hat, was sehr oft vorkommt, zieht er sich mit seinen Büchern und Heften an einen stillen Ort zurück. Er nimmt sich vor, jeden Tag drei Briefe, fünf Seiten seines neuen Romans und vier Seiten Tagebuch zu schreiben.

Für seine Kameraden ist dieser kleine Soldat ein erstaunliches Unikum, ein guter Kumpel und ein »Gegenstand außerordentlicher Erheiterung«[24], weil er dauernd etwas von seiner Ausrüstung verliert oder seine Hose zerrissen ist und er mit offenem Hosenschlitz herumrennt. Wenigstens gegenüber Simone will Sartre wie ein richtiger Soldat erscheinen und schickt ihr ein Foto von sich, mit Adlerblick und kriegerischer Miene.[25] Vom Krieg ist allerdings auch an der Front nichts zu spüren. Alles wartet auf einen Angriff der Deutschen. Doch nichts passiert. Der einzige Lärm ist das Schnarchen seiner Kameraden, das, so Sartre, dazu bestimmt sei, »mich auf den Kanonendonner vorzubereiten«[26]. In einem seiner Briefe teilt Sartre Simone verschlüsselt den Namen des Ortes mit, an dem sich seine Division aufhält: Brumath.

Soldaten an der Front zu besuchen ist verboten. Simone muss sich etwas einfallen lassen. Bei der zuständigen Behörde gibt sie an, eine schwerkranke Schwester im Elsass zu haben, die sie zu sich holen wolle, und tatsächlich bekommt sie eine Reiseerlaubnis. Sie lässt sich von einem Arzt krankschreiben und wird einige Tage vom Schuldienst befreit. Am Dienstag, dem 31. Oktober, sitzt sie frühmorgens in einem vollbesetzten Zug, der von Station zu Station leerer wird. In Brumath sind es nur noch wenige, die aussteigen. Der Ort ist zehn Kilometer von der Front entfernt. Es ist kalt, es regnet leicht und die Straßen sind verschlammt. Simone übernachtet in einem eiskalten Zimmer in einem Gasthof. Am nächsten Morgen sitzt sie in einer Taverne und sieht, wie eine kleine Gestalt die Straße herunterkommt. Es ist Sartre. Er gibt sie für seine »Braut« aus und sie bekommt ein Zimmer im Gasthof »Bœuf Noir«.

Wenn es sein Dienst erlaubt, sind sie zusammen. Simone ist glücklich. Es kommt ihr vor, als seien sie nie getrennt gewesen. Sie reden über alles. Sartre ist überzeugt, dass es nicht zum Kampf kommen wird, höchstens zu einem modernen Krieg »ohne Gemetzel«[27]. Simone liest in Sartres neuem Roman und erweist sich für ihn wieder als sein »kleiner Richter«, der Stellen kritisiert.[28] Sartres Kameraden sorgen dafür, dass er nachts bei seiner »Braut« bleiben kann. Wenn sie tagsüber alleine ist, sitzt Simone unter den lauten Soldaten in der verrauchten Gaststube. Sie hat sich angewöhnt, in Kriegszeiten ein Kopftuch zu tragen in Form eines Turbans. Weil sie hier niemand kennt und wegen ihres gelben Turbans wird sie für eine Prostituierte gehalten und muss sich einiger aufdringlicher Soldaten erwehren. Sie darf kein Aufsehen erregen. Wenn herauskommt, dass sie einen Soldaten besucht, würde sie verhaftet und Sartre bestraft werden.

Sonntagabend bringt Sartre sie zum Zug. Dieses Mal bleibt er zurück und verschwindet in der Dunkelheit. Simone findet in einem Abteil zwischen den Soldaten ein Eckchen und schlägt sofort ein Buch auf. Ein Soldat kratzt mit einem Messer die blaue Farbe von der Lampe, damit sie besser lesen kann. Als sie sich auf der harten Bank zusammenrollt, um zu schlafen, zieht ihr der Soldat, der neben ihr sitzt, die Schuhe aus und legt ihre Füße auf seinen Schoß, damit sie es bequemer hat. Sie lässt es sich gefallen und schläft, bis der Zug am Morgen in Paris ankommt. Vom Bahnhof eilt sie sofort zur Schule, um ihren Unterricht zu halten.

Nach den fünf Tagen mit Sartre ist sie sicherer denn je, dass er und sie zusammengehören und nichts sie trennen kann. Trotzdem belastet sie der Gedanke, dass er »in anderen Herzen« herumhängt.[29] Sie kann ihm jedoch keinen Vorwurf machen, da sie ja selbst in einem anderen Herzen herumhängt. In Brumath hat sie lange mit Sartre über ihre Liebe zu Bost und ihre Eifersucht geredet. Sie kommt sich manchmal »dreckig«[30] vor, wenn sie an die Affäre mit Bost denkt oder daran, wie sie beide mit Olga, Wanda und Bianca umgehen. Sartre wollte ihr das schlechte Gewissen ausreden. Er hat seine ganz eigenen Vorstellungen von Moral. Für ihn ist etwas gut, wenn man aus freien Stücken wählt. Simone tut sich schwer, diese Moral zu übernehmen. Sie leidet, und dieses Leiden kann sie nicht loswerden, wenn sie sich einredet, dass sie es wählt.

Sartre gegenüber hat sie auch eine Sache angesprochen, die sie seit langem bewegt, nämlich ihre »Weiblichkeit«[31], also die Frage, ob er sie mehr als Frau wahrnimmt oder als Intellektuelle. Was Sartre darauf antwortete, hat sie ihrem Tagebuch nicht anvertraut. Doch aus Paris schreibt sie ihm, sie habe im Café Dôme unter befreundeten Männern eine Umfrage gemacht. Jeder sollte sagen, wie sie auf ihn als Frau wirke. Der eine fand sie »in Ordnung, aber nicht im Sinne von hübsch«. Ein anderer fand sie hübsch, »sogar ziemlich schön«. Und ein dritter, Marcel Mouloudji, ein junger Schauspieler und Sänger, meinte, sie sähe nett aus und er zähle sie zu den Frauen, »die sich nur mit dem Wesentlichen abgeben«.[32]

IX

AMEISE ODER MENSCH

Plötzlich steht er vor ihr: Sartre, der »schmutzigste Soldat Frankreichs«[1], in einem zerschlissenen Mantel und Stiefeln, die ihm fünf
Nummern zu groß sind. Wochenlang wussten sie nicht, ob und
wann er Urlaub bekommt. Und dann war plötzlich das Telegramm da, das ihn für den nächsten Tag ankündigte. Treffpunkt
sollte das schäbige Café am Gare de l'Est sein. Simone sitzt am
Sonntag, dem 4. Februar 1940, im dunklen Souterrain des Cafés,
als Sartre die Treppen herunterkommt. Sie fahren ins Hotel Mistral, wo sich Sartre wäscht und Zivilkleidung anzieht. Weil sie die
Tage ganz für sich haben wollen, darf niemand wissen, dass Sartre
schon in Paris ist. Olga denkt, dass Simone verreist ist. Und Wanda
glaubt, dass Sartre noch im Elsass ist. Er hat Briefe an sie geschrieben, die seine Kameraden jetzt von dort an sie schicken. Wanda
erwartet Sartre am Freitag und will dann drei Tage mit ihm verbringen. Die restlichen Tage bis zu seiner Abreise am Donnerstag
will Sartre dann wieder mit Simone zusammen sein. »Ich habe
keine Spur Eifersucht«, schreibt Simone in ihr Tagebuch.[2]

Ihre Münder werden nicht stillstehen, wenn sie sich wiedersehen, haben sich Simone und Sartre versprochen. Es gibt so viel zu
erzählen – und zu lesen. Im Café Le Rey liest Simone das Manuskript von Sartres neuem Roman und seine Tagebücher, und Sartre vertieft sich in ihren Roman. Er findet ihn großartig, und es
scheint ihn nicht zu stören, dass er in der Gestalt von Pierre nicht
gerade vorteilhaft geschildert ist. Besonders aufmerksam liest er
eine Stelle, in der Françoise eine Aussprache mit Pierre sucht und
sich beklagt, dass ihr ihre Liebe vorkommt wie die »übertünchten
Gräber«, die nach außen »solide und zuverlässig« wirken und durch
schöne Reden ab und zu wieder mit frischem Weiß angestrichen

werden.[3] Sartre revanchiert sich dafür, indem er in seinen Briefen Simone manchmal spaßhaft einen »ausgetretenen Weg« nennt.

Auf ihren langen Spaziergängen unterhalten sie sich über die Frage, ob man noch frei sein kann in Kriegszeiten wie diesen oder nur noch ein ohnmächtiges Opfer der historischen Ereignisse ist. Beide sind sich einig darin, dass eine totale Freiheit Illusion ist. Unser Leben wird auch von Ereignissen bestimmt, auf die wir keinen Einfluss haben. Für Menschen gibt es immer nur »Situationen«, also Lebenslagen, die gekennzeichnet sind sowohl von äußeren Zwängen als auch von Momenten der Freiheit. Für Sartre ist das die »conditio humana«, die Grundbedingung der menschlichen Existenz, die darin bestehe, »zugleich total eine freie Person und Herr seiner Wünsche zu sein und auch total eine zerquetschte Wanze«[4]. Entscheidend ist aber, wie wir uns in dieser »Situation« verhalten, wie wir, anders gesagt, mit Ereignissen, die uns zustoßen, und handfesten Hindernissen umgehen. Darin zeigt sich unsere existenzielle Freiheit. Sie wird uns auch nicht genommen, wenn Krieg ist, wir im Gefängnis landen oder an einer schweren Krankheit leiden. Und es ist nicht zynisch, wenn Beauvoir behauptet, dass auch ein Sklave in seinen Ketten noch frei ist – es bleibt ihm die Möglichkeit, sich in seine Lage zu ergeben oder sich dagegen aufzulehnen.[5] Noch in den extremsten Notlagen können wir eine Entscheidung treffen und Verantwortung für unser Handeln übernehmen. Dabei kommt uns keine abstrakte Moral zu Hilfe. Für Sartre wie für Simone de Beauvoir gibt es nur eine »Moral der Situation«, eine konkrete Moral. Sie verlangt von uns, dass wir in jeder Situation immer wieder neu entscheiden, wie wir uns verhalten und wie wir handeln.

Was Freiheit und Fremdbestimmung bedeuten, können Beauvoir und Sartre ganz anschaulich erleben beim Abschied am Donnerstagmorgen. Auf dem Bahnsteig zwischen den beiden abfahrbereiten Zügen stehen dichtgedrängt Männer, nun wieder in

Uniform, mit ihren Ehefrauen, Müttern und Freundinnen. Einige Frauen klammern sich weinend an ihre Männer. Sie haben gerötete Augen, denen man noch die schlaflose Nacht und den Kummer des Morgens ansieht. Einige Tage waren diese Männer Ehemänner, Väter, Liebhaber. Im nächsten Moment, wenn sie in einen der Züge steigen, sind sie Soldaten, von Politikern und Generälen dazu bestimmt, zu kämpfen und zu sterben. Simone steigt auf das Trittbrett und drückt Sartre die Hand. Sie empfindet diesen Abschied wie ein »physisches Losreißen«, wie eine »Operation«.[6]

Beide kehren nun in ihre je eigene Welt zurück, in ihre, um es philosophisch zu sagen, »Situation«. Sartre nennt seine Situation »Im-Krieg-Sein«, in Anlehnung an Heideggers Ausdruck von »In-der-Welt-Sein«, womit dieser eine ursprüngliche, besorgende Einbindung in das alltägliche Dasein meint, auch ein Dasein, das man mit anderen teilt. Sartre empfindet es als eine Bereicherung, dass er nicht mehr nur, wie in Paris, Umgang hat mit Intellektuellen und Künstlern, sondern mit ganz normalen Leuten. Seine Kameraden sind ihm Freunde geworden. Einer von ihnen, Pieterkowski, Pieter genannt, ist ein jüdischer Kaufmann aus Paris. Paul, sein Vorgesetzter, ist Physiker. Müller ist ein Telefonangestellter aus der Provinz. Sartre ist ein gesuchter Schachspieler, beliebter Gesprächspartner und ein humorvoller Trinkgenosse. Allerdings kann er auch sehr ungemütlich werden, wenn es darum geht, seine Freiräume zu verteidigen. Wenn er sich zum Schreiben zurückzieht, hängt er ein Schild an die Wand, das Pieter ihm gemacht hat und auf dem steht: »Es wird gebeten, mir nicht auf die Nerven zu fallen«.[7]

Sartre hat mit seinem schlechten Gewissen zu kämpfen. Wanda macht ihm die Hölle heiß, weil sie seine Affäre mit Colette Gibert rausbekommen hat. Um Wanda zu beschwichtigen, stellt er ihr in Aussicht, sie vielleicht zu heiraten. Und an Colette, die er der Indiskretion beschuldigt, schreibt er einen bitterbösen Brief, in dem er ihr versichert, dass sie ihm nie etwas bedeutet habe. Sartre ist nun selbst von sich zutiefst »angewidert« und sieht ein, dass er sich benimmt wie ein »ungeratenes Kind«. Simone, der er natürlich alles erzählt, verspricht er, sich von nun an zu ändern und in Zukunft mit »diesem Leben der kleinen Eroberungen« aufzuhören. Nur zu ihr, so beteuert er, seien seine Gefühle »rein« und »sauber«. Er räumt aber auch ein, dass es ihn nicht wundern würde, wenn Simone an seinen guten Vorsätzen zweifelt und sie sich womöglich fragt, ob sie ihm recht trauen kann.[8]

Simone de Beauvoir lebt in Paris ihre eigene »Situation«. Zu ihr gehören die Fliegeralarme, die Angst vor einem Krieg, der Unterricht an den Schulen mit Gasmasken auf den Pulten und die vielen Stunden, die sie schreibend im Café verbringt. Zu ihr gehört auch der junge Bost, der wenige Tage nach Sartres Abreise nach Paris kommt. Sie verbringen eine »äußerst schöne, äußerst starke Zeit«[9] miteinander. Bost hat als Infanterist an der Front ein ungleich härteres und gefährlicheres Soldatenleben als Sartre, und als er sich von Simone verabschiedet, weiß sie nicht, ob er wieder zurückkommen wird. Als im März die Nachrichten von baldigen Kampfhandlungen immer beängstigender werden, wagt sie eine abenteuerliche Reise zu seinem Standort, um ihn noch einmal zu sehen. Dauernd fragt sie sich, was ihr diese Beziehung bedeutet und ob sie sich gegenüber Olga falsch verhält. Aber sie will diese Liebe, die sie für wesentlich hält, und sie ist sich »absolut« sicher, »dass Bost ein Teil meiner Zukunft ist«[10].

Der drôle de guerre, der abwartende Sitzkrieg an der Westfront, ist im April zu Ende. Deutsche Truppen marschieren zuerst in Dänemark und Norwegen, dann in Belgien ein. In Sartres Division glaubt man noch, dass der deutsche Vormarsch an der Marginot-Linie, dem französischen Verteidigungswall, zum Stillstand kommt. Die Deutschen brauchen dieses Verteidigungssystem nicht zu durchbrechen, sie umgehen es und fallen über die belgischen Ardennen in Frankreich ein. Hitlers Ankündigung, im Juni in Paris zu sein, über die man noch den Kopf geschüttelt hat, ist jetzt eine drohende Katastrophe. Sartre befürchtet, dass Paris bombardiert wird, und beschwört seinen Castor, die Stadt so schnell wie möglich zu verlassen. Sie soll nach La Pouèze, in das Haus »dieser Dame«, Madame Morel, wo sie in Sicherheit ist. »Tun Sie es für mich, mon amour, meine kleine Blume«, schreibt er an sie.[11]

Simone de Beauvoir sollte in ihrer Klasse eigentlich die Abiturprüfungen abhalten. Doch die Schule wird nun in die Provinz verlegt. Jeden Tag rechnet man damit, dass der Kampf um Paris beginnt. Die Terrassen vor den Cafés sind leer. Die Läden machen zu. Von den feuernden Flaks sind weiße Wölkchen am Himmel.

Die Vorstellung, dass Sartre oder Bost etwas passiert sein könnte, ist so unerträglich, dass sie nah am Zusammenbruch ist. Sie weiß nicht, dass Bost schwer verwundet wurde und im Lazarett liegt. Und sie weiß nicht, dass Sartres ältester Freund Paul Nizan im Kampf getötet wurde. Simone hat Angst, dass sie im besetzten Paris in einer Mausefalle sitzt. Bianca Bienenfeld ist als Jüdin besonders gefährdet. Sie will mit ihrem Vater nach Angers fliehen und bietet Simone an, sich ihnen anzuschließen. Simone überlegt nicht lange. Sie packt einige Kleider und das Manuskript ihres Romans in einen Koffer und wenig später sitzt sie in dem mit Paketen und Koffern schwer beladenen Auto der Bienenfelds.

Simone de Beauvoir ist nun ein Opfer des Krieges, das im Strudel der Ereignisse mitgerissen wird.[12] Kurz nach Paris geraten sie in den Strom von Flüchtlingen. Einige gehen zu Fuß, mit Kindern an der Hand und Bündeln mit ihrem Hab und Gut. Andere ziehen einen Karren hinter sich her oder fahren auf vollbepackten Fahrrädern. Elegante Autos sind zu sehen, voll mit Küchengeräten und mit Matratzen auf dem Dach. Daneben große, von Pferden gezogene Fuhrwerke, hinten und vorne beladen mit Fahrrädern und Koffern, dazwischen ein Heuhaufen, in dem Menschen sitzen. Und überall am Straßenrand junge, übermüdete Soldaten. In Laval verabschiedet sich Simone von den Bienenfelds. Es gibt einen letzten Bus nach Angers, den sie nimmt, und von dort wird sie von Madame Morels Sohn mit dem Auto abgeholt.

Das Haus »dieser Dame« in La Pouèze ist voller Gäste. Von früh bis spät hört Simone die Nachrichten im Radio. Die alte Regierung ist zurückgetreten. Der neue Regierungschef, der vierundachtzigjährige Marschall Pétain, verkündet, dass die Kampfhandlungen eingestellt werden. Das bedeutet die Kapitulation. Nach vier Tagen in La Pouèze hält Simone es nicht mehr aus. Der Gedanke, dass Sartre und Bost jetzt freigelassen werden, nach Paris kommen und sie nicht da ist, lässt ihr keine Ruhe. Holländische Gäste von Madame Morel wollen mit ihrem Auto nach Paris und sind bereit, sie mitzunehmen. Nun geht es gegen den Flüchtlingsstrom wieder zurück Richtung Paris. Vorbei an zerschossenen Häusern, Panzern am Straßenrand und umgestürzten, brennenden Autos. In den Cafés, die noch geöffnet sind, sitzen deutsche Soldaten, die auffällig bemüht sind, einen guten Eindruck zu machen. Als Simone etwas hinunterfällt, stürzt sofort ein junger Soldat herbei und hebt es ihr auf. Sie findet diese beflissene Höflichkeit unangenehm, weil sie offensichtlich einer Anordnung folgt.

Die Fahrgemeinschaft sitzt bei sengender Hitze in einem Dorf fest, weil das Benzin ausgegangen ist. Der holländische Ehemann schafft es nicht, auch nur einen Kanister Benzin zu organisieren, und Simone ist so genervt von seiner Unfähigkeit, dass sie beschließt, sich auf eigene Faust nach Paris durchzuschlagen. Einen Teil der Strecke legt sie auf der schaukelnden Ladefläche eines deutschen Lastwagens zurück, und schließlich nimmt sie ein Rotkreuzwagen mit, der sie bis vor die Tür ihres Hotels bringt. Die Concierge weiß nichts von Sartre oder Bost, aber einen Brief von Sartre hat sie, datiert vom 5. Juni. Da war Sartre noch bei seiner Einheit, von wo die Leute, wie er in einem Brief schreibt, etappenweise »verduftet« sind.[13] Beim Rückzug wurden die Wetterbeobachter vergessen. Niemand vermisste sie. Simone ist »am tiefsten Punkt der Verzweiflung«[14]. In ihrem Zimmer kann sie nicht mehr aufhören zu weinen.

Über dem Senatsgebäude im Jardin du Luxembourg weht jetzt die Hakenkreuzfahne. Am 22. Juni 1940 unterzeichnet Pétain den Waffenstillstand. Frankreich wird geteilt. Der Norden bleibt unter deutscher Kontrolle. Große Bereiche des Südens werden zur »Freien Zone« erklärt und von der Regierung Pétain verwaltet, die allerdings gezwungen ist, mit den Deutschen zu kollaborieren. Besonders empörend findet es Simone de Beauvoir, dass sich die Franzosen verpflichten, alle Flüchtlinge, besonders die jüdischen, an Deutschland auszuliefern. Wer kann, flüchtet nun vor den Nazis in den Süden, nach Marseille, dem einzigen Hafen, von wo es noch ein Entkommen gibt.

Für Simone de Beauvoir ist es nun eine neue »Situation«. Paris ist besetzt, und sie muss sich darin zurechtfinden. Durch Zufall bekommt sie eine Stelle als Lehrerin am Lycèe Duruy. Sie gewöhnt sich an, wieder regelmäßig in Cafés an ihrem Roman weiterzuarbeiten. Nathalie Sorokine ist jetzt ihre engste Freundin, allerdings eine sehr temperamentvolle Freundin. Weil sie sich mit ihren Eltern überworfen hat und die sie aus dem Haus geworfen haben, ist jetzt Simone mehr oder weniger für sie verantwortlich. Nathalie möchte von ihr in Philosophie unterrichtet werden. Sie langweilt sich aber schnell und will statt grauer Theorien lieber die körperliche Nähe. Wenn sie nicht ihren Willen bekommt, wird sie handgreiflich. Sie kneift und beißt Simone oder trommelt mit den Fäusten auf sie ein. Manchmal, wenn sie nicht mehr zu bändigen ist, setzt Simone sie mit einer Matratze und Decken vor die Tür. Da liegt sie dann schmollend, bis Simone sie wieder ins Zimmer lässt und sie sich versöhnen.

Ruhe findet sie nur in der Nationalbibliothek, die wieder geöffnet ist. Sie hat sich vorgenommen, sich intensiv mit der Philosophie Hegels zu beschäftigen und dessen Hauptwerk, die »Phänomenologie des Geistes«, zu studieren. Hegel zufolge wird die Geschichte von einer inneren Dynamik vorangetrieben, die einem Ziel zustrebt, dem »Weltgeist«. In der Nachfolge Hegels ist darüber spekuliert worden, ob dieser Plan der Geschichte zu einer Art Erlösung führt oder zum Untergang. Wie auch immer, entscheidend ist, dass in dieser Sichtweise die Geschichte ein unaufhaltsamer Prozess ist und der einzelne Mensch darin nicht mehr ist als ein Rädchen in einem großen Getriebe. Er gleicht, einem Ausdruck Johann Gottfried Herders zufolge, einer »Ameise«, die »auf dem Rad des Verhängnisses kriecht«.[15]

Simone de Beauvoir ist bei der Lektüre Hegels augenblicklich verwirrt, aber auch angezogen von der Vorstellung, das eigene Leben sozusagen von oben, vom Blickwinkel eines feststehenden Ziels aus zu betrachten. Geradezu lächerlich erscheint ihr dann das eigene, kleine Leben, seine Sorgen und Nöte, wo doch das alles, wenn man es als winzigen Teil eines großen Plans sieht, völlig gleichgültig und bedeutungslos wird. Intuitiv erfasst sie, dass diese »Flucht ins Universelle«[16] dem Menschen jede Würde und Freiheit nimmt und zu einer Philosophie des Todes werden kann. Ist nicht auch die Ideologie der Nazis, ihre Ideen vom »Dritten Reich« und der Überlegenheit einer arischen »Rasse« eine »Flucht ins Universelle«?

Durch die Lektüre Hegels ist Simone de Beauvoir auf zwei fundamental verschiedene Einstellungen zu Mensch und Welt gestoßen. »Je nachdem«, so schreibt sie, »ob eine Gesellschaft sich zur Freiheit hin entwirft oder sich mit einem trägen Sklavendasein abfindet, begreift sich das Individuum als Mensch unter Menschen oder als Ameise in einem Ameisenhaufen.« Jeder Mensch muss sich nach Beauvoir entscheiden, welchen Standpunkt er einnimmt. Sie selbst entscheidet sich letztlich gegen Hegel und für dessen großen Gegenspieler Søren Kierkegaard, der an der Freiheit und der Würde des Einzelnen festhält, auch wenn sie dessen Gottesglauben nicht nachvollziehen kann. Hat sie bisher das Verhältnis der Menschen zueinander als Kampf empfunden und beschrieben, so entdeckt sie in dieser Notzeit ihres Landes, wie wichtig Solidarität und Verantwortung sind. Sie schämt sich dafür, nur an ihr eigenes Glück gedacht zu haben, und verurteilt ihre »frühere Trägheit«[17]. Was für Konsequenzen sie aus dieser Einsicht ziehen soll, weiß sie auch nicht. Zunächst geht es einfach nur ums Überleben.

Am 11. Juli erhält Simone eine mit Bleistift geschriebene Nachricht von Sartre aus dem Durchgangsgefangenenlager in Baccarat. »Ich bin Gefangener und werde gut behandelt«, heißt es in dem Brief. Sartre bittet sie, ihm zu schreiben und ihm auch ein »Fresspaket« zu schicken. »Ich habe eine schlanke Linie«, schreibt er, »aber ich möchte nicht, dass sie konkav wird.«[18] Sartre ist am 21. Juni, seinem 35. Geburtstag, gefangengenommen worden. Er hat keinen Füllfederhalter mehr und würde gern behaupten, dass der von einer Kugel zerschmettert worden sei, muss aber zugeben, dass er ihn einfach nur verloren hat. Was er verschweigt, ist, wie hart das Leben im Lager ist. Die Gefangenen müssen auf dem nackten Boden schlafen und bekommen nur eine dünne Suppe. Er habe aber immer noch seinen »unverbesserlichen Optimismus«, versichert ihr Sartre. »Ich bin überzeugt, dass wir leben werden, mon amour.«[19]

Simone hat selber wenig zu essen. Die Lebensmittel werden rationiert und man braucht Karten, mit denen man sich an langen Schlangen anstellen muss. Es ist Nathalie, die mit ihrer Unverfrorenheit Abhilfe schafft. Sie klaut zwei Fahrräder und bringt Simone das Fahrradfahren bei. Mit ihren Rädern unternehmen sie Touren ins Umland von Paris, um bei Bauern etwas Essbares zu ergattern. In Paris gibt es jetzt Straßenschilder in deutscher Sprache. Und immer häufiger sieht man jetzt Schilder an Geschäften, die Juden den Zutritt verbieten. Vielen Juden wird untersagt, ihre Berufe auszuüben. In ihrer Schule soll Simone de Beauvoir eine Erklärung unterschreiben, mit der sie bestätigt, dass sie keine Jüdin ist. Würde sie sich weigern, verlöre sie ihren Beruf und damit ihren Lebensunterhalt. Beauvoir findet diese Maßnahme »gräßlich«[20], unterschreibt aber. Ein schlechtes Gewissen bleibt.

Im Herbst kommen die ersten Kriegsgefangenen zurück. Auch Bost ist unter ihnen. Er zieht mit Olga zusammen, die nicht wissen darf, dass er sich heimlich mit Simone in verschiedenen Hotels trifft. Allmählich kehren alle anderen Freunde, die geflohen sind, nach Paris zurück. Auch Bianca Bienenfeld, die als Jüdin in Gefahr ist und nun ihren Studienkollegen Bernard Lamblin heiraten will, was den nicht unbedeutenden Vorteil mit sich bringt, dass sie ihren jüdischen Namen loswird. »Und Sie sind nicht da«, schreibt Simone an Sartre, »Sie, der Sie mir alles bedeuten.«[21]

Sartre wurde Mitte August in das Stalag XII-D verlegt, ein Lager bei Trier, wo fünfundzwanzigtausend Kriegsgefangene in Holzbaracken zusammengepfercht werden. Ein literaturliebender deutscher Arzt stellte ihm ein Attest aus mit der Diagnose »Geistesschwäche«, damit er im Krankenrevier einen Job bekommt und in Ruhe schreiben kann. Nach kurzer Zeit merkte man, dass man ihn dort nicht gebrauchen kann, und steckte ihn zu einer Künstlergruppe, die im Lager Vorstellungen gibt, um die Gefangenen zu unterhalten. Sartre wohnt mit dieser bunten Truppe in einem großen Zimmer, das voll ist mit Gitarren, Flöten, Banjos und Trompeten. Abends setzt er sich an einen Tisch und erzählt Geschichten und Witze, und die anderen lachen sich kaputt. Er habe sich noch nie so frei gefühlt, schreibt er Simone.

Seine besten Freunde sind junge katholische Geistliche, ein Dominikaner, ein Jesuit und ein Landpfarrer. Sie hatten gehört, dass sich ein bekannter Schriftsteller im Lager befindet, und ihn gebeten, einen Vortrag zu halten. Sartre sprach daraufhin aus dem Stegreif über die verschiedenen Todesvorstellungen bei Rainer Maria Rilke, bei André Malraux und Martin Heidegger.[22] Die Pfarrer waren so beeindruckt, dass sie inzwischen regelmäßig Philosophieunterricht bei ihm nehmen. Seine Gedanken über die Freiheit sind für sie so überzeugend, dass sie, so berichtet es Sartre an den Castor, anfangen, zwischen dem Papst und ihm zu schwanken.[23]

Die Pfarrer wundern sich auch, warum Sartre, der doch ungläubig ist, ihre Gesellschaft nicht meidet und sogar aufmerksam zuhört, wenn sie über Gott und Kirche reden. Sartre gibt freimütig zu, dass er nicht gläubig ist, aber für einen Atheisten hält er sich nicht, weil, wie er meint, diese Haltung nur »eine andere Form von Religion« sei. Ihm kommt es allein auf die Menschen an. Er kann sich mit dem Gedanken anfreunden, dass Gott den Menschen als freien erschaffen hat. Diese Freiheit müsste dann allerdings bedeuten, dass es auch für einen Gläubigen Situationen gibt, in denen Gott nicht da ist und ein Mensch allein entscheiden muss und sich nicht auf Gebote zurückziehen kann. Auf diese Moral des Alleinseins kommt es Sartre an. Im Rückblick auf seine Erfahrungen mit Kirchenmännern im Krieg meinte er später: »Es gab Geistliche, die sich wie anständige Menschen verhielten, und andere, die sich wie Schweine benahmen – die einen, weil sie eine wahrhaftige Moral, die anderen, weil sie die Interessen der Kirche im Auge hatten.«[24]

Sartre überrascht seine christlichen Freunde mit dem Vorschlag, zum Weihnachtsfest ein Stück zu schreiben und mit seiner Theatergruppe aufzuführen. Alle sind verblüfft und fragen sich skeptisch, was ein Verteidiger der Freiheit und des Nichts wohl aus der Weihnachtsgeschichte macht. Am Festtag sind alle Plätze belegt, auch deutsche Soldaten sind darunter, und die Zuschauer erleben ein Weihnachtsspiel, wie sie es bisher nicht kannten.[25] Hauptfigur ist Bariona, ein jüdischer Dorfvorsteher. Als seine Gemeinde von den Römern gezwungen wird, höhere Steuern zu bezahlen, entschließen sie sich zu einer ungewohnten Form des Widerstands: Sie wollen keine Kinder mehr zeugen, die in Zukunft unter der Willkür der römischen Besatzer zu leiden haben. Als sie jedoch erfahren, dass ein göttliches Kind geboren wurde, das von den Mächtigen bedroht wird, sind Bariona und seine Männer bereit, dieses Kind zu beschützen, auch wenn sie den Römern heillos unterlegen sind und ihren Mut mit dem Leben bezahlen müssen: das göttliche Kind als Symbol der Freiheit, das mit allen Mitteln gegen alle Feinde der Freiheit verteidigt werden muss.

In Paris ist es schon das zweite Weihnachten, das Simone de Beauvoir ohne Sartre verbringt. In der Stadt liegt Schnee. In ihrem Hotelzimmer ist es so kalt, dass sie sich mit Pullover und Skihose ins Bett legt. Die meiste Zeit ist sie im Café de Flore, wo geheizt ist und die Clique ihrer Freunde sich trifft. Merleau-Ponty, der inzwischen verheiratet ist, liest ihren Roman, der jetzt fast fertig ist, und überschüttet sie mit Lob. Simone selbst kann mit ihrem Manuskript nicht mehr viel anfangen. Die Geschichte beruht auf einer philosophischen Haltung, die nicht mehr die ihre ist. Dass man, um sein eigenes Selbst zu retten, ein anderes Bewusstsein vernichten muss, wie es der Schluss ihres Buches behauptet, findet sie jetzt »kindisch«[26]. Viel tiefer scheint ihr der Gedanke, dass Menschen, und seien sie noch so verschieden, sich gegenseitig anerkennen und jeder etwas zu einer gemeinsamen Welt beiträgt. Sie hat auch schon die Idee zu einem neuen Buch im Kopf, in dem es um die Frage gehen soll, warum kein Mensch ohne die anderen Menschen sein kann und wie sich daraus die »Beziehung zum Sozialen« ergibt.

Einmal in der Woche ist Simone bei ihren Eltern zum Essen. Sie sprechen über Hélène, die vor dem Einmarsch der Deutschen zu ihrem kranken Verlobten Lionel de Roulet nach Portugal gereist ist und dort jetzt festsitzt. Ihrem Vater geht es nicht gut. Bei Georges wurde Krebs festgestellt, den die Ärzte für heilbar halten. Was ihm mehr zu schaffen macht, sind die deutschen Soldaten in den Straßen und seine Landsleute, die allzu bereit mit den Besatzern kollaborieren. Das verletzt seinen Nationalstolz. Als Simone Ende März von ihren Eltern in ihr Hotel zurückkommt, findet sie dort einen Zettel vor mit der Nachricht »Ich bin im Café Trois Mousquetaires«.

Simone erkennt die Handschrift Sartres und eilt sofort in das Café. Sartre ist nicht mehr da. Sie wartet, und plötzlich steht er vor ihr. Simone ist wie erstarrt und bringt kein Wort heraus. Sartre setzt sich, ebenfalls wortlos, neben sie und sie umarmen sich. Sartre kommt wie aus einer anderen Welt und er ist auch ein anderer geworden. Er kann es nicht fassen, wie gleichgültig die Menschen in Paris die Besetzung hinnehmen, und redet aufgeregt davon, politisch handeln und eine Widerstandsgruppe aufbauen zu wollen.

Georges de Beauvoir erlebte nicht mehr, was aus seinem geliebten Frankreich wurde. Er starb am 1. Juli 1941. Simone saß lange an seinem Krankenbett und erfüllte ihm seinen letzten Wunsch, keinen Priester zu ihm zu lassen. Georges de Beauvoir wurde im Familiengrab auf dem Friedhof Père Lachaise beigesetzt. Er hinterließ seiner Frau nichts. Simone, die in den letzten Wochen und Monaten so oft und viel geweint hatte, vergoss keine Träne.[27]

X

WER IST MEIN NÄCHSTER?

Als Studentin hatte Simone de Beauvoir eine kurze Begegnung mit Simone Weil, die später als christliche Philosophin bekannt wurde. Weil galt als hoch begabt und als eine junge Frau, die von fremdem Leid tief bewegt wurde. Als sie von einer Hungerskatastrophe in China erfuhr, brach sie in Tränen aus. Simone beneidete sie um diese Gabe, Mitleid mit Menschen zu empfinden, die so weit weg waren. Weil forderte eine Revolution, um den Hunger weltweit zu bekämpfen. Simone de Beauvoir hielt ihr entgegen, dass man diesen Menschen besser helfen sollte, einen Sinn in ihrem Leben zu finden. Weil war über diese Ansicht entsetzt. »Man sieht, dass Sie noch niemals Hunger gelitten haben«, entgegnete sie, und damit war das Gespräch beendet.[1]

Simone de Beauvoir erinnerte sich an diese Begegnung, als sie 1943 einen philosophischen Text über Freiheit und Moral schrieb. Angeregt wurde sie dazu durch die Diskussionen mit Sartre. Simone empfand es als ein Manko seiner Philosophie der Freiheit, dass er darin die Frage nach einer Moral ausklammerte. Nun wollte sie sich selbst mit diesem Problem beschäftigen. Dabei geht sie von der Frage aus, warum und weshalb wir vom Schicksal anderer Menschen betroffen sein sollten. Es kommt uns übertrieben vor, wenn jemand über die Not von Menschen in China weint. Anteilnahme, so würden wir sagen, hängt auch von der Entfernung ab. Warum aber, so könnte man fragen, berühren uns die Sorgen und die Nöte von Mitmenschen, die uns nahestehen? Weil wir von Natur aus mitleidsfähig sind? Weil es unsere Pflicht ist? Weil man es von uns erwartet oder wir es von uns erwarten?

Ein gläubiger Mensch wie Simone Weil kann sich auf die göttlichen Gebote berufen. Für ihn gibt es ein »Du sollst!«. Wie steht es aber mit einem »Existenzialisten«, einem Anhänger der Philosophie der Freiheit? Für ihn gibt es keinen Gott, auch keine objektiven Werte. Gehört es zu seiner Freiheit, sich dem Nächsten zuzuwenden? Simone de Beauvoir bejaht diese Frage. In einem Essay schreibt sie: »Ein Mensch, der das Sein fern von den anderen Menschen sucht, sucht es gegen sie, und gleichzeitig verliert er sich.«[2]

Im Sommer 1941 sind Beauvoir und Sartre Richtung Süden unterwegs. Sie haben ihr Gepäck und ihre Fahrräder mit der Bahn nach Roanne vorausgeschickt und die Demarkationslinie zum unbesetzten Süden illegal zu Fuß überschritten. Die Reifen ihrer Fahrräder sind schon x-mal geflickt worden und nach wenigen Kilometern hat Sartres Rad wieder einen Platten. Weder Simone noch Jean-Paul wissen, wie man einen Reifen flickt. Zum Glück finden sie einen Mechaniker, der ihnen zeigt, wie man das macht. Sartre geht es anfangs schlecht, weil er die Anstrengung nicht gewohnt ist. Doch schon bald genießt er die rasanten Abfahrten und bei den Anstiegen lässt er Simone weit hinter sich. Ein paar Mal landet er im Straßengraben. »Ich dachte an etwas anderes«, meint er dann entschuldigend.[3]

In Bourg muss sich Sartre seine offizielle Entlassung aus der Armee bestätigen lassen. Der Zweck ihrer Reise ist jedoch ein anderer. Sie wollen bekannte Persönlichkeiten aufsuchen, um sie zur Mitarbeit am Widerstand zu bewegen. »Résistance« ist das Schlagwort, das seit dem Winter immer weitere Kreise zieht. Es haben sich bereits verschiedene Gruppen gebildet und Sartre wollte eine eigene ins Leben rufen. Eines Nachmittags versammelten sich ein Dutzend Leute in Simones Zimmer im Hotel Mistral. Neben Sartre und Beauvoir gehörten auch Merleau-Ponty und der kleine Bost dazu.[4] Der Vorschlag eines jungen Studenten, Anschläge zu verüben, wurde abgelehnt. Zum Bombenbasteln fehlen ihnen das Wissen und der Mut. Man einigte sich darauf, Flugblätter zu drucken und zu verteilen. Das war gefährlich genug, vor allem, weil die Mitglieder von »Socialisme et Liberté«, wie sich die Gruppe nannte, unerfahren waren, manchmal geradezu erschreckend leichtsinnig. Einer vergaß eine Mappe mit Flugblättern und Namenslisten in der Metro. Und Bost spazierte in aller Öffentlichkeit mit einer Vervielfältigungsmaschine herum.

Sartre und Beauvoir radeln bis an die Küste, um die beiden prominenten Schriftsteller André Gide und André Malraux aufzusuchen. Die beiden hören Sartre höflich zu, halten aber seine Pläne für unrealistisch. Er solle Hitler lieber sowjetischen Panzern und amerikanischen Flugzeugen überlassen, meint Malraux. Enttäuscht müssen Sartre und Beauvoir wieder die Rückreise auf holprigen Straßen antreten, und das mit Fahrrädern, die sich langsam auflösen und so gut wie keine Bremsen mehr haben. Auf einer Alpenstraße stürzt Simone schwer und wird von Sartre halb ohnmächtig zu ihrer Freundin Colette Audry nach Grenoble gebracht. Colette stößt einen Schrei aus, als sie Simone sieht. Ihr Gesicht ist total entstellt, ein Auge zugeschwollen und sie hat einen Zahn verloren. Am nächsten Morgen setzt sie sich wieder aufs Rad. Mehr als sechshundert Kilometer sind es noch bis Paris.

Nach dem erfolglosen Ausflug in den Süden scheitern auch die Versuche, Verbindung mit anderen Widerstandsgruppen herzustellen. Die Kommunisten behaupten, dass Sartres Entlassung aus der Kriegsgefangenschaft nicht mit rechten Dingen zugegangen sei, und verdächtigen ihn deshalb, ein Agent der Deutschen zu sein. Gegen Ende des Jahres löst sich »Socialisme et Liberté« langsam auf. Ein Grund ist, dass zwei ihrer Mitglieder verhaftet wurden und nun deutlich wird, wie riskant ihre Aktionen sind. Im August ist ein deutscher Offizier in der Metro von Unbekannten getötet worden, und seither antworten die Deutschen auf ähnliche Anschläge mit der Erschießung von Geiseln. In den Diskussionen weist Simone de Beauvoir darauf hin, wie unverzeihlich es wäre, wenn man den Tod von Menschen verschuldet, nur weil man an Vorhaben festhält, deren Sinn höchst fraglich ist.[5] Diese Erfahrung bringt sie auf die Idee zu einem neuen Buch, in dem es genau um diese Frage gehen soll: Wir greifen in das Leben anderer Menschen ein oder ziehen sie in unser eigenes. Die Folgen, die sich daraus ergeben, können wir nicht absehen, trotzdem sind wir dafür verantwortlich. Wir werden schuldig, ob wir wollen oder nicht. Es ist das »Blut der anderen«, das wir riskieren.

Einen so kalten Winter wie den von 1941/42 haben die Pariser noch nie erlebt. Manche machen die deutschen Besatzer dafür verantwortlich. Die Straßen sind verschneit und vereist. Es gibt Kälterekorde, dazu kommen die knappen Lebensmittel, Stromausfälle und die fehlende Kohle. Beauvoir und Sartre wohnen im Hotel Mistral und unterrichten wieder an Gymnasien. Das Geld, das sie verdienen, würde für sie beide reichen, wenn sie nicht auch für ihre »Familie« sorgen müssten. Olga, Wanda, Bost und nun auch Nathalie Sorokine sind darauf angewiesen, dass Simone und Sartre sie unterstützen. Außerdem ist Simones Mutter nach dem Tod ihres Mannes finanziell von ihrer Tochter abhängig. Täglich in Cafés und Restaurants zu essen, können sie sich nicht mehr leisten. Simone, die über die Finanzen wacht, muss nun notgedrungen zur Hausfrau werden, wenigstens zeitweise. Sie mietet im »Mistral« ein Zimmer mit Kochnische und macht aus allem, was sie nur bekommen kann, Mahlzeiten. Das erste Mittagessen ist ein »Rübentopf«, der nach dem Urteil Sartres gar nicht übel schmeckt.[6] Ab und zu kommen Pakete von Madame Morel mit einem Stück Fleisch, das allerdings schon verdächtig riecht. Wegwerfen kommt nicht infrage. Das Fleisch wird sorgfältig mit Essig eingerieben, dann lange gekocht und schließlich kräftig gewürzt serviert. Nur ein halb verwestes Kaninchen ist nicht mehr zu retten und landet in der Mülltonne.

Der Lebensmittelpunkt ist das Café de Flore auf dem Boulevard Saint-Germain, mit seinen Marmortischen, den roten Stühlen, den Wandspiegeln und dem Ofenrohr. Es ist Beauvoirs und Sartres »querencia«, ein Ausdruck, den sie von Hemingway übernehmen und der einen Ort bezeichnet, an dem man sich sicher und geborgen fühlt. Zum Arbeiten können sie sich in den ersten Stock zurückziehen. Beauvoir schreibt an ihrem neuen Buch. Sartre hat seine Enttäuschung über das Ende von »Socialisme et Liberté« schnell überwunden und führt nun seine eigene »Résistance« fort, indem er tut, was er am besten kann: Er schreibt. Sein Weihnachtsspiel im Lager hat ihn dazu animiert, ein Theaterstück zu verfassen. Wieder soll es um Freiheit und Widerstand gehen, nur bedient er sich dieses Mal nicht einer biblischen Geschichte, sondern der griechischen Mythologie, der Atridensage, die er neu deutet. Orest kommt nach vielen Jahren in seine Heimat zurück, um sie von einer Schreckensherrschaft und einer Fliegenplage zu befreien. »Die Fliegen« soll das Stück heißen.

Während Simone de Beauvoir schon an ihrem neuen Buch schreibt, liegt das Manuskript ihres letzten Romans beim Verlag Gallimard. Er ist angenommen und soll im Sommer nächsten Jahres erscheinen. Auch auf einen Titel hat man sich geeinigt: »*L'Invitée*«, also etwa »Die Eingeladene«.[7] Die Geschichte spielt in Paris, in der unmittelbaren Vergangenheit, und die darin vorkommenden Personen sind leicht Männern und Frauen aus dem Umkreis Simones zuzuordnen. Für die Figur von Gebert hat zweifellos der kleine Bost als Vorbild gedient. Hinter Françoise steckt unverkennbar Simone de Beauvoir. Im Buch wird ausführlich beider Liebesnacht in einer Berghütte geschildert. Beauvoir widmet das Buch Olga, die von dieser Affäre nichts weiß. Sie wird sich fragen, was Fiktion und was Realität ist.

Wenn Beauvoir und Sartre sich mit ihren Freunden unterhalten wollen, gehen sie ins Erdgeschoss des Flore. Simone legt Wert darauf, nur einzeln mit Wanda, Olga oder Bost zu reden. Jeder und jedem will sie ihre volle Aufmerksamkeit widmen. Wenn man zu mehreren am Tisch sitzt, so meint sie, arte das Gespräch in »Gerede« aus. Mit ihrer Freundin Nathalie Sorokine hat sie eine Menge zu besprechen. Deren Mutter ist nämlich bei Simone aufgekreuzt und hat sie gebeten, auf ihre Tochter einzuwirken. Nathalie hat ihren reichen Verehrer sitzenlassen und hat jetzt einen neuen Freund, mit dem Madame Sorokine ganz und gar nicht einverstanden ist. Er heißt Jean-Pierre Bourla und ist ein neunzehnjähriger spanischer Jude. Beauvoir soll ihren Einfluss auf Nathalie geltend machen und sie überzeugen, diesen Juden fallenzulassen und zu ihrem früheren Liebhaber zurückzukehren.[8]

Simone denkt gar nicht daran, Nathalie Vorschriften zu machen, zumal sie Bourla, ein früherer Schüler Sartres, gerne mag und findet, dass die beiden gut zusammenpassen. Sorgen macht ihr nur, dass die Deutschen jetzt beginnen, mit Hilfe der französischen Polizei systematisch Juden zu verfolgen und in Lager zu deportieren. Jeder Bürger »jüdischer Rasse« muss jetzt einen gelben Stern tragen. Viele von Simones jüdischen Freunden halten sich nicht daran. Auch Bourla nicht, der sich sicher fühlt und auf die Frage, was er macht, wenn die Deutschen den Krieg gewinnen, antwortet: »Der deutsche Sieg ist in meinen Plänen nicht vorgesehen.«[9]

Der deutsche Sieg ist tatsächlich nicht mehr sicher. Der Vormarsch der deutschen Truppen in Russland ist ins Stocken geraten. Die USA sind in den Krieg eingetreten. Und auf Paris fallen wieder Bomben, nicht aus deutschen Flugzeugen, sondern aus Bombern der Royal Air Force, die dabei ist, die Lufthoheit im Krieg zu erobern. Je mehr sich die Lage für die Deutschen verschlechtert, desto brutaler werden ihre Maßnahmen. Geiselerschießungen, Verhaftungen, Deportationen schaffen ein Klima der Angst, in dem auch die Denunziation von Personen um sich greift.

Im Café de Flore sind von einen Tag auf den anderen Plätze von Stammgästen frei, und man munkelt, dass sie angeschwärzt und nachts abgeholt wurden.

Auch Simone de Beauvoir gerät ins Visier der deutschen Besatzer. Im Kultusministerium ist eine Beschwerde gegen sie eingegangen. »Anstiftung von Minderjährigen zu Ausschweifungen« wird ihr vorgeworfen, außerdem eine unmoralische Lebensführung und die Behandlung von Werken homosexueller Schriftsteller im Unterricht. Dahinter steckt Madame Sorokine, Nathalies Mutter, die sich offensichtlich dafür rächen will, dass ihre Tochter bei ihrer Lehrerin eine neue Familie gefunden hat und Beauvoir sich weigerte, Nathalie und Bourla auseinanderzubringen. Die Vorwürfe wiegen schwer, da die Regierung Pétain ein Gesetz zur »nationalen Erneuerung« erlassen hat, wonach wieder alte Werte wie Arbeit, Familie und Vaterland oberste moralische Prinzipien sein sollen.

Obwohl Untersuchungen gegen sie eingeleitet werden, bleibt Simone gelassen. Sie hat genug damit zu tun, ihren normalen Alltag zu meistern. Nach einem Fahrradurlaub mit Sartre und Bost verliert sie ihr Zimmer im Mistral und muss sich eine neue Bleibe suchen. Mit einem Handkarren transportiert sie ihre Habseligkeiten, Koffer und Bücher, in das Hotel Aubusson in der Rue Dauphine. Das Hotel ist eine Bruchbude und ihr Zimmer ein »Dreckloch« mit der Toilette in der Küche. Nachts hört sie das Getrippel von Mäusen, und sie muss ihre Lebensmittel in Blechbüchsen aufbewahren, damit sie nicht von diesen Mitbewohnern aufgefressen werden. Nathalie hat ihr beim Umzug geholfen und sie nimmt sich jetzt mit Bourla auch ein Zimmer in diesem schäbigen Hotel. Simone nennt sie die »Kleinen«[10], und offenbar hegen die beiden Gefühle ihr gegenüber wie zu einer Mutter. In den eisig kalten Winternächten können die beiden nicht einschlafen, bevor ihnen Simone einen Gutenachtkuss gegeben hat.

Anfang des Jahres 1943 beendet Simone ihren Roman, der einmal *Le sang des autres*, deutsch: *Das Blut der anderen*, heißen wird. Der Stoff der Geschichte sind die Erlebnisse und Ereignisse der letzten Jahre, vom Vorabend des Krieges bis zur Résistance. Aber das Buch ist nur vordergründig ein historischer Roman. In die Handlung ist eine philosophische Frage eingewoben, die Frage nach der Rechtfertigung. Wenn wir in die Welt geworfen werden und also keinen Sinn für unsere Existenz vorfinden: Wie rechtfertigen wir dann unser Dasein? Können wir unserem Leben aus eigener Kraft einen Sinn geben oder brauchen wir dazu die anderen? Für den Helden der Geschichte, Jean Blomart, ist ein Platz im Leben vorbereitet. Er ist der »Sohn des Chefs«. Sein Vater ist Besitzer einer Druckerei und Jean soll den Betrieb weiterführen. Jean will jedoch keine Privilegien, die andere für ihn geschaffen haben. Er will ein eigenes Leben. Er verlässt die Familie und wird einfacher Arbeiter und Kommunist.

Bald muss er die Erfahrung machen, dass es eine Illusion ist zu denken, es reiche, unabhängig und mit sich im Reinen zu sein. Ob er will oder nicht – sein Leben hat immer Folgen für andere. Jacques, ein junger Dichter, bewundert Jean und will nicht weiter nur in Büchern leben, sondern etwas tun. Jean nimmt ihn mit zu einer Protestversammlung und drückt ihm vorher einen Revolver in die Hand. In einer blutigen Auseinandersetzung mit Faschisten wird Jacques erschossen. Jean ist schuldig geworden, und er wird es weiterhin.

Hélène, die Freundin eines Arbeitskollegen, verliebt sich in Jean. Hélène versucht auf andere Weise, dieses Loch in ihrem Dasein, dieses Sinnvakuum, zu füllen. Sie verliebt sich in Jean und will seine Liebe. Ihre Rettung, so denkt sie, liegt in der totalen Hingabe an einen Menschen. Doch dann kommt der Krieg und es wird deutlich, dass sie mit ihrer Hingabe im Grunde nur an das eigene Glück gedacht hat und die Flucht in eine große Liebe eine Lüge ist.

Jean muss als Soldat in den Krieg, und als er nach der Kapitulation Frankreichs zurückkommt, schließt er sich der Résistance an. Er fühlt sich verantwortlich für alle, auch für die Menschen, die in den fernen KZs der Nazis ermordet werden. Er will etwas tun und verübt Anschläge, bei denen es Tote gibt. Als Vergeltung erschießen die Deutschen vierundzwanzig Geiseln. Jean ist in einem moralischen Dilemma. Wenn er nichts tut, wird er schuldig, und wenn er handelt, wird er schuldig. Der Schuld entkommt er nicht. Sie gehört zu seiner Existenz. »Langsam begann ich es zu begreifen:«, so heißt es, »Ich selbst war diese Schuld; sie lag in der Substanz meines Wesens, sie lag in mir. Zum ersten Mal kam mir der Gedanke, dass es vielleicht keine Lösung gäbe.«[11]

Jean wird auch schuldig am Tod Hélènes. Sie beharrt darauf, bei einer Aktion der Résistance das Auto zu fahren, und wird tödlich verletzt. Trotz des moralischen Dilemmas, in dem sich beide befinden, haben sie sich für das Handeln entschieden. Sie übernehmen die Verantwortung für ihre Taten, auch wenn sie den Tod Unschuldiger bedeuten. Das ist ein Akt der Freiheit, der gleichwohl immer untrennbar mit Schuld verbunden ist.

Simone de Beauvoir weiß, dass dieser Text nicht veröffentlicht wird, solange das Land besetzt ist, dazu ist er politisch zu brisant. Überdies übt die Vichy-Regierung eine moralische Zensur aus und verbietet Filme, Theaterstücke und Bücher, die nicht den nun propagierten »guten Sitten« entsprechen. Obwohl es diese Vorgabe eigentlich nicht erfüllt, kann *L'Invitée* im August 1943 erscheinen. Wie zu erwarten, nimmt man Anstoß an dem geschilderten unmoralischen Milieu und liest das Buch als Schlüsselroman über die Lebensweise der Gesellschaft um Sartre und Beauvoir. Besonders schockiert ist Simones Mutter, die bisher glaubte oder glauben wollte, dass ihre Tochter ein halbwegs anständiges Leben führt. Diese Illusion wird ihr nun zerstört.[12] Für Simone ist diese Empörung nur Ausdruck einer »mimosenhaften Prüderie«[13]. Wichtig sind für sie die Besprechungen der einflussreichen Kritiker, die ihrem Buch literarische Qualität bescheinigen.

Ihr Traum, als freie Schriftstellerin zu leben, geht in Erfüllung, wenngleich anders als gedacht und gezwungenermaßen. Obwohl die Untersuchungen zu den Vorwürfen Madame Sorokines nichts ergeben haben, wurde Simone de Beauvoir im Juni auf Beschluss des zuständigen Ministeriums aus dem Schuldienst entlassen. Sie ist nicht unglücklich darüber, im Gegenteil, aber nun stellt sich natürlich die Frage, wovon sie in Zukunft leben soll und wie sie ihre »Familie« weiterhin unterstützen soll. Auf Vermittlung von Sartre bekommt sie einen Job bei »Radio Nationale«, auch »Vichy Radio« genannt. Anders als »Radio Paris«, ist dieser Sender der Vichy-Regierung nicht gänzlich von der Nazi-Ideologie vereinnahmt. Dennoch wird, wer für ihn arbeitet, schnell der Kollaboration verdächtigt. Auf Beauvoir trifft dieser Verdacht nachweislich nicht zu.[14] Ihre Arbeit ist unverfänglich. Sie sammelt in der Nationalbibliothek Material zur Musik des Mittelalters und macht daraus Radiobeiträge.

In ihrem neuen Job verdient sie sehr viel mehr als im Lehrberuf. Sie kann es sich jetzt leisten, ihr schäbiges Hotelzimmer aufzugeben. Im Oktober zieht sie in das Hotel Louisiane in der Rue de Seine. Ihr Eckzimmer liegt im dritten Stock, mit Küche und Blick über die Dächer. Ihre »Familie« zieht gleich mit um. Sartre begnügt sich mit einem winzigen Zimmer am Ende des Ganges. Nathalie und Bourla richten sich einen Stock tiefer ein. Das »Louisiana« liegt nur wenige Minuten entfernt vom Café de Flore, und viele aus der »Flore-Bande« wohnen hier. Auch Marcel Mouloudji mit seiner hübschen Freundin Lola, die beliebt ist, weil sie für alle die Hemden wäscht und bügelt.

Zum Einzug lädt Simone zu einem Essen ein. Es gibt, kriegsbedingt, eine große Schüssel Bohnen. Es kommt nicht nur die »Familie« mit Nathalie, Bourla, Wanda und Bost, sondern auch neue Freunde, die nach dem Erfolg ihres Buches ihre Bekanntschaft gesucht haben. Michel Leiris gehört dazu, ein weitgereister Schriftsteller, mit seiner Frau Zette. Die große Wohnung der Leiris am Seineufer ist ein Treffpunkt des künstlerischen und intellektuellen Paris und manchmal auch Versteck für verfolgte Juden. Über das Ehepaar Leiris hat Simone auch Pablo Picasso kennengelernt, ebenso den Schriftsteller Raymond Queneau, den Philosophen Georges Bataille und den Psychiater Jacques Lacan. Zum Einzugsessen kommt auch der junge, dreißigjährige Albert Camus. Simone kennt ihn seit der Generalprobe von Sartres »Fliegen«.

Der in Algerien geborene Camus ist erst seit kurzem in Paris. Er arbeitet als Lektor beim Verlag Gallimard und ist Mitglied der Widerstandsgruppe »Combat«. Simone mag ihn sehr, nicht nur, weil er ihr Buch als ein »brüderliches« gelobt hat. Sie schätzt seine ungezwungene Art, seine Offenheit, sein Lachen und seinen Charme. Camus hat mit seinem Roman »Der Fremde« für Aufsehen gesorgt. Die Hauptperson, ein Mann namens Meursault, fühlt sich der ganzen Welt entfremdet. Kein Unglück, keine Ungerechtigkeit kann ihn rühren. Sogar der Tod seiner Mutter lässt ihn kalt. Schließlich erschießt er einen Araber, scheinbar ohne Grund.

In einem philosophischen Aufsatz, den Simone de Beauvoir in nur drei Monaten verfasst hat, gibt sie dieser Figur Meursault recht, wenn sie jede äußerliche Beziehung ablehnt. Keine Bindung, so Beauvoir, ist von vornherein gegeben, keine familiäre, keine verwandtschaftliche. Sie kritisiert jedoch, dass Camus bei dieser Beziehungslosigkeit stehen bleibt. Das ist nicht vereinbar mit ihrem Menschenbild. Für sie geht jeder Mensch ständig über sich hinaus. Er setzt sich Ziele, die, wenn er sie erreicht hat, zum Ausgangspunkt für neue Ziele werden. Mit anderen Worten, er »transzendiert« sich unentwegt und gibt dadurch seiner eigentlich sinnlosen Existenz einen Sinn, eine »Essenz«. Der Mensch ist, was er macht.

Diese ursprüngliche Spontaneität der Freiheit ist für Beauvoir die Voraussetzung dafür, dass wir Bindungen schaffen können, die uns mit anderen vereinen. Vorbild ist für sie der barmherzige Samariter aus dem biblischen Gleichnis. Er könnte, wie die anderen vor ihm, an dem Verletzten am Wegrand vorbeigehen. Er tut es aber nicht. Er entschließt sich zu helfen: »[…] man *ist* niemals sein Nächster, sondern man *macht* aus dem anderen einen Nächsten, indem man sich durch eine Handlung zu seinem Nächsten macht.«[15]

In den nächsten Monaten gibt es viele leidende Menschen, die man zu seinem Nächsten machen könnte. Die Alliierten bombardieren Fabriken, Bahnhöfe, Gleisanlagen und Straßen, um Produktionsstätten und die Verkehrswege in Frankreich zu zerstören. Einmal kommen die Detonationen so nahe, dass die Mauern des Hotels Louisiane erzittern. Beauvoir und Sartre gehen auf die Dachterrasse des Hotels und sehen, wie der Horizont in Flammen steht. Je mehr die Deutschen in die Defensive geraten, desto blindwütiger reagieren sie. Ganze Dörfer werden angezündet, Männer, Frauen, Kinder wahllos ermordet.

Inmitten von Tod und Zerstörung gibt es in Paris eine besondere Art von Widerstand, in Form von Kunst und Lebensfreude. Pablo Picasso hat ein ziemlich verrücktes Stück geschrieben mit dem Titel »Wie man Wünsche beim Schwanz packt«. Es soll am 9. März 1944 in der Wohnung des Ehepaars Leiris aufgeführt werden. Camus führt Regie, Sartre, Beauvoir, Leiris und Picassos Lebensgefährtin Dora Maar üben die Rollen ein. Die Aufführung wird ein großer Erfolg, auch wenn die zahlreichen Gäste nicht immer verstehen, worum es eigentlich geht. Vom »Popochen« der Geliebten ist die Rede, das schmeckt wie ein Leibgericht, und von ihrem »Schwalbennest« und ihren »Tutelchen«, die vollkommen sind. Und »Plattfuß«, gespielt von Leiris, fordert dazu auf, Tauben gegen Gewehrkugeln zu schleudern.[16] Der Abend ist der Auftakt zu einer Reihe von »fiestas«, die in den nächsten Wochen stattfinden. Bis in den Morgen wird getrunken, getanzt und Nonsens gemacht. »Wir machten uns nichts vor«, schreibt Beauvoir in

Erinnerung daran, »wir wollten aus diesem Chaos nur einige Funken Freude schlagen und uns an ihrem Glanz entzücken, mochte morgen auch die Ernüchterung folgen.«[17]

Eine Ernüchterung folgt bald. Ende März erfährt Beauvoir, dass man Bourla zusammen mit seinem Vater verhaftet hat. Beide wurden in das berüchtigte Sammellager Drancy gebracht, von wo die Züge in die Vernichtungslager abgehen. Nathalie nimmt Kontakt zu einem Deutschen namens Felix auf, der verspricht, Bourla gegen Bezahlung vor dem Abtransport zu bewahren. Um sich davon zu überzeugen, fährt Simone mit Nathalie nach Drancy. Vom Stacheldrahtzaun aus, der das Lager umgibt, sehen sie mit einem Fernglas zu den hohen Gebäuden hinüber und entdecken einen kahlrasierten jungen Mann am Fenster, der ihnen zuwinkt. Nathalie hat die Hoffnung, dass ihr Liebster gerettet wird, bis sie eines Tages erfährt, dass sie getäuscht wurde. Der Mann am Fenster war nicht Bourla. Er und sein Vater wurden schon längst nach Auschwitz transportiert und dort umgebracht.

Am 6. Juni 1944 landen die alliierten Truppen in der Normandie und rücken ins Landesinnere vor. Der Plan ist, zunächst Paris zu umgehen, um später die Stadt zu befreien. Die Bewohner von Paris wollen darauf nicht warten. Die Versorgungslage ist katastrophal. Bost hat in seinem Hotelzimmer einen Ofen gebastelt, auf dem er für sich und die »Familie« mit Zeitungspapier notdürftig eine Handvoll Nudeln kocht. Am 19. August wird eine deutsche Kolonne auf den Champs-Élysées von Résistance-Leuten angegriffen. Der Kampf um Paris beginnt. Immer mehr Frauen und Männer schließen sich dem Widerstand an. Sartre errichtet mit anderen an der Comédie Française eine Barrikade, um das Theater zu verteidigen. Simone de Beauvoir ist in der Stadt unterwegs, um Lebensmittel aufzutreiben und zu verteilen.[18] Panzer versperren die Straße. Scharfschützen zielen auf alles, was sich bewegt. Deutsche Soldaten schießen sich den Weg frei. Manchen gelingt die Flucht, andere geraten in eine Falle und werden von Widerstandskämpfern gefangengenommen oder erschossen.

Am 24. August ist Simone mit Olga, Wanda und Nathalie in Bosts Zimmer im Hotel Le Chaplain, als sie von der Straße Schreie und Jubelrufe hören. Die Truppen des Generalmajors Leclerc, die sich von den alliierten Invasoren abgesetzt haben, sind bis ins Zentrum der Stadt vorgestoßen. Die Kirchenglocken läuten. Die Menschen versammeln sich und schmücken die französischen Panzer mit Blumen und Fahnen. Am nächsten Tag weht die Trikolore auf der Spitze des Eiffelturms. Mann der Stunde ist der General Charles de Gaulle, der die Résistance vom Ausland aus unterstützt hat und sich nun mit einem großen Triumphzug als Retter Frankreichs feiern lässt.

Für Simone de Beauvoir waren diese Ereignisse ein Wendepunkt in ihrem Leben. In ihren Memoiren schreibt sie: »Der Krieg hatte nicht nur meine Beziehungen zu allem verändert, er hatte überhaupt alles verändert: den Himmel von Paris, die Dörfer der Bretagne, den Mund der Frauen und die Augen der Kinder [...]. Kein Grashalm auf keiner Wiese würde unter keinem meiner Blicke wieder das, was er gewesen war.«[19]

Trotz allem sieht sie mit Vertrauen dem Kommenden entgegen. Für ihre »ferne Freundin« Simone Weil gibt es dagegen keine Zukunft mehr. Als Jüdin floh sie zusammen mit ihren Eltern 1942 nach New York. Der Gedanke, in Sicherheit zu sein, während in ihrer Heimat die Menschen leiden mussten, war ihr unerträglich. Sie nahm ein Schiff nach England, von wo sie mit einem Flugzeug nach Frankreich gelangen und sich dem Widerstand anschließen wollte. Die Kriegsereignisse verhinderten diesen Plan. Sie saß in England fest. Weil sie es nicht besser haben wollte als ihre Landsleute, nahm sie kaum noch Nahrung zu sich und starb am 24. August 1943 im Sanatorium von Ashford an Unterernährung und Herzschwäche, vierunddreißig Jahre alt.

XI

GEFEIERT UND GEHASST

Mitte Dezember 1945 muss der Philosophielehrer Jean Beaufret in Paris zur Seite springen, um nicht von einem Radfahrer überfahren zu werden, der ihm zuruft:»He! Weg da! Existenzialist!«[1] Der Radfahrer wusste vermutlich, dass Beaufret von der Zeitschrift »Le Monde« gebeten wurde, den Leuten in verständlicher Sprache zu erklären, was der »Existenzialismus« eigentlich bedeutet. Seit Jean-Paul Sartre am 29. Oktober im Maison des Centraux in der Rue Jean-Goujon einen Vortrag über den Existenzialismus als Humanismus gehalten hat, bei dem die Kasse gestürmt und zerstört wurde, ohnmächtige Frauen und Verletzte hinausgetragen werden mussten und Stühle und Tische zu Bruch gingen, scheint diese Frage ganz Paris zu beschäftigen. Man kann in kein Café mehr gehen, ohne darauf angesprochen zu werden, ob man Existenzialist sei und ob, wie Sartre behauptet, die Existenz wirklich der Essenz vorausgeht, ob man also mit der Geburt ein leeres Blatt Papier ist, das man dann selbst beschriften muss. Und kaum ein Tag vergeht, an dem nicht über Simone de Beauvoir und Jean-Paul Sartre in den Zeitungen zu lesen ist.

Die beiden haben im Herbst Paris quasi im Sturm erobert. Sartres dickes philosophisches Werk »Das Sein und das Nichts«, das vor zwei Jahren erschien, wird erst jetzt richtig wahrgenommen. Zugleich stürzen sich alle auf seinen ersten Roman, den ersten Teil einer Trilogie. Simone de Beauvoirs *Das Blut der anderen* liegt nun in den Auslagen der Buchhandlungen und findet reißenden Absatz. Und sie hat ein Theaterstück geschrieben, *Les bouches inutiles*, das Ende Oktober uraufgeführt wurde. Und als ob das nicht schon genug wäre, haben Sartre und Beauvoir eine Zeitung ins Leben gerufen: »Les Temps Modernes«, Die modernen Zeiten, mit der sie sich in die politischen Auseinandersetzungen einmischen wollen. Existenzialismus, so scheint es, ist nicht nur ein philosophisches System, sondern auch ein literarisches Projekt, eine politische Einstellung und eine Lebensform, deren prominenteste Vertreter Sartre und Beauvoir sind.

Sartre erfährt nun den Ruhm, den er sich erträumt hat. Er hätte jedoch nie gedacht, dass die Kehrseite dieses Ruhms Ablehnung, ja Hass sein könnte. Einerseits wird er nun in eine Reihe gestellt mit den Großen der französischen Literatur, mit Balzac, Zola und Proust. Andererseits wird ihm vorgeworfen, das Leben in schwärzesten Farben zu malen und die französische Jugend zu verderben, indem er Gott leugnet und alle Arten von Ausschweifung und Verkommenheit schildert. Ein Kritiker hält Sartres Bücher für so widerwärtig, dass er den Lesern rät, sich bei der Lektüre von Sartres Schriften die Nase zuzuhalten. Und sogar in den Kirchen von Paris wird in den Predigten vor der teuflischen Versuchung des Existenzialismus gewarnt. Die Zeitschrift »Samedi-Soir« ergeht sich in Mutmaßungen über das unmoralische Leben von Sartre und Beauvoir und schildert ihre Hotelzimmer als Lasterhöhlen, wo im Morgengrauen, nach einer nächtlichen Orgie, volle Aschenbecher, leere Flaschen und Kleidungsstücke herumliegen.[2] Viel sprachliche Fantasie wird darauf verwandt, Simone de Beauvoir als treuergebene Muse Sartres darzustellen, die im Lichtkegel seines Genies zu Berühmtheit gelangt ist. »Grande Sartreuse« oder »Notre-Dame de Sartre« sind nur zwei der Titel, mit denen sie nun bedacht wird. Dass beide immer wieder betonen, wie unverzichtbar die Anregungen und die Kritik des jeweils anderen für ihr Denken und Schreiben sind, wird dabei ignoriert.

In der ganzen Aufregung um die Existenzialisten scheint in den Hintergrund zu geraten, dass es darum geht, in Frankreich nach dem Krieg eine neue Gesellschaft aufzubauen. Seit der Wahl am 21. Oktober zur Nationalversammlung, bei der zum ersten Mal auch Frauen an die Urne durften, wird um eine neue Verfassung gerungen. Doch nach dem Bankrott alter Werte und der Abrechnung mit Politikern, die mit den Deutschen kollaboriert hatten, halten die Franzosen offenbar die Gedanken von Philosophen für mindestens genauso wichtig wie politische Debatten. Bevor ein neuer Staat gegründet wird, so scheinen sie zu denken, müssen erst die ethischen und weltanschaulichen Voraussetzungen geklärt werden. Die existenzialistische Bewegung, die sich von Traditionen lossagt und den Menschen ohne falsche Vertröstungen mit seiner Situation in der Welt konfrontiert, trifft auf einen Zeitgeist, der nach den Wirren des Krieges reinen Tisch machen will. Die Philosophie ist keine Angelegenheit von Fachleuten mehr. Sie wird aus den Hörsälen und Seminaren der Universität auf die Straße geholt.

Nach der Befreiung von Paris, während der Krieg weitertobte, deutsche Städte von den Alliierten bombardiert wurden, die Rote Armee nach Ostpreußen vorrückte, Tausende von Menschen auf der Flucht waren und Hitler sich mit seinen letzten Getreuen im Führerbunker im zerstörten Berlin verschanzte, begann für Frankreich die Nachkriegszeit und für manche öffnete sich wieder die Welt. Sartre wurde im Januar 1945, lange vor Kriegsende, zusammen mit einer Gruppe von Journalisten vom amerikanischen State Departement in die USA eingeladen. Schon der Flug mit einer Militärmaschine war ein Abenteuer, erst recht die erste Begegnung mit New York, von dem er überwältigt war. Sartre, der in seiner alten Lederjacke daherkam wie ein Clochard, wurde in einen feinen Anzug gesteckt und von einer Einladung zur anderen, von einer Cocktailparty zur nächsten geschleppt. Als Sonderkorrespondent für die Zeitschriften »Le Figaro« und »Combat« sollte er den Franzosen das Land ihrer Befreier schildern. Wochenlang reisten die Ehrengäste kreuz und quer durch die Staaten. Zu einer restlosen Begeisterung für das Land, wie sie seine Gastgeber erwarteten, war er allerdings nicht bereit. Er sorgte für Irritationen, als er die rassistische Unterdrückung der schwarzen Bevölkerung und den fanatischen Antikommunismus kritisierte. Irritiert waren seine Zuhörer auch, als er auf die Fragen nach dem Zustand der französischen Literatur Albert Camus und Simone de Beauvoir als die wichtigsten Vertreter nannte. Diese Namen kannte hier keiner.

Nach dem offiziellen Teil der Reise unternahm Sartre eine eigene Entdeckung Amerikas. Unverzichtbare Hilfe war ihm dabei eine junge Frau, die fließend Englisch und Französisch sprach. Dolorès Vanetti Ehrenreich, so hieß sie, hatte zwischen den Kriegen in Paris gelebt, war nun mit einem reichen amerikanischen Arzt verheiratet und arbeitete für den staatlichen Auslandssender der USA. Vanetti wurde Sartres private Fremdenführerin. Sie zeigte ihm die Orte in New York, wo kein Tourist hinkam, las ihm aus den Zeitungen vor und war Dolmetscherin bei den Unterhaltungen. Sartre, der kein Englisch sprach, hatte sich vorher nur zwei Ausdrücke angeeignet, mit denen er die Gespräche einigermaßen überstand, nämlich »fine« und »why not?« – die passten immer.[3]

Während Sartre Amerika eroberte, besuchte Simone de Beauvoir im Februar 1945 ihre Schwester in Portugal. Poupette war frisch mit Lionel de Roulet verheiratet. Wie Sartre in New York, so wurde Simone erst einmal neu eingekleidet. Mit ihren Holzpantinen und ihren abgetragenen Kleidern konnte sie sich nach Meinung ihrer Schwester nirgendwo sehen lassen und schon gar nicht, wie geplant, Vorträge halten. Im Vergleich zu Frankreich war Portugal wohlhabend. Simone staunte über den Überfluss an Lebensmitteln und den Luxus in den Geschäften. Was ihr nicht gefiel, war der Kult um die Vergangenheit, den der portugiesische Diktator Salazar betrieb. Überall wurden Volkstänze aufgeführt mit alten Trachten und Bauernhäuser im Stil alter Zeiten hergerichtet. Was früher Sinn hatte, wurde so zur leeren Folklore für Touristen oder um den Nationalstolz zu stärken. Die Besinnung auf die Vergangenheit ist für Beauvoir nur sinnvoll, wenn man aus ihr Kraft für die Zukunft schöpft. Wo sie künstlich aufrechterhalten und politisch missbraucht wird, ist das für sie nur ein Zeichen für die »Geringschätzung des Menschen«. Soziale Einrichtungen und neue Schulen suchte Beauvoir vergebens.[4]

Nach Sartres Rückkehr aus Amerika blieb er mit seinen Gedanken jenseits des Atlantiks. Seine Begleitung Dolorès Vanetti ging ihm nicht mehr aus dem Kopf. Wie viel sie ihm bedeutete, wurde Simone de Beauvoir klar, als er die erste Ausgabe von »Les Temps Modernes« ihr widmete: Für Dolorès. Obwohl er von Verpflichtungen gebunden war und man in den turbulenten Zeiten nach der Befreiung seine Anwesenheit erwartete, beschloss Sartre, Ende des Jahres erneut nach Amerika zu reisen. Um Dolorès wiederzusehen, lässt er sich von verschiedenen amerikanischen Universitäten zu Vorträgen einladen. Am 12. Dezember 1945 besteigt er in Bordeaux einen Militärfrachter. Sein Name auf den Kofferschildern verrät den Mitreisenden, welche Berühmtheit mit an Bord ist. Er wird mit Fragen über den Existenzialismus bedrängt und von Frauen verfolgt. Vor der Frau des brasilianischen Konsuls rettet er sich, ziemlich betrunken, in ein Rettungsboot, wo er einschläft, während überall nach ihm gesucht wird.[5]

Simone de Beauvoir denkt nicht daran, Sartre nachzuweinen und Trübsal zu blasen. Mit Bost, Wanda und Olga fährt sie übers Neujahr zum Skifahren nach Megève in die Savoyer Alpen. »Wissen Sie, dass auch ich wirklich ein bisschen berühmt bin?«, schreibt sie an ihr »ganz liebes kleines Geschöpf«, wie sie Sartre nennt, weil Gäste sich bei der Hotelleitung erkundigt haben, ob sie die bekannte »Mademoiselle de Beauvoir« sei.[6] In Megève erreicht sie ein Telegramm, das sie nach Paris zurückruft. Sie hat eine Einladung zu Vorträgen in Algerien bekommen und soll die Reise

1 Simone, im Alter von etwa drei Jahren, ca. 1911

2 Simone (links) mit Mutter Françoise und Schwester Hélène, genannt Poupette

3 Die Familie mit Vater Georges

4 Auf dem Landgut Meyrignac des Großvaters im Limousin

5 Die Studentin

6 Simone und Elisabeth Le Coin, genannt Zaza

7 Die Klasse für Philosophie am Lycée Molière in Paris mit der Lehrerin Simone de Beauvoir, 1938

8 Die junge Philosophielehrerin, Paris, 1938

9 Jean-Paul Sartre und Simone de Beauvoir
vor dem Denkmal für Balzac von Auguste Rodin
auf dem Boulevard du Montparnasse, Paris,
ca. 1939

10 Die Mitwirkenden der Uraufführung von »Wie man Wünsche am Schwanz packt«. Simone de Beauvoir (rechts mit Buch), Pablo Picasso (mit verschränkten Armen), sitzend: Jean-Paul Sartre, Albert Camus, Michel Leiris, 1944

11 Die »Bücherfresserin« Simone de Beauvoir, 1945

12 Simone de Beauvoir in ihrer Wohnung in Paris bei der Lektüre eines Briefes, 1945

13 Mit Nelson Algren in Chicago, September 1947

14 Mit Nelson Algren vor dem Haus am Michigansee, Sommer 1950

15 Mitglieder der *petite famille*: Michelle Vian, Simone de Beauvoir, Olga Kosakiewicz, Jean-Paul Sartre, 1950

16 Eine strahlende Simone de Beauvoir, 1954

17 Jean-Paul Sartre und Simone de Beauvoir bei einem Treffen mit
Ernesto Che Guevara, Havanna, 1960

18 Jean-Paul Sartre und Simone de Beauvoir arbeitend in Sartres Wohnung
in der Rue Bonaparte, 1966

19 Simone de Beauvoir, schreibend im Café, 1967

20 Mit Jean-Paul Sartre beim Verteilen der Zeitschrift *La cause du peuple*, 1970

21 Bei einer Demonstration der MFL (Mouvement de libération des femmes) in Paris, 1971

22 Simon de Beauvoir in ihrer Pariser Wohnung in der Rue Schœlcher, 1976

23 Die »Ikone der Frauenbewegung« bei einer Diskussionsveranstaltung in Paris am 15. Mai 1984

24 Simone de Beauvoir und Jean-Paul Sartre im Jahr 1977

25 Cimetière de Montparnasse. Das Grab von Jean-Paul Sartre und Simone de Beauvoir, 2015

möglichst rasch antreten. Ende Januar sitzt sie zum ersten Mal in einem Flugzeug und ist begeistert vom Flug und vom Empfang in Tunis. Stolz berichtet sie Sartre, dass die Leute sich mit Fäusten Zutritt zu ihren Vorträgen verschafft hätten. Neben den Pflichten packt sie wieder der »Dämon des Abenteuers«[7]. Sie unternimmt Ausflüge in Gegenden, wo sich kein Tourist hintraut, fährt durch die Wüste und klettert auf die Plattform eines völlig überfüllten Zuges, um im Sandsturm nach Algier zu kommen. »Ich bin absolut im siebten Himmel«, schreibt sie an Sartre. »Nur habe ich jede Nacht ein bisschen Angst, weil ich mich von Ihnen getrennt fühle. Schnell eine Nachricht, mein lieber Kleiner, mon amour.«[8]

Sartres Nachrichten erreichen sie erst mit Verzögerung und sind widersprüchlich. Einerseits schwärmt er von den Tagen mit Dolorès und meint, sie sei »wirklich nach Ihnen das Beste, was ich kenne«. Andererseits beklagt er sich, dass ihre Leidenschaft ihn erschrecke.[9] Was er nicht schreibt, ist, dass Dolorès Vanetti sich scheiden lassen will, um ihn zu heiraten. Vielleicht hätte er Dolorès einen Blick in seine Tagebücher werfen lassen sollen. Darin hätte sie lesen können, dass ihm die Eroberung einer Frau wichtiger ist als ihr Besitz und zu große Leidenschaft ihn eher abschreckt. Simone de Beauvoir, die ihn besser kennt, bleibt jedenfalls gelassen und macht ihm keine Vorwürfe. Nach fünfzehnjähriger Erfahrung mit ihm wisse sie, so schreibt sie an ihn, dass er ein »makelloses Wunder« sei und immer »alles bestens« mache.[10]

Nach ihrer Rückkehr aus Nordafrika verbringt Simone viel Zeit mit Albert Camus, den sie »kolossal mag«[11]. Die beiden verstehen sich prächtig. Nur in einem Punkt sind sie verschiedener Meinung: ob die Todesstrafe erlaubt ist oder nicht. Das ist eine Frage, die in der Aufarbeitung der Besatzungszeit eine große Rolle spielt. Gerade die Kommunisten, die im Widerstand Tausende von Opfern zu beklagen hatten, fordern die Hinrichtung von »collobos«. Auch der General Pétain ist zum Tode verurteilt worden, wurde aber von de Gaulle begnadigt. Gnadenloser verfuhr man im Fall des Schriftstellers Robert Brasillach, eines bekennenden Antisemiten, der mit seinen hetzerischen Artikeln Schuld trägt am Tod vieler Juden. Sein Todesurteil sollte vollstreckt werden. Camus unterschrieb einen Brief von Autoren an de Gaulle mit der Bitte, auch ihn zu begnadigen. De Gaulle lehnte ab und Brasillach wurde von einem Erschießungskommando hingerichtet. Simone de Beauvoir hatte den Prozess gegen Brasillach im Gerichtssaal miterlebt. Sie bewunderte zwar die Haltung, mit der Brasillach das Urteil hinnahm, befürwortete aber dennoch die Todesstrafe. In einem Artikel für »Les Temps Modernes« verteidigte sie ihre Haltung mit dem existenzialistischen Argument, dass jeder Mensch im Kern seines Wesens frei ist und man ihn danach beurteilen und bestrafen muss, welchen Gebrauch er von seiner Freiheit macht, zum Guten oder zum Bösen.[12] Dass diese Begründung nicht ausreicht, um eine Todesstrafe zu rechtfertigen, hat Simone de Beauvoir Jahre später eingeräumt. Nachdem sie von den Konzentrationslagern erfahren hat, von der fabrikmäßigen Tötung Tausender Menschen und von den Attentaten gegen Hitler, gab es für sie nur noch ein stichhaltiges Argument für die Todesstrafe: »Mörder und Folterknechte muss man beseitigen, nicht um zu demonstrieren, dass der Mensch frei ist, sondern um zu verhindern, dass sie es wieder tun.«[13]

Danach beurteilt zu werden, was man aus seiner Freiheit macht, ist für Simone de Beauvoir nach wie vor die Grundlage einer praktischen Moral des Alltags. Sie gilt selbstverständlich auch für sie. Auch sie will sich danach beurteilen lassen, welchen Gebrauch sie von ihrer Freiheit macht. So ist es ihre Entscheidung, für Nathalie Sorokine Geld aufzutreiben. Nathalie hat den amerikanischen Soldaten Ivan Moffat kennengelernt, sie ist von ihm schwanger und will mit ihm nach Kalifornien gehen. Es ist auch ihre Entscheidung, mit Bost häufig nach Clichy, ins Hôpital Beaujon, zu fahren, wo Olga liegt, die schwer lungenkrank ist. Bost will sie heiraten, sobald es ihr besser geht. Simone rechnet es sich aber auch als Versagen an, dass Bianca Bienenfeld psychisch krank ist. Bianca konnte sich vor den Nazis in den Bergen bei Grenoble verstecken und leidet immer noch darunter, dass Sartre und sie den Kontakt zu ihr abgebrochen haben. »Sie ist die einzige Person, der wir wirklich etwas angetan haben«, schreibt Simone an Sartre, »aber wir haben es getan.«[14]

Simone muss jetzt auch noch Sartre pflegen, der kurz nach seiner Rückkehr aus Amerika an Mumps erkrankt ist. Einbandagiert, mit einer vom Arzt verschriebenen schwarzen Salbe im Gesicht und mit einer Zipfelmütze auf dem Kopf liegt er in seinem winzigen Zimmer im Hotel Louisiane. Er ist hoch ansteckend, was seine Freunde nicht davon abhält, ihn zu besuchen. Simone muss oft Leute aus dem Zimmer jagen, wenn es ihm zu viel wird. Täglich versorgt sie ihn mit Essen, Büchern und Zeitschriften.

Sartres Stiefvater, Joseph Mancy, ist während seiner Amerikareise gestorben und seine Mutter bittet ihn, mit ihr zusammen eine neue Wohnung anzumieten. Sartre hat immer nur in Hotelzimmern gewohnt, aber daraus möchte er kein Prinzip machen. Es reizt ihn, einmal ganz bürgerlich zu wohnen, auch wenn sich an seiner antibürgerlichen Einstellung nichts ändert.

Im Mai 1946 zieht er mit Madame Mancy, seiner nun zweifach verwitweten Mutter Anne-Marie, in eine großzügige Wohnung in der Rue Bonaparte. Sartre, der immer unglaublich viel gelesen hat, aber nie ein Buch besaß, weil er nichts besitzen wollte, legt sich jetzt eine kleine Bibliothek zu. Im Wohnzimmer steht ein Klavier, auf dem er spielen kann, und er hat jetzt sogar einen Sekretär. Es ist der junge Jean Cau. Cau hatte Sartre gebeten, ihm einen Job zu besorgen, weil er sonst sein Studium nicht weiterführen könne. »Na gut, dann werden Sie eben mein Sekretär«, sagte ihm Sartre, der keine Ahnung hatte, was er mit einem Sekretär anfangen soll. Immerhin gelingt es Cau, eine gewisse Ordnung in Sartres chaotisches Leben zu bringen und ihn von lästigen Pflichten zu befreien. Sartre hat die Zeit, wo er angerufen werden kann, genau auf jene Stunde verlegt, die er im Badezimmer zu verbringen pflegt. Cau nimmt dann alle Anrufe entgegen und wimmelt neugierige Journalisten und aufdringliche Bittsteller ab. Manchmal muss er auch »die Runde gehen«, also Geld auftreiben, wenn kein Centime mehr im Haus ist, was an Sartres legendärer Großzügigkeit liegt.[15] Er verdient viel Geld mit seinen Büchern, Artikeln und Vorträgen. Aber Geld ist für ihn zum Ausgeben da. Er hat immer ein Bündel Geldscheine in der Tasche, das in kurzer Zeit dahinschwindet. Geld, das übrigbleibe, widere ihn an, schreibt er in seinem Tagebuch, und er habe das Bedürfnis, es »wegzuschleudern wie eine Handgranate«[16], indem er beim Essen mit Freunden immer die Rechnung übernimmt, großzügige Trinkgelder gibt, für Wanda die Arztkosten oder für Bost die Steuerschulden bezahlt.

Für Sartre ist es selbstverständlich, seinen »Castor« finanziell zu unterstützen. Simone hat ihren Rundfunkjob aufgegeben. Sie wurde rehabilitiert und könnte wieder als Lehrerin arbeiten. In diesem Beruf möchte sie jedoch auf keinen Fall mehr zurück und will von nun an als freie Schriftstellerin leben. Solange sie nicht genügend verdient, nimmt sie Sartres Hilfe an, auch wenn sie der Meinung ist, dass Unabhängigkeit beim Portemonnaie beginnt. Bei dem Erfolg ihrer Bücher und ihrer zunehmenden Bekanntheit ist jetzt schon absehbar, dass sie auf diese Hilfe bald nicht mehr angewiesen sein wird. Nachmittags kommt sie aus den Redaktionssitzungen von »Les Temps Modernes« in Sartres Wohnung und setzt sich an den Bridgetisch, der ihr als Schreibtisch dient. Sie arbeitet an einem neuen Roman, der anders ist als die vorherigen. Er handelt von einem Mann, der unsterblich ist und dessen endloses Leben durch die Jahrhunderte geschildert wird.

Beauvoir möchte mit dem Buch fertig sein, bevor sie und Sartre im Sommer in die Schweiz und nach Italien reisen, wo sie zu Lesungen und Vorträgen eingeladen sind.

Simone hat die Aussicht, vielleicht alleine eine Reise zu machen, von der sie nicht zu träumen gewagt hat. Der Schriftsteller Philippe Soupault, den sie vor kurzem im Flore kennenlernte und der mit seiner Frau lange Zeit in den USA gelebt hat, will versuchen, für sie eine Vortragsreise in Amerika zu organisieren. Die Amerikaner scheinen ganz begierig danach, etwas über den Existenzialismus zu erfahren, auch wenn sie, wie Sartre festgestellt hat, oft die abenteuerlichsten Vorstellungen davon haben. Auch in der Schweiz begegnen Sartre und Beauvoir Leute, die meinen, dass der Existenzialismus eine höchst gefährliche Lehre sei, weil er alles erlaube. Eine Dame kann nicht verstehen, dass Sartre so »schreckliche Sachen« schreibe, wo er doch so schön spreche und so anständig aussehe.[17]

Solche Vorurteile gegenüber dem sogenannten Existenzialismus hat Simone de Beauvoir schon zur Genüge gehört. Sie beruhen für sie auf einem Missverständnis, nämlich zu glauben, dass der Existenzialismus einen amoralischen Anarchismus predige, weil er behauptet, dass der Mensch in die Welt geworfen wird, ohne sich an objektive Werte halten zu können. Dass jeder Mensch diese Werte selbst schaffen muss und damit eine große Verantwortung sich selber und anderen gegenüber übernimmt, wird dabei übersehen. Gegen all jene, die dieser philosophischen Haltung vorwerfen, die Menschen in Verzweiflung zu treiben, Werte wie Liebe und Solidarität zu leugnen und einem totalen Egoismus das Wort zu reden, hat sie in »Les Temps Modernes« einen kämpferischen Artikel geschrieben.[18]

Darin hält sie den »anständigen Leuten«, die gegen den sittenlosen Existenzialismus ein positives Menschenbild vertreten wollen, den Spiegel vor, um ihnen zu zeigen, wie heuchlerisch, pessimistisch und zynisch ihre Einstellung in Wahrheit ist. Diese Sittenwächter fordern für Beauvoir unentwegt, dass die Menschen edel und gut sein sollen, berufen sich dann aber auf ihre Erfahrung, wenn sie diesen Menschen keine wahren Gefühle oder uneigennützige Haltungen zutrauen. Begegnen sie Liebenden, vermuten sie dahinter egoistische Ziele, Blindheit oder eine »Verwirrung der Sinne«. Eine aufrichtige Freundschaft zwischen Mann und Frau halten sie für unmöglich, weil Frauen angeblich zu wenig standhaft und Männer zu lüstern sind. Bei Heiligen und Helden suchen sie nach den verdeckten Mängeln und Lastern. Und wenn sich dann tatsächlich jemand als betrügerisch, bösartig und habgierig erweist, sind sie nur allzu gerne bereit, dies zu verzeihen mit der Weisheit: »Das ist nur menschlich!«

Der Existenzialismus, wie ihn Simone de Beauvoir vertritt, lehnt solche »Volksweisheiten« ab. Für ihn ist der Mensch frei in dem Sinne, dass er zunächst nichts ist und sich erst zu etwas macht. Er ist weder gut noch böse, sondern kann sich in seiner Freiheit, so er sie denn annimmt, zu Bösem und Gutem entschließen. Der Widerstand gegen den Existenzialismus rührt für Beauvoir in Wahrheit daher, dass er vom Menschen verlangt, Verantwortung für sein Leben zu übernehmen, und zwar in jeder Situation, »Minute für Minute«. Das bedeutet eine permanente Anstrengung, der sich die Menschen lieber entziehen, weil es, so Beauvoir, ihre »Faulheit« stört. Lieber verzichten sie auf ihre Freiheit und ziehen sich zurück auf Gewohnheiten und berufen sich auf angebliche Weisheiten über das Leben. Auch das ist für Beauvoir eine Art von Verzweiflung, die umso verführerischer ist, weil sie »den Charakter von Wohligkeit und Behaglichkeit besitzt.«[19]

Philippe Soupault hat sein Versprechen gehalten. Simones Reise nach Amerika kommt zustande. Sie freut sich darauf, auch wenn ihr etwas bange ist bei dem Gedanken, Sartre vier Monate lang nicht zu sehen. Ihre Unruhe wird noch größer, als sie erfährt, dass Dolorès Vanzetti während ihrer Abwesenheit nach Paris kommen will. Nach seiner Rückkehr aus den USA hat Sartre ihr erzählt, wie gut er sich mit Dolorès versteht und dass er sie unbedingt wiedersehen will. Es war das erste Mal, dass Simone Angst hatte, eine andere Frau könnte ihm mehr bedeuten als sie. Auf dem Weg zu einer Einladung konnte sie sich nicht mehr zurückhalten und fragte ihn geradeheraus, an wem er mehr hänge, an ihr oder an Dolorès. »Ich hänge ungeheuer an Dolorès«, antwortete Sartre kurz angebunden, »aber ich bin bei Ihnen.« Später erläuterte er seine Worte und meinte, dass er keine langen Reden hätte halten wollen, Phrasen verabscheute und deswegen auf eine Tatsache verweisen wollte. Und Tatsache ist für ihn, dass er »bei ihr« ist. Simone glaubte ihm.[20]

Am 24. Januar 1947 landete das Flugzeug auf dem Flughafen La Guardia in New York. Schon beim Anflug war Simone wie betört von dem grünen, blauen und roten Lichtermeer, das sich bis zum Horizont erstreckte. Es erinnerte sie an das Zuckerwerk und die Bonbons hinter den Schaufenstern, die sie sich als Kind am liebsten in den Mund gestopft hätte. Als sie in einer großen Limousine durch die Straßenschluchten zu ihrem Hotel gefahren wird, nimmt sie sich vor, sich diese Stadt anzueignen »mit meinen Händen, mit meinen Augen, mit meinem Mund«.[21] Am ersten Tag will sie alleine die Stadt kennenlernen, ohne jemanden zu treffen. Wie bei ihren Gewaltmärschen im Gebirge geht sie den ganzen Broadway hinunter, wandert durch die Wall Street, das chinesische und das jüdische Viertel, fährt mit dem Schiff zur Freiheitsstatue und geht auf einem Highway entlang, der für Fußgänger eigentlich verboten ist. »Mein Gott! wie ich New York liebe«, schreibt sie an Sartre.[22]

Begierig nimmt sie alles auf, was neu für sie ist: die riesige Leuchtreklame, die Drugstores und Bars, die Hochbahnen, die Wolkenkratzer, die sanft dahinfahrenden Straßenkreuzer, die eleganten Kleider der Frauen, die alle in hochhackigen Schuhen herumlaufen. Fast schämt sie sich ein wenig für ihre flachen Schuhe mit Kreppsohle. Aber um nicht noch einmal, wie in Portugal, in die Verlegenheit zu kommen, neu eingekleidet zu werden, hat sie sich in Paris ein schickes schwarzes Kleid gekauft. »Das ist meine erste Konzession«, hatte sie zu Sartre gesagt und geweint.[23]. Immerhin machte sie damit Eindruck bei den Journalisten, die sie interviewen. Die Reporter des »New Yorker« sind überrascht, dass sie ganz anders ist, als sie sich die intellektuelle Partnerin von Sartre vorgestellt hatten, und schreiben in ihrem Artikel, sie sei die »hübscheste Existenzialistin, die man je gesehen hat, daneben wissbegierig, freundlich und bescheiden«.[24]

In den folgenden Tagen lernt Beauvoir viele Leute kennen. Sie besucht auch ihre alte Freundin Stépha, die mit ihrem Mann Fernando und ihrem Sohn Tito seit sechs Jahren in New York lebt. Simone bittet Stépha, ein Treffen mit Dolorès zu arrangieren. Sie will diese Frau, von der sie bisher nur ein Bild hat, persönlich erleben. Eher widerwillig sagt Stépha zu, und es kommt tatsächlich zu mehreren Treffen der beiden Frauen. Begreiflicherweise ist die Stimmung angespannt, ist doch Dolorès gerade dabei, nach Paris zu Sartre zu reisen. Wie Dolorès auf Simone wirkt, ist schwer zu sagen. An Sartre jedenfalls schreibt sie, dass sie sie »nett« finde, mit der Einschränkung: »nur etwas zu sehr Weib«[25]

Simone läuft nicht Gefahr, zu sehr »Weib« zu sein. Mit Vertretern der linken Zeitschrift »Partisan Review« führt sie leidenschaftliche Streitgespräche, und auf den Cocktailpartys, zu denen sie eingeladen wird, ist sie alles andere als reizend und charmant und hat keine Lust, Smalltalk zu führen. Bei einem Abend bei Mary Guggenheim gibt sie sich keine Mühe zu zeigen, wie langweilig sie deren Ausführungen über Psychoanalyse findet. Aufmerksam wird sie erst, als sie darauf zu sprechen kommen, dass Simone nach

Chicago fährt, und Guggenheim ihr die Telefonnummer eines Schriftstellers gibt, an den sie sich wenden kann, wenn sie in Chicago ist. Nelson Algren heißt er.

Über Rochester und Buffalo, nach einem Abstecher zu den Niagarafällen und einem Vortrag an einem College in Cleveland, kommt Simone de Beauvoir am 21. Februar 1947 im eisig kalten Chicago an. Nur sechsunddreißig Stunden Aufenthalt hat sie, bevor sie nach Kalifornien weiterreist, und sie will neben den offiziellen Terminen die Stadt hinter der Fassade kennenlernen. Am Abend traut sie sich, die Nummer anzurufen, die ihr Guggenheim gegeben hat. Sie spricht passabel Englisch, aber mit starkem Akzent. Es meldet sich ein Mann und sagt mit barscher Stimme: »It's a wrong number!« – und hängt auf.[26]

XII

GESICHTER DER LIEBE

Als Simone de Beauvoir nach Amerika aufbrach, musste sie zwei Enttäuschungen als Schriftstellerin verkraften. Nach dem großen Erfolg von *Sie kam und blieb* war ihr Theaterstück durchgefallen und ihr neuer Roman *Tous les hommes sont mortels,* deutsch: *Alle Menschen sind sterblich,* von der Kritik verrissen worden. Der Misserfolg ihres Dramas schmerzte sie weniger. Sie hielt es selbst nicht für besonders gelungen. Mehr litt sie darunter, dass ihr Roman auf Ablehnung stieß. Die Kritiker erwarteten ein Buch mit einer philosophischen Botschaft und bekamen stattdessen die lebenspralle Abenteuergeschichte eines Helden namens Fosca, die sich vom Mittelalter bis in die Gegenwart zieht. Beauvoir wollte sehr wohl einen philosophischen Roman schreiben, jedoch nicht nur eine Idee illustrieren. Philosophie für sich genommen ist abstrakt. Ein Roman, wie Beauvoir ihn sich vorstellt, soll für den Leser die »lebendige Entdeckung« einer philosophischen Erfahrung sein. Diese Erfahrung geht dann ganz in dem Erleben der erfundenen Figuren auf.[1]

Fosca, die Hauptfigur, wird durch den Trank eines Bettlers unsterblich. Er durchlebt die Jahrhunderte mit seinen Kriegen, Katastrophen, Revolutionen, Entdeckungen. Sein anfänglicher Ehrgeiz, die Welt zu verbessern, schlägt um in tiefe Teilnahmslosigkeit und Pessimismus. Alles wiederholt sich, alles wird gleichgültig und verliert so jede Bedeutung. Fosca kann nicht mehr lieben, nichts und niemand rührt ihn mehr. Gerade weil er unsterblich ist, ist er wie tot. Die Menschen, die ihm zu allen Zeiten begegnen, sind zwar sterblich, aber durch den Tod, der am Ende ihres Lebens auf sie wartet, erhält ihr Leben Gewicht, wird einmalig und wertvoll, auch wenn es von Leid und Schmerz geprägt ist.

Der Tod vernichtet das Leben und zugleich gibt er ihm einen Wert. »In meinen Augen ist es eine große Sache, ein Mensch zu sein«, sagt im Roman einer der Gefährten Foscas. »Das genügt. Das ist es wert, dass man lebt; und sogar, dass man stirbt.«[2]

Für Fosca ist seine Unsterblichkeit ein Fluch; er vergiftet das Leben aller, denen er nahekommt, besonders das der Frauen. Unsterblichkeit, so wird es im Ganzen des Romans deutlich, ist mehr als eine literarische Erfindung, mehr als eine unrealistische Fantasie. Sie ist eine Einstellung zum Leben, die auch von normalen, sterblichen Menschen eingenommen werden kann. Sie ist eine, wie Beauvoir sagt, »metaphysische Haltung«, die darin besteht, das Leben »von außen«[3] oder »von oben« zu betrachten, anstatt sich darauf einzulassen und es in seiner Endlichkeit anzunehmen. Diese Distanz kann sich auf vielerlei Weise äußern – in einer abstrakten Sprache ebenso wie in dem Versuch, über Menschen zu verfügen oder sich in Ideologien und Verschwörungstheorien zu flüchten.

Simone de Beauvoir wollte in ihrem Roman als Autorin verborgen bleiben. Aber sie hat an anderer Stelle deutlich genug gemacht, welcher Lebensform sie den Vorzug gibt. In ihren Memoiren, vor der Schilderung ihrer Amerikareise, bekennt sie: »Ich liebte alle körperlichen Freuden, die Farben der Jahreszeiten, die Spaziergänge, die Freundschaften, das Geplauder – kennenlernen, schauen.«[4]

Beim dritten Anruf klappt es. Der Mann am anderen Ende legt nicht mehr auf und hört ihr endlich zu. Sie kann ihm klarmachen, dass sie sich mit ihm treffen möchte. Er soll in ihr Hotel kommen und wird sie an einer Zeitschrift erkennen, die sie unterm Arm trägt. Nelson Algren weiß zwar nicht, was diese Frau mit dem grässlichen Akzent von ihm will, sagt aber zu. Im Hotel, es ist das schönste Chicagos, setzt er sich nahe dem Eingang, um unerkannt einen Blick auf die Fremde zu werfen und um gleich wieder zu verschwinden, wenn sie ihm nicht gefällt. Sie gefällt ihm, und kurz darauf sitzen sie sich im Café des Hotels gegenüber: der große schlaksige, fast achtunddreißigjährige Mann in seiner Lederweste und die kleine, zarte, ein Jahr ältere Frau mit den klaren Gesichtszügen, den blauen Augen und dem Turban um ihr Haar. Simone redet wie ein Wasserfall auf ihn ein. Algren hat ihren Namen noch nie gehört und denkt, sie sei eine französische Lehrerin. Von dem, was sie sagt, versteht er nicht die Hälfte, immerhin so viel, dass sie nicht nur die luxuriöse Fassade der Stadt sehen will, sondern auch das andere, das verborgene Chicago. Da ist sie bei Algren genau an den Richtigen geraten.[5]

Nelson Algren, der finnische und jüdische Wurzeln hat, ist in Chicago aufgewachsen und hat die Stadt nur selten verlassen. Nach seinem Studium trieb er sich ein Jahr lang im Süden der Staaten herum und hielt sich mit allen möglichen Jobs über Wasser. Als er über seine Erlebnisse schreiben wollte, klaute er eine Schreibmaschine und saß dafür einige Monate im Gefängnis. Im Krieg war er als Soldat in Deutschland und Frankreich. Seither wohnt er in einem Stadtteil Chicagos, in dem hauptsächlich Einwanderer und Arbeiter leben. Das ist auch das Milieu, über das er schreibt. Zwei Bücher hat er schon veröffentlicht, ein drittes soll bald erscheinen.

Algren nimmt sie mit in schummrige Bars, verrufene Nachtlokale, Jazzkneipen und Striptease-Clubs, und er zeigt ihr sogenannte »flop houses«, trostlose Absteigen, wo obdachlose Männer ein Lager für die Nacht bekommen. Algren ist hier kein Fremder. Er kennt viele Leute, deren Lebensweg, wie er einmal sagt, geradewegs in die Gosse oder ins Gefängnis führe – Landstreicher, Drogensüchtige, Taschendiebe.[6] Er ist angenehm überrascht, dass Simone nicht schockiert ist, sondern dankbar ist für alles, was er ihr zeigt. Als er sie in ein Taxi setzt, das sie ins Hotel zurückbringt, küsst er sie unbeholfen und sie verabreden sich für den nächsten Tag. »Ich fand ihn sehr sympathisch und intelligent und menschlich«, schreibt Simone eine Woche später an Sartre.[7]

Die Zeit bis zur Abreise würde Simone am liebsten mit Algren verbringen. Es ärgert sie, dass sie zu einem Essen im französischen Kulturinstitut eingeladen ist. Nach einer Stadtrundfahrt hat sie genug vom offiziellen Besuchsprogramm und lässt sich von ihren Gastgebern in einer Limousine in das polnische Viertel fahren. Das Luxusgefährt hält vor einem baufälligen Haus in der West Wabansia Avenue. Simone steigt die hölzerne Außentreppe hoch und klopft an eine Glastür. Ihr Hotelzimmer in Paris ist wahrlich schlicht, aber immer noch komfortabler als die Bruchbude, in der Algren haust. Neben einer Wohnküche gibt es nur ein winziges Schlafzimmer. Die Einrichtung ist denkbar bescheiden: ein Holzofen, ein Tisch mit einer Schreibmaschine darauf, ein paar wacklige Stühle, Bücher, ein Plattenspieler und an der Wand eine Reproduktion von van Goghs »Gelber Stuhl«. Ein Badezimmer gibt es nicht, nur ein Spülbecken.

Algren zeigt ihr sein Viertel. Außer Lagerhallen, rauchenden Abfallhalden und den riesigen Betonstreben einer Hochbahn gibt es hier wenig zu sehen. Vor dem eisigen Wind flüchten sie in eine Bar, wo sie Wodka trinken und Algren ihr Geschichten erzählt von den Gangsterbanden, die früher in dieser Gegend ihr Unwesen trieben. Als sie vor dem bestellten Taxi Abschied nehmen, umarmt Algren Simone lange. Beide wissen, dass sie sich wahrscheinlich nie wieder in ihrem Leben sehen werden. Einige Stunden später befindet sich Simone in der schmalen Kabine eines Liegewagens nach Kalifornien. Sie liest in einem Buch Algrens, das er ihr geschenkt hat, und schreibt ihm in einem Brief, dass sie das Buch wirklich sehr mag. »… und ich dachte, dass ich auch Sie sehr mag«, fügt sie hinzu.[8]

Im Laufe der langen Fahrt ändern sich die Landschaften vor

dem Fenster. Statt schneebedeckter Felder ziehen erst wüstenähnliche Gegenden mit roten Bergen, dann endlose Orangenplantagen vorbei. In Los Angeles holt sie Nathalie Sorokine vom Bahnhof ab. Nathalie ist nach dem Krieg ihrem Mann Ivan Moffat nach Kalifornien gefolgt. Sie hat eine kleine Tochter, Lorna, und Moffat arbeitet als Produzent für eine Filmgesellschaft in Hollywood. Simone wohnt bei der Familie in Westwood. Nathalie bringt sie zu ihren Vorträgen nach Berkeley und ans Mills College, und zwischendurch unternehmen sie lange Autofahrten die Westküste entlang und ins Landesinnere zum Death Valley und nach Las Vegas. Nathalie will Simone auch auf ihrer weiteren Vortragsreise durch den Süden zurück nach New York begleiten, worüber es mit ihrem Mann zum Streit kommt, der nicht will, dass sie so lange wegbleibt. Nathalie bleibt hartnäckig, und Simone ist froh, eine solche Begleiterin zu haben. Nach einer Abschiedsparty mit viel Whiskey besteigen Simone und Nathalie am 15. März einen Greyhound-Bus.

Simone hat einen Packen Bücher dabei, den sie auf der Fahrt liest. Moderne amerikanische Literatur und Sachbücher. Doch alles, was sie über dieses Land erfährt und was sie in Filmen gesehen hat, wird übertroffen vom »Schock des Wirklichen«[9], von der unmittelbaren Erfahrung, von der Schönheit der Landschaft und dem »Glanz« der realen Welt. So geht es ihr am Rand des Grand Canyon und so geht es ihr in den Wüsten und Städten New Mexicos. Dieser »Glanz« stellt sich für sie nicht ein, wenn man sich nur touristisch bedienen lässt. In ihrem Buch über ihre Amerikareise schreibt sie: »Auch die Landschaften geben einem nichts, wenn man ihnen nichts von sich selbst gibt.«[10] Simone möchte viel von sich selbst geben. Das kann sie nicht an Orten wie Williamsburg in Virginia, einer Stadt, die im Stil der amerikanischen Gründerzeit aufgebaut wurde und die auf Simone wie eine verlogene Theaterkulisse wirkt. Dafür kann sie sich umso mehr einbringen, wenn sie mit den Einheimischen und Taxifahrern, Studenten und Künstlern redet. Ständig ist sie auf der Suche nach der »Seele« eines Ortes, wobei sie manchmal, wie in Houston, akzeptieren muss, dass es Orte gibt, die keine Seele haben.

Einen Schock anderer Art erfährt sie in den Südstaaten, wo sie zum ersten Mal Schilder sieht, die Schwarzen verbieten, bestimmte Geschäfte und Plätze zu betreten. Wenn sie und Nathalie durch die Städte gehen, spüren sie jede Minute den Hass der Weißen auf die Schwarzen und die Angst vor ihnen. Auch in ihrem Bus herrscht Rassentrennung. Als eine schwangere schwarze Frau ohnmächtig wird, lachen die anderen weißen Fahrgäste nur darüber. Simone und Nathalie halten sich nicht an die rassistischen Vorschriften. In New Orleans gehen sie in Nachtlokale, die für Weiße verboten sind, und schließen Freundschaft mit drei schwarzen Jazzmusikern. Für Simone ist es das »Dilemma« der amerikanischen Gesellschaft, dass Gleichheit und Freiheit in der Verfassung garantiert sind und gleichzeitig die schwarze Bevölkerung unverhohlen diskriminiert wird. Sie hat den Eindruck, dass die Amerikaner es verabscheuen, ein schlechtes Gewissen zu haben, daher erfinden sie alle möglichen Theorien, die beweisen sollen, dass die Schwarzen von Natur aus oder gottgewollt minderwertig sind – um nicht einsehen zu müssen, dass diese Ungleichheit von ihnen geschaffen wurde und noch geschaffen wird.

Über Richmond reisen die beiden Frauen zurück nach New York, das für Simone de Beauvoir wie eine Heimat ist. Im Hotel Lincoln ruft sie sofort alle Leute an, die sie schon kennt und die ihr am Herzen liegen. Besonders gern mag sie das Ehepaar Richard und Ellen Wright. Richard ist ein afroamerikanischer Schriftsteller, der mit seinem halb autobiographischen Roman »Native son« großen Erfolg hat. Weil er mit einer weißen Frau verheiratet ist, ist er dauernd rassistischen Angriffen ausgesetzt. Darum überlegen er und Ellen, nach Paris auszuwandern. Richard nimmt Simone mit in eine Harlemer Kirche, wo ein Gottesdienst gefeiert wird, der ganz anders ist als die Messen in ihrer Kindheit – mit Gospels und jauchzenden und weinenden Menschen. Wright stellt Simone vor und sie muss daraufhin vor der Versammlung eine kleine Rede halten.

Darüber und über alles, was sie sonst noch erlebt, berichtet sie Sartre ausführlich in langen Briefen. Die Tage sind so voll und reich an Gesprächen und Begegnungen, dass sie nicht daran denken möchte, irgendwann auch einmal schlafen zu müssen. Bei den Partys ist sie immer unter den letzten Gästen, die sich zerstreuen, wenn draußen schon der Morgen dämmert. Dann legt sie sich ein paar Stunden ins Bett, um dann gleich wieder zu einer Verabredung zu eilen. Nach einer Woche ist sie vor Müdigkeit und dem vielen Whiskey so erledigt, dass sie froh ist, einige Tage von New York wegzukommen, um in der Umgebung Vorträge an Mädchen-Colleges zu halten. Simone de Beauvoir hat auf ihrer Reise schon viele Frauen kennengelernt. Amerikanische Frauen waren früher für sie der Inbegriff von Freiheit und Unabhängigkeit. Darum ist sie enttäuscht, dass die meisten von ihnen kein anderes Lebensziel kennen, als einen Mann zu angeln. Die Mädchen an den Colleges sind da keine Ausnahme: »Ich sah«, so schreibt sie in ihren Erinnerungen, »dass die *college-girls* kaum eine andere Sorge hatten als die, einen Mann zu kriegen, und dass der Ledigenstand hier noch schiefer angesehen wird als in Europa«[11].

Simone de Beauvoirs Zeit in Amerika geht dem Ende zu. Ihr zu Ehren werden Abschiedspartys gegeben, zu denen auch prominente Leute kommen wie der Komponist Kurt Weill, der Stararchitekt Le Corbusier und Charlie Chaplin, den sie nach dem Willen eines ihrer Gesprächspartner als Existenzialisten anerkennen soll. Simone ist in New York verliebt, aber sie sehnt sich auch zurück nach Paris und vor allem nach Sartre, der ihr zärtliche Briefe schreibt. Ihr einziger Wunsch ist, Sartre ganz für sich zu haben und mit ihm allein ungestörte Tage zu verbringen. Sie ist am Boden zerstört und weint den ganzen Tag, als sie eine Woche vor ihrem Abflug ein Telegramm erhält, in dem Sartre sie bittet, ihre Rückreise zu verschieben. Als Grund nennt er Probleme mit Dolorès. Offenbar weigert sie sich, Paris zu verlassen. Simone verlegt ihren Rückflug um eine Woche und bittet Sartre inständig, bis dahin die Situation zu klären.

Simone fühlt sich wie abgeschoben. Sie würde es jetzt nicht mehr ertragen, unter Leuten zu sein und intellektuelle Gespräche zu führen. Was sie jetzt braucht, ist ein Mensch, mit dem sie allein sein kann, der nur für sie da ist. Ist es eine Art Kompensation oder sogar eine kleine Rache an Sartre, dass sie Nelson Algren anruft und ihn fragt, ob sie nach Chicago kommen kann? Er ist einverstanden. »Samstag fliege ich für drei Tage nach Chicago, um auf andere Gedanken zu kommen«, schreibt sie an Sartre. »Der Mann, den ich dort mochte, fleht mich seit zwei Monaten an, zurückzukommen, und ich glaube, es wird gut sein.«[12]

Zwei Tage später sitzt Simone de Beauvoir auf dem Flughafen in Chicago und wartet auf Algren, der sie abholen will. Als er nicht kommt und sie schon denkt, dass es eine riesige Dummheit war hierherzukommen, taucht er plötzlich auf. Er trägt einen Anzug und gibt ihr ungeschickt einen Kuss auf die Wange, worauf sie sich reflexartig mit dem Taschentuch abwischt – ein Relikt aus ihrer Erziehung, als sie gelernt hat, dass man sich in der Öffentlichkeit nicht küsst. Algren macht diese Geste noch verlegener, als er es eh schon ist. Beide wissen nicht recht, wie sie sich verhalten sollen. Algren schlägt ihr vor, in den Zoo zu gehen, ein Vorschlag, über den sie fast lachen muss. Er fährt mit ihr in die Stadt, wo sie Freunde von ihm treffen, und schließlich landen sie in einer Bar, wo Algren mit ihr Würfelspiele macht. So hat sie sich das Wiedersehen nicht vorgestellt. Müde und resigniert bittet Simone ihn, für sie ein Hotelzimmer zu finden. Insgeheim aber wünscht sie sich, dass er sie mit zu sich nach Hause nimmt. Vergeblich wartet sie auf ein Wort von ihm. Er bleibt freundlich, aber distanziert.

Algren hat in der »New York Times« einen Artikel über sie gelesen und weiß nun, dass er es nicht mit einer Lehrerin zu tun hat, sondern mit einer berühmten Schriftstellerin. Simone ist dieser Ruhm völlig gleichgültig, sie möchte von ihm nur als Frau wahrgenommen werden. Doch Algren macht keine Anstalten, seine Zurückhaltung abzulegen. Erst als sie nach einem Taxi winken, das Simone in ihr Hotel bringen soll, nimmt er sie plötzlich in den Arm und küsst sie leidenschaftlich. Wenig später liegen sie unter der »Mexikanerdecke« seines Bettes in der Wabansia Avenue. Sein Zimmer wird zum »Wabansia-Nest«, das sie nicht mehr verlassen.

Nach drei Tagen muss Simone zurück nach New York und sie überredet Algren mitzukommen. Und Algren, der doch nie Chicago verlässt, überwindet für sie sogar seine Flugangst, um noch weiter mit ihr zusammen zu sein. In New York ist er der Fremde und Simone zeigt ihm die Stadt und stellt ihn Freunden vor. Sie nennt ihn »meinen Chicago-Mann« oder »Krokodil« wegen seines breiten Grinsens. Und er nennt sie »frog«, wie die Amerikaner Franzosen, die Froschfresser, bezeichnen, oder »meine kleine Gallierin«. Algren hat ihr im »Wabansia-Nest« einen billigen mexikanischen Ring geschenkt, den sie jetzt am Finger trägt. Nie wieder werde sie ihn ablegen, hat sie ihm versprochen.

Als sie voneinander Abschied nehmen, will sie nicht, dass er mit zum Flughafen kommt. Im Taxi weint sie so herzzerreißend, dass der Taxifahrer sie tröstet. Algren hat ihr eines seiner Bücher geschenkt, »Never come morning«, das sie aber erst im Flugzeug aufschlagen darf. Sie findet darin ein ihr gewidmetes Gedicht. Bei einer Zwischenlandung in Neufundland schreibt sie ihrem geliebten »Provinz-Jungen«: »Wenn Sie zu unserem kleinen Zuhause zurückkommen, werde ich dort sein, unter dem Bett versteckt und überall. Ich werde jetzt immer bei Ihnen sein. In den traurigen Straßen Chicagos, unter der Hochbahn, im einsamen Zimmer, ich werde bei Ihnen sein, mein Geliebter, wie eine liebende Frau bei ihrem geliebten Mann. Wir werden kein Erwachen erleben, denn es war kein Traum; es war eine wunderbare wahre Geschichte, die erst anfängt.«[13]

Sartre kann ihr nicht den Empfang bereiten, den sie sich gewünscht hat. Dolorès Vanetti ist immer noch da, und sie macht keine Anstalten, etwas daran zu ändern. Simone ist so enttäuscht, dass sie Paris verlässt und sich in ein Gasthaus in Saint-Lambert, westlich von Paris, nahe den Klosteranlagen des Port-Royal, zurückzieht. Sie will aus ihren Erlebnissen in Amerika ein Buch machen. Die Erinnerungen an Algren wühlen sie so sehr auf, dass sie glaubt, vor Angst und Sehnsucht verrückt zu werden. Dennoch will sie »alle Gesichter der Liebe«[14] kennenlernen, auch Traurigkeit, Freude und Leid. Um auf andere Gedanken zu kommen, setzt sie auf ein altes Mittel. Sie reist nach Korsika und läuft bis zur Erschöpfung über die Berge und durch die Macchia. Sonnenverbrannt und zerkratzt kommt sie zurück nach Paris, wo sich nichts verändert hat.

Sartre pendelt zwischen dem Gasthof in Saint-Lambert und Paris, zwischen »Castor« und Dolorès, hin und her. Der Platz zwischen den Stühlen scheint sein Schicksal zu sein, privat wie politisch. Der sogenannte Kalte Krieg hat begonnen. Die Sowjets haben Westberlin, das in ihrer Besatzungszone liegt, abgeriegelt, sodass die Bewohner nur durch eine Luftbrücke versorgt werden können. Die einstigen Verbündeten gegen Nazi-Deutschland, Amerika und die Sowjetunion, stehen sich nun feindlich gegenüber. Es droht ein dritter Weltkrieg.

Sartre distanziert sich von den Kommunisten, will sich aber auch nicht von den Freunden Amerikas vereinnahmen lassen. Was er anstrebt, ist ein dritter Weg, ein sozialistisches Europa, das seine Unabhängigkeit wahrt. In Paris kommt es zwischen den verschiedenen Gruppen zu hitzigen Auseinandersetzungen. Mittendrin ist immer ein Mann, der nach dem Krieg nach Paris kam. Arthur Koestler, ein ungarischer Jude, war früher Mitglied der Kommunistischen Partei und hat sich zum fanatischen Kommunistenhasser gewandelt. Wo er ist, werden die Diskussionen oft handgreiflich. Nach Sartre wirft er ein Weinglas, und Camus verdankt ihm ein blaues Auge.[15]

Simone de Beauvoir ist ganz auf der Seite Sartres. Sie verteidigt ihn, wenn er von allen Seiten angegriffen wird. Das führt sie wieder enger zusammen. Und als Dolorès im Juli nach Amerika zurückreist – nicht ohne anzukündigen, dass sie wiederkommen werde –, begleitet Simone de Beauvoir Sartre nach London, wo sein Stück *Tote ohne Begräbnis* aufgeführt wird. Simone schreibt aus London lange Briefe an Algren, in denen sie über ihre Erlebnisse berichtet. Überhaupt möchte sie, dass sie sich gegenseitig alles über und aus ihren Leben erzählen, damit, wie sie schreibt, »wir einander so gut kennenlernen, wie wir uns lieben«[16].

Zum Kennenlernen gehört für Simone auch, dass Algren versteht, was Sartre ihr bedeutet und Paris ihr bedeutet. Es macht ihr zu schaffen, dass Algren erwartet, dass sie bei ihrem nächsten Besuch endgültig bei ihm bleibt. Simone will im September wieder zu ihm kommen, aber bleiben kann sie nicht. Sie kann ihm ihre Liebe geben, aber nicht ihr Leben. Es quält sie eine Frage, die sie sich wieder und wieder stellt: »Ist es richtig, etwas von sich hinzugeben, wenn man nicht bereit ist, alles zu geben?«[17]

Am Dienstag, dem 9. September 1947, besteigt Simone de Beauvoir das Flugzeug nach Chicago. Sie kann es kaum erwarten, Algren wiederzusehen, und gleichzeitig hat sie ein ungutes Gefühl. Wird sie ihm durch das Zusammensein wieder Hoffnungen machen, die sie nicht erfüllen kann? Ihre Bedenken zerstreuen sich schnell, als sie wieder im »Wabansia-Nest« ist. Nelson ist liebevoll und verständnisvoll. Er gesteht ihr, dass er vorhatte, ihr einen Heiratsantrag zu machen. Doch jetzt sieht er ein, dass sie so wenig aus Paris wegzudenken ist wie er aus Chicago. Er akzeptiert die Situation und ist glücklich, wenn er mit ihr zusammen sein darf. Sie versprechen sich, bald eine große Reise zu machen, bis nach Mexiko und Guatemala. Zunächst sind es nur zwei Wochen in Chicago, in denen Simone die Stadt und Nelson erst richtig kennenlernt. Als sie wieder in Paris ist, schickt sie ihm sofort einen Brief, der, wie sie schreibt, »so voll Liebe [ist], dass das Flugzeug auseinanderbrechen könnte«[18].

In Chicago gab es für sie nur Nelson. Alles andere war unwichtig. In Paris ist sie im Zentrum politischer und künstlerischer Auseinandersetzungen. Manchmal kommt es ihr albern vor, Liebesbriefe zu schreiben und die eigenen Gefühle so wichtig zu nehmen, »wo doch die Welt so groß ist und so viel passiert«[19]. Im Kalten Krieg gerät Frankreich zwischen die Machtblöcke in Ost und West. In der Frage, wohin sich das Land orientieren soll, zerbricht die Regierung und es kommt Ende 1947 zu massiven Streiks. Beauvoir und Sartre planen ein Manifest über Europa und Krieg. Und sie bekommen die Möglichkeit, zusammen mit anderen Mitgliedern von »Les Temps Modernes« einmal in der Woche eine Stunde im Radio zu sprechen und den »Gaullismus« aufs Korn zu nehmen.

General Charles de Gaulle hat nach einem kurzfristigen Rückzug aus der Politik eine neue Bewegung gegründet, das »Rassemblement du peuple français« (RPF), und damit bei den Wahlen im Herbst einen spektakulären Erfolg erzielt. Sartre und seine Mitkämpfer kritisieren de Gaulles Personenkult, seine überholten konservativen Werte, seine Hinwendung zu Amerika und seine kolonialen Interessen in Indochina, wo Frankreich wieder alte Stärke zeigen soll. Die Empörung und der Hass, den diese Beiträge auslösen, richten sich vor allem gegen Sartre als Gallionsfigur der liberalen Sozialisten. Von den Anhängern de Gaulles wird er als Söldner Stalins diffamiert und von den Kommunisten als »schleimige Viper«, die von »Uncle Sam« bezahlt wird. Er wird mit Drohbriefen überhäuft, und einmal ist darunter auch ein mit Kot beschmiertes Foto von ihm. Anfänglich ist er verletzt. Doch allmählich lernt er, die »gute Wirkung des Hasses«[20] zu schätzen, die ihn dazu zwingt, sich als öffentliche Person zu begreifen, die mit solchen Angriffen leben muss und trotzdem verpflichtet ist, ihre Position objektiv zu verteidigen.

Simone de Beauvoir hält zu Sartre, aber es drängt sie nicht in die Politik. Sie will nicht werden wie Fosca in ihrem Roman, der Menschen nur noch behandelt als Figuren in politischen Strategien und dabei die Fähigkeit verliert, ein Mensch unter Menschen zu sein. Aber ob sie will oder nicht, sie wird in die politischen Kämpfe hineingezogen. In einer Zeitschrift wird ein Foto von ihr veröffentlicht, auf dem sie sehr verbissen aussieht. In dem dazugehörigen Artikel heißt es, dass sie begabt sei, aber »unfreundlich, hart und herzlos«[21]. Simone wünscht sich, dass die Leute sie erlebt hätten, als sie bei Nelson Algren in Chicago war. Und was würden sie erst sagen, wenn sie ihre Briefe an ihn lesen könnten!

Dass die Leute ein bestimmtes Bild von ihr haben, das kennt sie aus Kindertagen. Nur weil sie intelligent ist und nicht jeden Tag ein anderes Kleid anhat, hält man sie für hart, gefühllos und unfraulich. Simone hat jedoch gelernt, nicht mehr alles als gegeben hinzunehmen und danach zu fragen, wie etwas geworden ist. Darum war sie auch gleich hellhörig, als Freunde ihr rieten, sie solle doch einmal über sich als Frau schreiben. Die Idee hat sich in ihrem Kopf festgesetzt. Anfangs dachte sie an einen Essay, doch der Text wird länger und länger. Sie verbringt wieder Tage hinter Bergen von Büchern in Bibliotheken und fragt ihre Freundinnen aus über deren Geschichte als Frau.

Anfang 1948 schließt sie das Amerika-Buch ab. Mit dem neuen Buch will sie möglichst weit kommen, um dann entspannt die Reise mit Algren anzutreten. Voller Vorfreude studiert sie Landkarten und sammelt Prospekte über die Länder, die sie mit ihm besuchen will. Scherzhaft schlägt sie Algren einen »Pakt« vor: »wir teilen die Tage in zwei Hälften, Sie organisieren die Nächte (ich habe gehört, Sie seien nicht schlecht darin), und ich werde blind gehorchen; ich dagegen organisiere die Tage, und Sie werden ebenso folgsam sein. Was halten Sie davon?«[22]

Simone lebt in dieser Zeit viele Seiten ihrer Persönlichkeit. In Paris ist sie die berühmte Schriftstellerin, die Intellektuelle, die politische Akteurin, die unverheiratete Frau, die Gefährtin Sartres und der Mittelpunkt eines großen Freundeskreises. Wenn sie mit Algren zusammen ist, möchte sie nur die liebende und geliebte Frau sein. Es ist diese Fülle, die sie anstrebt. In einem Brief an Nelson Algren schreibt sie:»Ich liebe das Leben so sehr und verabscheue den Gedanken, eines Tages sterben zu müssen. Und außerdem bin ich schrecklich gierig; ich möchte vom Leben alles, ich möchte Frau, aber auch Mann sein, viele Freunde haben und allein sein, viel arbeiten und gute Bücher schreiben, aber auch reisen und mich vergnügen, egoistisch und nicht egoistisch sein... Sehen Sie, es ist nicht leicht, *alles*, was ich möchte, zu bekommen. Und wenn es mir nicht gelingt, werde ich wahnsinnig vor Zorn...«[23]

XIII

EIN FEHLER IM SYSTEM? ODER
ROTWEIN UND COCA-COLA

Nelson Algren ist ein Einzelgänger. Die Ehe mit Amanda Kontowicz, einer jungen Frau aus der Filmbranche, hat nur ein paar Jahre gehalten. Er kennt viele Leute, hat aber wenig Freunde, mit denen er Poker spielt oder zum Pferderennen geht. Ein reges soziales und kulturelles Leben wie in Paris, wo man nur in die Cafés und Clubs zu gehen braucht, um Künstler und Schriftsteller zu treffen, gibt es in Chicago nicht. Vom Kulturbetrieb hält sich Algren fern. Er hat auch keine Lust, an einer Debatte über die »Zukunft des Romans« teilzunehmen, zu der er eingeladen ist. Er soll sich zu diesem Thema mit dem Schriftsteller Louis Bromfield unterhalten, den er nicht mag und der den Existenzialismus als eine »Doktrin des Nihilismus, des Fatalismus und der Verzweiflung« bezeichnet hat. Simone de Beauvoir wäre froh, wenn Algren, der ein leidenschaftlicher Freizeitboxer ist, Bromfield »k. o. schlagen« würde. Für sie ist Bromfield ein »engstirniger Langweiler«[1], der keine Ahnung hat vom Existenzialismus, und sie möchte, dass Algren diese philosophische Haltung wirklich versteht. Algren weigert sich, Französisch zu lernen. Darum verweist ihn Beauvoir auf einen Aufsatz, den sie geschrieben hat und der in Teilen in einer amerikanischen Zeitschrift auf Englisch erschienen ist. Darin geht es um die »moral of ambiguity«, um die »Moral der Doppelsinnigkeit«.

Doppelsinnig oder ambivalent ist die Moral, weil die menschliche Existenz doppelsinnig ist. Und doppelsinnig ist unsere Existenz, weil sie, dem Existenzialismus zufolge, keinen Sinn hat, sondern wir ihr unaufhörlich einen Sinn geben müssen. Für einen Nihilisten ist das Leben sinnlos. Für einen Existenzialisten auch, aber er hält es für seine Aufgabe, der Welt und sich eine Rechtfertigung zu geben. Das können wir, weil wir frei sind. Ständig stemmen wir uns gegen die grundsätzliche Sinnlosigkeit unseres Daseins, indem wir uns immer wieder neue Ziele setzen und unserem Handeln einen Wert verleihen. Aus einem Mangel wird ein Gewinn, aus Nihilismus Lebensbejahung, aus Scheitern ein Erfolg. Problematisch wird die Freiheit eines Menschen dadurch, dass sie mit der Freiheit der anderen Menschen verkettet ist. Was ist, wenn ein anderer Mensch Ziele hat, die meinen entgegenstehen, vielleicht sie sogar bedrohen? Wo hört meine Freiheit auf? Wo beginnt die des anderen? Noch komplizierter wird die Sache, wenn es sich um einen geliebten Menschen handelt. »Was bedeutet es eigentlich, den anderen zu lieben?«, fragt Simone de Beauvoir. Es bedeutet für sie, die Freiheit des anderen zu wollen, seine Ziele zu unterstützen. Es bedeutet jedoch nicht, immer seinen Willen zu erfüllen. Es kann sein, dass ich mich gegen einen Freund wenden muss, um zu verhindern, dass er seine Freiheit zerstört, zum Beispiel dann, wenn er sich mit Alkohol oder Drogen zugrunde richtet. Gerade weil ich jemanden liebe, bin ich für seine Gesundheit, sein Glück verantwortlich und muss gegebenenfalls gegen ihn entscheiden. »Die Härte meiner Entscheidung«, so schreibt Beauvoir, »ist umso mehr gerechtfertigt, je ernster ich meine Verantwortung nehme. Deshalb erlaubt die Liebe Härten, die der Gleichgültigkeit nicht gestattet sind.« Simone de Beauvoir musste Menschen gegenüber oft eine große Härte zeigen, gerade weil sie sie sehr liebte. Auch das gehört zu dem, was sie die »tragische Ambivalenz« des Daseins nennt.[2]

Vier Monate will Simone de Beauvoir mit Algren verreisen. In dieser Zeit soll Dolorès Vanetti zu Sartre nach Paris kommen. Doch kurz vor Simones Aufbruch sagt Dolorès ab. Sie hat genug davon, immer nur eine befristete Zeit mit Sartre zu verbringen.

Sie will Sartre ganz oder gar nicht. Ihre Absage bringt Simones Pläne durcheinander. Plötzlich tun sich Gründe auf, die gegen eine so lange Reise mit Algren sprechen. Nach Dolorès' Rückzieher hätte sie Sartre ganz allein. Er muss Drehbücher schreiben, für die er ihre Hilfe braucht. Sie selber ist mitten in der Arbeit zu ihrem Buch über Frauen, die sie jetzt auf lange Zeit unterbrechen müsste. Und überhaupt – sie hat Algren nur wenige Tage kennengelernt. Kann es gutgehen, so lange mit ihm zusammen zu sein? Simone beschließt, die Reise auf zwei Monate zu verkürzen. Aber wie soll sie Algren das beibringen?

In Chicago scheinen sich ihre Bedenken zu bestätigen. Algren schleppt sie zu einer Bande drogensüchtiger Junkies, die sie, so behauptet er, unbedingt sehen müsse. Simone fragt sich jedoch, was sie mit diesen Leuten zu tun hat. Besser, ja richtig schön wird es erst, als sie ihre Reise antreten. Simone hat sich noch nicht getraut, Algren etwas von ihren veränderten Plänen zu sagen. In Cincinnati besteigen sie einen Dampfer und fahren den Mississippi hinunter. Sie führen ein Tagebuch, in das sie ihre Eindrücke und kurze Bemerkungen schreiben. »Nelson sehr ungezogen«, notiert Simone an einem Tag, worauf er am nächsten erwidert: »Sie war sehr ungezogen«.[3] Algren hat sich eine Kamera gekauft, und er freut sich wie ein kleines Kind, wenn es »klick« macht. Später wird sich herausstellen, dass kein einziges Foto etwas geworden ist. Von New Orleans aus fliegen sie nach Mexiko und Guatemala. Sie besichtigen die Ruinen der Mayas und die elenden Hütten ihrer indianischen Nachkommen.

Auf einer langen Busfahrt von Mexico City nach Morelia gibt sich Simone endlich einen Ruck und sagt Algren wie nebenbei, dass sie schon Mitte Juli in Paris zurück sein müsse. »Na schön«, sagt Algren nur.[4] Simone denkt, dass er ihre Entscheidung akzeptiert und sich nichts ändert. Sie täuscht sich. Algrens Laune wird von Stunde zu Stunde schlechter. Er hat keine Lust mehr, Ruinen und Kirchen anzusehen. Simone unternimmt alleine ihre Erkundungen, und wenn er mit dabei ist, geht er mit seinen langen Beinen ihr weit voraus. Schließlich fliegen sie zurück nach New York, wo in diesen Tagen eine mörderische Hitze herrscht. Algrens Laune wird nicht besser und die Stimmung zwischen beiden wird so bedrückend, dass Simone ihm vorschlägt, schon am nächsten Tag zurückzufliegen. Völlig überrascht ist sie, als Algren ihr daraufhin erklärt, dass er bereit sei, sie auf der Stelle zu heiraten. Jetzt wird ihr klar, wie verletzt Algren ist. Nie war er bereit und nie wird er bereit sein, sich mit der Rolle ihres zeitweisen Liebhabers abzufinden, und immer hat er gehofft, dass sie bei ihm bleibt. Er will mehr. Aber dieses Mehr kann sie ihm nicht geben.

Im Flugzeug ist Simone völlig durcheinander. Sie weiß nicht, ob sie Algren je wiedersehen wird. Nach den Tagen mit ihm, gerade den schweren, muss sie sich endgültig eingestehen, dass sie ihr altes Leben nie aufgeben könnte. Ja, auch wenn es Sartre nicht gäbe, könnte sie Paris nicht verlassen. Es ist ihr Lebensort. Andererseits ist es ihr schier unerträglich zu denken, dass Algren ihre Geschichte als eine Affäre betrachtet. Das war sie für sie nie. Nur weil sie ihm nicht ihr Leben geben kann, bedeutet das nicht, dass ihre Liebe zu ihm nicht stark ist. Andererseits fragt sie sich, ob die starke Bindung an Sartre nicht auf Kosten anderer geht, ob es ein »Fehler in unserem System«[5] sei. Wieder zu Hause, bereut Simone, dass sie die Reise abgekürzt hat. Sie fragt Algren telegraphisch, ob sie wieder zu ihm kommen kann. »Nein«, lautet die kurze Antwort. »Zuviel Arbeit«[6]. Algren sitzt wieder in seiner kleinen Wohnung im »Polenviertel« und schreibt an seinem neuen Roman, mit dem ihm der Durchbruch als Schriftsteller gelingen wird. »Der Mann mit dem goldenen Arm«, so der Titel, wird auch verfilmt werden, mit Frank Sinatra in der Hauptrolle.

Im Herbst 1948 verbringen Simone de Beauvoir und Sartre

wieder einige Wochen in Algier. Von Algren hört Simone nichts mehr. Sie schreibt ihm weiter Briefe. Es ist, als wolle sie ihm ihre Welt zeigen und ihm damit beweisen, wie sehr sie darin verwurzelt ist. Sie erzählt ihm von ihrer Kindheit in der trostlosen Wohnung der Eltern, von Zaza, ihrer schwärmerischen Liebe zu Jacques, ihren anstrengenden Studienjahren und der entbehrungsreichen Kriegszeit. Sie schildert ihm ihre Freundinnen und Freunde: Olga, Bost, Wanda, Bianca, Simone Jollivet, Giacometti und Albert Camus, dessen neuer Roman »Die Pest« in aller Munde ist.

Von Simone erfährt Algren auch, dass es in Paris jetzt eine junge Boheme gibt, die einen existenzialistischen Lebensstil pflegt. Die Männer lassen sich Bärte wachsen und tragen Bluejeans, die Frauen weite Röcke und flache Schuhe. Alle sind begeistert von Jazz und lesen Bücher von Camus, Sartre und Beauvoir. Treffpunkt dieser Szene ist »Le Tabou«, ein Lokal in der Rue Dauphine, zu dem man über eine steile Holztreppe in ein Kellergewölbe hinabsteigt. Jeden Abend spielt Simones Freund Boris Vian auf seiner Trompete mit seiner Band, die sich »Les Grrr« nennt. Star dieser Kellerbar ist ein junges Mädchen mit dunkler Hose, schwarzem Pulli und schwarzem Zottelhaar. Juliette Greco, so ihr Name, wird mit ihrem Aussehen, ihrer Stimme und ihren Liedern zur Ikone eines existenzialistischen Lebensgefühls. Das bürgerliche Paris freilich ist eher entsetzt über diese Generation. »Diese armen jungen Existenzialisten«, schreibt der Journalist Robert Jacques, »vertun ihr Leben in irgendwelchen Kellern mit Trinken, Tanzen und Sich-Lieben, bis die Atombombe – nach der sie sich alle auf perverse Weise sehnen – auf Paris abgeworfen wird.«[7]

Die Angst vor der Atombombe ist allgegenwärtig. Tief sitzt der Schock über die Atombomben, die von den Amerikanern auf die japanischen Städte Hiroshima und Nagasaki geworfen wurden. Ein neuer Krieg zwischen den Großmächten wird, so fürchtet man, in Europa mit atomaren Waffen ausgetragen. Und sollte Paris nicht zerstört werden, so wird es von Russland besetzt. Es sind Leute wie Arthur Koestler, die fest davon überzeugt sind, dass in wenigen Monaten die sowjetische Armee in Frankreich einmarschiert. Sogar in Simones Freundeskreis wird ernsthaft überlegt, in welche Länder man im Notfall auswandern soll. Doch keines kommt so richtig infrage. Eigentlich kann sich niemand vorstellen, woanders zu leben als in Paris.

Simone hält sich nicht für besonders mutig und der Gedanke, dass sie einmal sterben muss, ist ihr von jeher zuwider. Aber schon vorher vor Angst zu sterben, dazu ist sie auch nicht bereit. Zuversichtlich in eine offene Zukunft blicken zu können, das gehört für sie unbedingt zu einem Leben in Freiheit. Für ihren Optimismus hat sie jetzt gute Gründe. Von Algren kommen wieder Briefe, versöhnliche Zeilen, die Hoffnung auf ein Wiedersehen machen. Simone teilt ihm mit, dass sie nach vielen Jahren in Hotelzimmern eine eigene Wohnung bezogen hat, im fünften Stock eines Hauses in einem Viertel des Quartier Latin, das hauptsächlich von Arabern bewohnt ist. Wie damals, als sie bei ihren Eltern auszog und bei ihrer Großmutter ein eigenes Zimmer bekam, ist sie jetzt aufgeregt und glücklich wie ein junges Mädchen. Die kleine Dachwohnung hat zwar kein Badezimmer und manchmal tropft es bei Regen durch die Decke, dafür hat man von einem der Fenster aus einen herrlichen Blick auf die Seine und die Notre-Dame. Das andere Fenster geht auf die enge Rue de la Bûcherie, wo es immer was zu sehen und vor allem zu hören gibt. Aus dem gegenüberliegenden Café des Amis ist den ganzen Tag Musik zu hören und manchmal laute Stimmen, wenn sich die algerischen Gäste wieder einmal prügeln. Auf dem Bürgersteig sitzen Clochards, die ihren Rotwein trinken, und auf den Dächern streunen ganze Rudel von Katzen herum.

An den Wänden und den Dachbalken ihres neuen Zuhauses hängt Simone die bunten Gegenstände auf, die sie aus Mexiko und Guatemala mitgenommen hat. Und auf dem Tisch steht eine Flasche Whisky, die ihr, gut versteckt in einem Sack Mehl, Algren geschickt hat, zusammen mit Büchern, Schokolade und Dosen mit Mais. In langen Briefen hat Algren ihr versucht zu erklären, warum er auf der Reise so unausstehlich war. Als Simone ihm gestand, dass sie früher nach Paris zurückmüsse, ist ihm seine eigene Lage schmerzlich bewusst geworden. Sie fuhr zurück zu ihren vielen Freunden in eine Stadt, wo sie ein erfülltes Leben hatte. Er dagegen kehrte zurück in sein einsames Zimmer und an seine Schreibmaschine. Es kommt ihm so vor, als sei er mit seinem Leben in eine »Falle« geraten, aus der ihn auch kurze Affären mit Frauen nicht retten können. Was er sich immer gewünscht hat, ist, so schreibt er, ein »Winkel, in dem ich mit meiner Frau und vielleicht sogar mit meinem Kind leben kann«. Mit Simone schien ihm dieser Traum greifbar nahe, bis er einsehen musste, dass das unmöglich ist. »Jetzt weiß ich, wie dumm das war«, schreibt er in einem Brief, »weil Arme keine Wärme schenken, wenn sie sich auf der anderen Seite des Ozeans befinden.«[8]

Merkwürdigerweise ist es so, dass Algren, seit er die Dinge so nüchtern sieht, wiederentdeckt hat, wie viel ihm an Simone liegt – so viel, dass er diesen Ozean mit einem Schiff überqueren will, um nach Paris zu kommen. Simone gerät über diese Nachricht völlig aus dem Häuschen. »Grund genug, um heute Abend wahnsinnig zu werden«, schreibt sie ihm. »In einigen Monaten, vier oder fünf, nicht mehr, werden Sie also in diesem Bett liegen, in dem ich Ihnen schreibe.«[9] Sie möchte bis dahin unbedingt mit ihrem neuen Buch fertig werden, um dann ganz frei zu sein für Algren.

Während sie ungeduldig auf ihren »geliebten Provinz-Jungen« wartet, arbeitet sie fieberhaft an ihrem Buch. Wie sie es schafft, innerhalb weniger Monate Berge von Büchern zu lesen und Hunderte von Seiten zu schreiben, ist schier unfassbar. Auszüge sind in »Les Temps Modernes« erschienen, und im Januar 1949 bringt sie den druckfertigen ersten Teil des Buches zum Verlag Gallimard. Darin stellt sie die grundsätzliche Frage: »Was ist eine Frau?« In den üblichen Antworten darauf findet sie einen Zirkelschluss wieder, auf den sie bereits in der Auseinandersetzung mit dem Rassismus in Amerika gestoßen ist. Weiße Amerikaner, die sich ihre Schuhe von Schwarzen putzen lassen, folgern daraus, dass Schwarze eben nichts anderes können, als Schuhe zu putzen. Mit anderen Worten: Ein Zustand, den sie selbst aus sehr eigennützigen Interessen geschaffen haben, wird als Naturnotwendigkeit oder als göttlicher Wille behauptet und damit als unangreifbar dargestellt. Ein ähnlicher Rückschluss findet für Simone de Beauvoir statt, wenn vom »Ewigweiblichen« gesprochen wird oder von Qualitäten, die eine Frau haben muss, um eine Frau zu sein. Das existenzialistische Denken ist besonders geeignet dafür, diese Trugschlüsse aufzudecken, weil es aufweist, dass vorgeblich unumstößliche Tatsachen gemacht worden sind. »Sein heißt geworden sein«, schreibt Simone de Beauvoir. Oder, auf ihr Thema angewandt: »Man kommt nicht als Frau zur Welt, man wird es.«[10]

Beauvoir geht weit zurück zu den Mythen, Religionen und Kulturen der Völker, um zu zeigen, dass Menschen schon immer in Gegensätzen wie Tag–Nacht, Gut–Böse, Gott–Teufel gedacht haben, wobei der eine Teil dieses Gegensatzpaares als wesentlich verstanden wird im Vergleich zum anderen, der als unwesentlich gilt. So gibt sich eine Gruppe ihre Identität, indem sie sich von den anderen unterscheidet. Die alteingesessenen Bewohner eines Dorfes gründen ihr Selbstverständnis darauf, dass sie sich von den Fremden, den Nichtzugehörigen, den Anderen abgrenzen. Verlässt einer diese Dorfgemeinschaft, wird er feststellen, dass es anderswo Einheimische gibt, für die er ein Fremder ist. Oder wie Karl Valentin sagt: »Fremd ist der Fremde nur in der Fremde.«

Dieses Muster der »Alterität« hat sich nach Beauvoir vor allem im Verhältnis der Geschlechter durchgesetzt. Der Mann gilt hier als das Wesentliche, die Frau als das unwesentliche Andere. Was ein Mann ist, versteht sich von selbst. Was eine Frau ist, in Bezug auf den Mann. Simone de Beauvoir hat diese Erfahrung schon in Diskussionen mit Männern gemacht, wenn ihr vorgehalten wurde, dass sie so oder so denke, weil sie eine Frau sei. Umgekehrt wäre es einem Mann nie in den Sinn gekommen, ein Argument mit seinem Geschlecht zu verbinden. Wie selbstverständlich begreift er sich als den Maßstab, an dem das Andere gemessen wird. Simone de Beauvoir pflegte darum auf solche Vorhaltungen zu antworten: »Ich denke es, weil es stimmt.«[11] In ihrem Buch geht sie der Frage nach, wie dieser »Mythos der Frau« als das Andere von der Literatur bestärkt wurde, wie er sich auf die Einstellung zu Sexualität, zu Ehe, Liebe und Beruf ausgewirkt hat und noch die alltäglichen Erfahrungen von Frauen in ihrer Zeit bestimmt.

Simone schafft es nicht, mit dem Buch bis zu Algrens Ankunft fertig zu werden. Sie werde eben auch weiterarbeiten, wenn sie beide in ihrem Bett liegen, schreibt sie ihm. Am 11. Mai 1949 erwartet sie ihn am Gare Saint-Lazare, aber sie entdeckt ihn nicht in dem angekündigten Zug. Zurück in ihrer Wohung, hört sie plötzlich lauten Lärm von der Straße. Als sie hinunterschaut, sieht sie da Algren stehen inmitten von Koffern, Taschen und Schachteln. Für Simone ist es selbstverständlich, dass er nicht in ein Hotel geht, sondern bei ihr im »Hotel La Bûcherie-Beauvoir« bleibt, wie sie ihre Wohnung nennt. Sie hat ihr Zimmer für ihn schön hergerichtet, mit roten Vorhängen und Bildern von Picasso, Toulouse-Lautrec und van Gogh.

Algren kann sie nicht für sich alleine haben. Die »petite famille«, ihre kleine Familie, ist ganz begierig, Simones amerikanischen Freund kennenzulernen, von dem sie den Ring am Finger trägt. Schon bald sitzt Algren im Café de Flore, eingekeilt zwischen

Frauen und Männern, die von allen Seiten auf ihn einreden. Er versteht kein Wort. Michelle Vian, die Frau von Boris Vian, übersetzt all die Fragen, die auf ihn einprasseln, und seine Antworten. Merleau-Ponty, Michel Leiris, Alberto Giacometti, Albert Camus, Raymond Queneau, Marcel Mouloudji, Simone Jollivet – alle sind begeistert von Algren, und auch irritiert über seine Gewohnheit, Rotwein mit Coca-Cola zu mischen. Olga hört mit aufgerissenen Augen zu, wenn er haarsträubende Geschichten aus Chicagos Unterwelt erzählt. Bost nennt Algren ironisch den »tapferen Amerikaner«, weil der so stolz über seine Heldentaten als Soldat in Frankreich berichtet. Der Begegnung mit Sartre sieht Algren mit gemischten Gefühlen entgegen. Immerhin hat er ihn mal als schielenden, schlecht gekleideten »Gnom« bezeichnet, auf den Frauen unerklärlicherweise fliegen wie auf Gary Grant. Sartre hat über diese Beschreibung gelacht. Und auch jetzt begrüßt er den zwei Köpfe größeren Algren wie einen alten Freund und schleppt ihn in das nächste Café, um sich ausgiebig mit ihm zu unterhalten.[12]

Simone möchte, dass Algren ganz Paris kennenlernt. Sie zeigt ihm die Museen, die Märkte, ihre Lieblingsplätze, die Parks, die Kellerlokale und Cabarets. Wenn sie in einem der Cafés sitzen, erhält Algren einen Eindruck davon, wie bekannt seine »kleine Gallierin« in dieser Stadt ist – und wie berüchtigt. Leute tuscheln am Nebentisch, wenn sie sie erkennen. Man zeigt mit Fingern auf sie oder macht im Vorbeigehen abfällige Bemerkungen. Grund ist, dass einige Teile ihres Buches in »Les Temps Modernes« abgedruckt wurden, in denen es um die Sexualität der Frau, um Orgasmen, um lesbische Liebe und Abtreibung geht. Die Kioske werden regelrecht gestürmt, aber mit dem Sturm der Entrüstung, der nun über sie hereinbricht, hat sie nicht gerechnet.

Sie bekommt Briefe, in denen man ihr vorwirft, sie sei unbefriedigt, lesbisch, nymphoman und habe heimlich abgetrieben.[13]

Einige Vertreter des »ersten Geschlechts« bieten sich an, sie von ihrer Frigidität zu befreien. Und als der erste Band ihres Buches im Juni erscheint und sofort hohe Auflagenzahlen erreicht, wird er von der katholischen Kirche auf den Index gesetzt. Sogar Freunde sind schockiert über ihre Ausführungen. Von einem befreundeten Professor erfährt sie, dass er das Buch nach den ersten Seiten erbost in die Ecke geschleudert hat. Und Albert Camus wirft ihr vor, den französischen Mann lächerlich gemacht zu haben. Besonders trifft es Simone de Beauvoir, dass man glaubt, sie wolle den Unterschied zwischen Mann und Frau leugnen. Nichts lag ihr ferner. Sie hat im ersten Band ausführlich die biologischen und psychologischen Unterschiede zwischen den Geschlechtern beschrieben, aber auch dargelegt, dass es Unterschiede zwischen Mann und Frau gibt, die nicht von Natur aus bestehen, sondern von der Kultur geschaffen wurden.

Mit Nelson Algren hat die einundvierzigjährige Simone de Beauvoir ein erfülltes Liebesleben, wie sie es bisher nicht gekannt hat. Schon von daher würde sie sich dagegen wehren, den Unterschied zwischen Mann und Frau abschaffen zu wollen. Mit einem Lächeln nimmt sie es hin, wenn sich Nelson manchmal recht machohaft aufführt und den harten Kerl spielt. Ihren Kritikern will er am liebsten »eine reinhauen«. Eine Drohung, die unter Simones Freunden zum geflügelten Wort wird. Immer, wenn man sich über jemanden ärgert, will man Algren zu ihm schicken, der ihm dann »eine reinhaut«.[14]

Simone möchte nicht, dass Nelson in die Auseinandersetzung um ihr Buch hineingezogen wird. Sie ist froh, dass sie aus Paris wegkommt und mit ihm eine lange Reise unternimmt. Sie fliegen nach Rom und Neapel und von dort aus weiter nach Tunesien, Algerien und Marokko. Über Marseille kommen sie zurück ins schon herbstliche Paris, wo sie gemeinsame Tage verbringen. Als sie ihn schließlich zum Flughafen nach Orly bringt, ist es nicht der bittere Abschied wie letztes Mal in New York. Es ist, wie sie sagt, »der härteste und süßeste Abschied«, weil sie Nelson noch nie so sehr geliebt und seine Liebe zu ihr nie so stark gespürt habe. Sie geben sich das Versprechen, sich nächstes Jahr wiederzusehen.[15] Bei einer Zwischenlandung auf Neufundland liest Nelson Algren in einer Zeitung, dass ihm für seinen neuen Roman der Pulitzer-Preis verliehen wird, der angesehenste Literaturpreis Amerikas. Sogar Ernest Hemingway zählt ihn zu den wichtigsten amerikanischen Autoren der Gegenwart.[16] In New York erwarten ihn Ehrungen, Cocktailpartys und Interviews für Zeitungen und Fernsehen. Simone de Beauvoir ist mächtig stolz auf ihren »Dostojewskij aus der Division Street«, wie sie ihn nennt. Wichtiger als der nun berühmte Schriftsteller ist für sie allerdings der »ferne Geliebte«, dem sie leidenschaftliche Briefe schickt. »Auch ich hatte nicht geglaubt, dass man so glücklich sein könnte«, schreibt sie in einem, »[…] und dass ich noch einmal das süße bittere Wunder der Liebe erleben würde.«[17]

Im November 1949 erscheint der zweite Band von *Le deuxième sexe* und schlägt noch höhere Wellen als der erste. Vor allem ein Kapitel über die »Mutterschaft« ruft einen Aufschrei der Empörung hervor. Man spricht ihr das Recht ab, über dieses Thema zu schreiben, weil sie selber keine Kinder habe. Und man wirft ihr vor, dass sie die Gefühle vieler Mütter verletze. Beauvoir fühlt sich missverstanden. Sie wollte, wie sie sich später verteidigt, dafür eintreten, dass die Mutterschaft von Frauen »wahrhaft und frei« erlebt wird und nicht als »Alibi«[18] dafür dient, die Verantwortung für sich selber loszuwerden und sich freiwillig in die Abhängigkeit von einem Mann zu begeben. Denn oberstes Ziel einer jeden Emanzipation ist für Beauvoir die Freiheit, sich in eine offene Zukunft zu verwirklichen, was einer Frau, wie sie zugesteht, durchaus auch als Mutter möglich sein kann.

Eine wirkliche Gleichheit zwischen Mann und Frau kann es ihr zufolge nur geben, wenn die Frauen ihre unterwürfige Haltung aufgeben und Männer auf ihre angebliche Überlegenheit verzichten. Wie schwer das gerade für Männer ist, darüber macht sie sich keine Illusionen. Beweise dafür sind die oft hasserfüllten Briefe, die sie von Männern bekommt. Sie bestärken sie in der Überzeugung, dass die Festlegung der Frau als »das Andere« Vorteile für sie bringt, auf die sie keinesfalls verzichten möchten. Es erklärt für sie auch das Phänomen, dass gerade schwache Männer, die auf der sozialen Stufenleiter weit unten stehen, oft richtige Frauenhasser sind. Die Vorstellung, dass eine Frau über ihnen steht oder auch nur auf gleicher Höhe, ist ihnen unerträglich. Solange die Ungleichheit wie ein Naturgesetz festgeschrieben ist, kann sich auch noch der Schwächste und Erbärmlichste unter ihnen sicher sein, dass er sich in einer Hinsicht überlegen fühlen kann – nämlich den Frauen gegenüber.

Die Freiheit, die Simone de Beauvoir für Frauen fordert, wünscht sie sich natürlich auch für sich selbst. Sie empfindet es sogar als eine Einschränkung dieser Freiheit, von »Feministinnen« vereinnahmt zu werden. Die Crux ist für sie, dass Männer »Richter und Partei« sind – aber Frauen eben auch. Daraus ergibt sich eine polemische Auseinandersetzung, die letztendlich nicht weiterführt. »Jedes Argument ruft sofort das gegenteilige hervor«, schreibt sie, »und oft gehen beide daneben.«[19] Wünschenswert wäre es für sie, manchmal ein Engel zu sein, der über diesem Streit steht, aber Engel wissen eben nicht, wie es ist, eine Frau, ein Mann zu sein.

Simone de Beauvoir weiß, wie es ist, eine Frau zu sein, und die Reaktionen auf ihr Buch zeigen ihr oft genug, wie Männer sind. Im Café Deux Magots macht sie hierzu eine verstörende Erfahrung. Ihr Freund Raymond Queneau hat sie gebeten, sich für eine Dokumentation über Saint-Germain-des-Prés schreibend an einem Tisch filmen zu lassen. Simone sitzt zunächst unbemerkt in einer Ecke des vollbesetzten Cafés. Doch als die Schein-werfer sich auf sie richten, werden alle Gäste auf sie aufmerksam und eine ganze Gruppe lärmender Studenten steigt auf die Tische und schreit: »Nackt! Nackt!«, was eine unverhohlene Aufforde-rung an sie sein soll, sich auszuziehen. Simone tut so, als sehe und höre sie nichts, aber diese wenigen Minuten waren, so berich-tet sie es Nelson Algren, eine »schlimme Viertelstunde«.[20]

XIV

DIE SCHWARZE SCHRANKE

Die Ostermesse in der Kathedrale Notre-Dame am 9. April 1950 wird zum ersten Mal live im Fernsehen übertragen. Die Gläubigen in der Kirche und vor den Fernsehapparaten trauen ihren Augen und Ohren nicht, als ein Mann in Mönchskutte die Kanzel besteigt und in seiner Predigt die katholische Kirche wüst beschimpft und verkündet, dass Gott tot sei. Schnell wird klar, dass es sich hier um eine dreiste antiklerikale Aktion handelt. Mit knapper Not entkommt der falsche Mönch der empörten Menge und wird von der Polizei verhaftet. Es handelt sich um den zweiundzwanzigjährigen Michel Mourre, einen verbummelten Bohemien, der früher tatsächlich für kurze Zeit dem Dominikanerorden angehörte, dann aber seinen Glauben verloren hat. Mourre ist einer von den »Lettristen«, einer Gruppe junger Leute, die einen Atheismus à la Nietzsche propagieren und in ihrer Kleidung und Lebensweise als Bürgerschreck auftreten. Sämtliche Zeitungen berichten in den nächsten Tagen über den »Skandal von Notre-Dame«. Aufsehen erregt auch, dass der Psychiater, der Mourre untersuchte, bei diesem eine Art von »Sartresche Krankheit«[1] feststellte.

Simone de Beauvoir berichtet Nelson Algren darüber, wie sehr dieser Skandal die Gemüter bewegt hat. Nach den glücklichen gemeinsamen Tagen in Paris möchte sie ihn im Sommer besuchen. Sie ist jedoch unsicher, weil er lange Zeit nichts mehr von sich hat hören lassen und seine letzten Briefe nicht gerade einladend waren. Von der blasphemischen Aktion in Notre-Dame ist sie auch deswegen so berührt, weil dieser junge Michel Mourre sie an ihre eigene Lebenswende erinnert. Auch sie war fest in der katholischen Kirche verankert, auch sie hat ihren Glauben verloren und gegen

Gott rebelliert. Damals hat sich für die jugendliche Simone mit einem Schlag ihr ganzes Lebensgefühl verändert. Sie fühlte sich befreit, gleichzeitig hatte der Tod für sie nun eine andere Bedeutung. In ihren Memoiren schildert sie ausführlich, welches Entsetzen sie als Fünfzehnjährige gepackt hat bei der Vorstellung von diesem »Versinken ins Nichts«[2].

Seither ist der Tod für sie ein ständiger Begleiter, mit dem sie auch in ihren Büchern ringt. Für den unsterblichen Grafen Fosca wäre der Tod eine Erlösung, weil erst durch ihn das Leben Gewicht und Sinn erhält. Andererseits bedroht er das Leben, weil er ihm, ohne den Glauben an ein Nachher, endgültig ein Ende setzt. Der Tod ist Sinngeber und Sinnzerstörer in einem. Es ist dieses »Bild einer schwarzen Schranke«[3], das Simone de Beauvoir nicht mehr loswird. Mag diese Schranke auch noch weit weg sein, so gibt sie doch dem Leben schon vorher in jedem Moment einen »Beigeschmack«. Das Leben wird, wie Martin Heidegger es ausdrückt, ein »Vorlaufen zum Tode«. Indem die Zeit vergeht, wird dieser »Vorlauf« immer kürzer und der Druck auf das Leben höher, weil immer weniger Zeit verbleibt, um jene innerweltliche »Transzendenz«, die nach Beauvoir jeden Menschen auszeichnet, zu leben, also Ziele zu entwerfen und zu verwirklichen. In das Bedürfnis, jede Sekunde möglichst intensiv auszukosten, mischt sich unweigerlich die Angst vor dem Ende. »Es vergeht«, so schreibt Simone de Beauvoir, »kaum eine Woche ohne dieses Spiel aus Angst und Gewissheit.«[4]

Mit ihren zweiundvierzig Jahren fühlt sich Simone de Beauvoir schon alt, ihr Lebenshunger ist jedoch ungebrochen. Entscheidend ist für sie, eine Zukunft zu haben. Als der Zweite Weltkrieg ausbrach, war diese Zukunft wie versperrt. Und auch jetzt droht jene »schwarze Schranke« schon frühzeitig allem ein Ende zu machen. Zwischen Nord- und Südkorea tobt ein militärischer Konflikt, bei dem sich die USA mit ihren Verbündeten auf der einen Seite und China und die Sowjetunion auf der anderen Seite gegenüberstehen. In jedem Moment kann dieser Konflikt zu einem Krieg werden, der dann, so fürchtet man, unweigerlich mit Atomwaffen ausgetragen wird.

Simone de Beauvoir zögert, in die USA zu reisen. Sie hat Angst, dass der Krieg ausbricht, wenn sie weg ist und sie dann nicht mehr zu Sartre und nach Paris zurück kann. Nelson Algren hält die Kriegsangst für übertrieben und erwartet ihren Besuch. Und auch Sartre rät ihr zu. Er ist gerade dabei, seine Beziehung zu Dolorès zu beenden und sich politisch neu zu orientieren. Die pathologische Angst vor allem, was nur nach Kommunismus riecht, und die willkürliche Verfolgung von vermeintlichen und wirklichen Kommunisten in den USA und auch in Frankreich bringen ihn dermaßen in Rage, dass er es jetzt für geboten hält, seine Neutralität aufzugeben und die kommunistische Partei zu unterstützen. Soll er, der von den Kommunisten jahrelang als »Viper« und »Ratte« beschimpft wurde, nun zu ihrem Weggefährten werden?

Anfang Juli ist Simone in Chicago. Algren freut sich, sie zu sehen, aber schon nach kurzer Zeit ist ihr klar, dass sich etwas verändert hat. An das Glück und die fiebrige Leidenschaft der letzten Begegnung lässt sich nicht anknüpfen. Es ist das alte Problem: Sie kommt und sie wird wieder gehen. Algrens Verlangen, einen »Winkel« zu haben, in dem er dauerhaft mit einer Frau leben kann, bleibt unerfüllt. Da er auf Simone nicht hoffen kann, hat er Verbindung zu seiner geschiedenen Frau aufgenommen und überlegt, ob er sie wieder heiraten soll. Richtig überzeugt scheint er von diesem Vorhaben allerdings nicht zu sein.

Einen »Winkel« hat er inzwischen gefunden. Von dem Geld, das ihm der Pulitzer-Preis einbrachte, hat er sich ein kleines Haus am Michigansee gekauft. Es liegt zwischen Bäumen an einem kleinen See, dahinter, nur einen kurzen Fußweg durch die Dünen entfernt, liegt der riesige Michigansee. Vom Sandstrand aus sieht man feuerspeiende Hochöfen am jenseitigen Ufer und die Lichter der Großstadt. Anfang August ziehen die beiden um und verbringen ihre Tage mit Lesen, Schreiben und Schwimmen. Manchmal flackert die alte Leidenschaft wieder auf, doch die meiste Zeit ist Algren »steif und distanziert«[5], und wenn sie eine Aussprache sucht, weicht er ihr aus.

Auf den Fotos, die von den beiden gemacht werden, sehen sie aus wie ein glückliches Paar, besonders Simone strahlt wie ein verliebtes junges Mädchen. Doch der Schein trügt. Für Algren ist etwas »gestorben« und Simone weint nächtelang. Noch schlimmer wird die Situation, als Nathalie Sorokine zu Besuch kommt. Algren kann sie nicht leiden und schließlich reist sie wieder vorzeitig ab. Simone nimmt es Algren übel, dass er sich so egoistisch benimmt. Zum ersten Mal grollt sie ihm, und dieses Gefühl kann, wie sie meint, jede Liebe töten. An Sartre schreibt sie: »In diesem Zusammenhang dachte ich, dass man die Fehler der Leute in Liebe akzeptieren kann, wenn sie als etwas Gegebenes erscheinen, durch das hindurch und gegen das die Freiheit sich sucht, sich findet; sobald man aber spürt, dass die Freiheit Komplizin dieser Fehler wird, kann man die Person noch entschuldigen, aber nicht mehr lieben.«[6]

Die Liebe zu Algren ist für Simone de Beauvoir eine Geschichte, die zu zweit gelebt wurde und die sie jetzt, allein, zu ihrer Geschichte machen will, um sie besser zu verstehen und vielleicht für sich beenden zu können. Nach ihrer Rückkehr aus den USA zieht sie sich in ihre Wohnung in der Rue Bûcherie zurück, um weiter an ihrem Roman zu schreiben, in den sie nun die Liebesgeschichte von Anne Dubreuilh, einer Psychologin, und dem amerikanischen Schriftsteller Lewis Brogan einfügt. Bis zu acht Stunden täglich sitzt sie an ihrem Schreibtisch. Zur Entspannung hört sie zwischendurch Musik. Den Plattenspieler hat sie sich von dem Geld gekauft, das sie für das Buch über die Frauen eingenommen hat. Das meiste davon hat sie anderen gegeben. Ihre Mutter ist weiter auf ihre Unterstützung angewiesen. Nach dem Tod ihres Mannes ist sie aufgeblüht. Sie ist umgezogen in eine helle Atelierwohnung und arbeitet ehrenamtlich als Bibliothekarin. Simones Schwester Hélène hat mit ihren Bildern wenig Erfolg, führt aber mit ihrem Mann einen kostspieligen Lebensstil. Und Bost und Olga sind ständig pleite.

Simone hat auch Jacques wiedergetroffen, ihre alte Jugendliebe. Er ist ein totales Wrack, ungepflegt, mit weißen Haaren und dem aufgeschwemmten Gesicht eines Trinkers. Seine Firma für Glasmalerei hat er durch seine Alkoholsucht und verrückte Geschäftsideen in den Ruin getrieben. Von seiner Frau, mit der er fünf Kinder hat, lebt er getrennt. Simone hat ihn zum Mittagessen eingeladen. Seither ruft er sie dauernd an, weil er allein ist und Geld braucht. Für Simone ist er ein »hoffnungsloser Fall«. Wenig Hoffnung besteht auch bei ihrer Sekretärin Lucienne Baudin, die immer ihre Manuskripte abtippt. Sie hat Brustkrebs und liegt im Krankenhaus. Wenn Simone, die einen Teil ihrer Behandlung bezahlt, sie besucht, erschrickt sie über ihr Aussehen. Man hat ihr die Eierstöcke entfernt und männliche Hormone gespritzt. Es wächst ihr ein Bart, ihre Stimme ist tief und sie wird unmäßig dick. Simone graut es bei der Vorstellung, in so ein Wesen verwandelt zu werden.[7] Sie hat sich bisher nie große Sorgen um ihre Gesundheit gemacht. Jetzt tastet sie manchmal ihre Brust ab.

Sie versucht, gesünder zu leben, regelmäßig zu essen, ausreichend zu schlafen und weniger Alkohol zu trinken. Nicht verzichten will sie allerdings auf Corydran, ein Aufputschmittel, das zu dieser Zeit ziemlich verbreitet ist. Wenn sie müde wird oder unkonzentriert, schluckt sie eine Tablette. Sartre dagegen pumpt sich regelrecht voll damit, um, wie er sagt, die »Sonne in meinem Kopf anzuknipsen«[8]. Er denkt nicht daran, für seine Gesundheit zu leben. Er raucht täglich zwei Päckchen filterlose Zigaretten, trinkt große Mengen Kaffee und abends eine halbe Flasche Whisky. An Zahnschmerzen hat er sich gewöhnt. Aber selbst wenn sie unerträglich werden, muss man ihn zwingen, zum Zahnarzt zu gehen. Auch in dieser Hinsicht beharrt er auf seiner Freiheit. Um seinen ehernen Vorsatz, von nichts und niemandem abhängig zu sein, zu verteidigen, ignoriert er auch die Gebrechen seines Körpers.

Sartre hat sich endgültig von Dolorès getrennt. Seinen Vorschlag, ihr in Paris eine Wohnung zu besorgen, damit sie sich ab und zu sehen können, hat sie entrüstet abgelehnt. Eine Freundin neben anderen wollte sie nicht sein, zumal Sartre jetzt viel Zeit verbringt mit Michelle Vian, die sich von ihrem Mann Boris Vian getrennt hat. Simone dagegen will Algren unbedingt als Freund behalten. Sie schreibt ihm weiterhin Briefe, in denen sie ihn als »süßes Herz«, »süßes Monster« oder »liebes Biest« anredet. Sie möchte auch seiner Bitte folgen, ihn noch einmal im Herbst 1951 zu besuchen – vielleicht ein letztes Mal. Das ist aber in diesen Zeiten des Kalten Krieges nicht so einfach. Simone muss in der amerikanischen Botschaft einen feierlichen Schwur ablegen, dass sie nie einer kommunistischen Partei angehörte.

Sie bekommt das Visum und fliegt Ende September nach Chicago. Algren hat sich mit vielen seiner Freunde zerstritten und ist nun einsamer denn je. Er ist entschlossen, seine Ex-Frau zu heiraten. Simone kann wenig mit ihm reden, weil er sich einen Fernsehapparat angeschafft hat, vor dem er stundenlang sitzt. Es plagt sie wieder das schlechte Gewissen, weil sie ihm nicht ihr Leben geben kann. Die letzten gemeinsamen Tage vergehen in Schweigen. Doch als sie ihm kurz vor dem Abschied sagt, dass sie froh sei, mit ihm eine wahre Freundschaft zu haben, entgegnet er barsch: »Es ist keine Freundschaft. Ich könnte Ihnen nie weniger geben als Liebe.« Diese Worte hat sie nicht erwartet. Sie bringen sie völlig aus der Fassung, sodass sie auf der ganzen Rückreise nicht aufhören kann zu weinen.[9]

Trotz dieser Liebeserklärung Algrens glaubt Simone, dass es zwischen ihnen nie wieder so werden kann wie früher und sie mit ihm ihre endgültig letzte große Liebe erlebt hat. Von jeher fand sie Frauen lächerlich, die sich jenseits der vierzig noch auftakeln und den Männern schöne Augen machen. Sie selbst hat sich geschworen, jenen Zeitpunkt nicht zu versäumen, wenn es so weit ist, ihren »alten Balk«, wie sie ihren Körper nennt, »in den Schrank zu hängen«.[10] Sie ist dankbar dafür, dass sie in fortgeschrittenem Alter eine leidenschaftliche Beziehung erleben durfte. Aber damit, so glaubt sie, ist es jetzt aus.

Scherzhaft schreibt sie Algren, dass sie ihr »lumpiges Herz« nicht mehr an Männer verschenkt, sondern an eine schöne Sache. Was sie meint, ist ein Auto, das sie sich gekauft hat, einen Simca Aronde. Um damit auch fahren zu können, braucht sie einen Führerschein. Ihr Fahrlehrer bescheinigt ihr zwar, dass sie theoretisch gut fährt, sie aber auf einer wirklichen Straße ihre Probleme haben wird. Wie recht er hat, begreift Simone schockartig, als sie, ohne Führerschein, bei einer Übungsfahrt mit Bost auf den Bürgersteig kommt und fast ein kleines Kind erwischt. Sogar im Traum baut sie Unfälle und überfährt mit ihrem Auto zwei Motorradfahrer.

Kein Traum, sondern brutale Realität ist der Tod ihrer Sekretärin und Freundin Lucienne. Sie stirbt unter furchtbaren Schmerzen am 10. Januar 1952. Der Tod kommt Simone völlig absurd vor, gerade dann, wenn ein Leben traurig und verfehlt war. »Das Nichts, das ins Nichts übergeht«, schreibt sie sinnend an Algren.[11] Einen Tag vorher hatte Simone Geburtstag. Sie ist vierundvierzig Jahre alt geworden. Der Tod ihrer Freundin macht sie noch vorsichtiger. Und tatsächlich entdeckt sie eines Tages einen Knoten in der rechten Brust, der in den nächsten Wochen größer wird. Der Arzt, den sie aufsucht, rät ihr zur Operation. In den Tagen vor dem Eingriff hat Simone panische Angst. Sie weiß nicht, ob es Krebs ist und ob ihr vielleicht die ganze Brust entfernt werden muss. Auch mit dem Schlimmsten muss sie rechnen. Das Bild ihrer aufgedunsenen, leidenden Freundin geht ihr nicht mehr aus dem Kopf. Die »schwarze Schranke« scheint sehr nah. Als sie am 3. März aus der Narkose erwacht, hört sie eine Stimme, die ihr sagt, dass sie gesund sei. Kein Krebs! Die schwarze Schranke rückt wieder in weite Ferne.

Ganz nah rückt dagegen der Krieg in Korea, als der amerikanische General Matthew B. Ridgway Paris besuchen will. Die Kommunistische Partei, die den General für den Einsatz chemischer Waffen in Korea verantwortlich macht, will gegen ihn demonstrieren, was von den Behörden verboten wird. Daraufhin kommt es am 28. Mai zu einer Demonstration, an der sich fast dreißigtausend Menschen beteiligen. Die Polizei geht gegen die Demonstranten mit äußerster Härte vor. Einer von ihnen ist ein junger Mann, der vor den Polizisten davonrennt und sich in die Schlange vor einem Kino einreiht. Eine Passantin verrät ihn, woraufhin er von den Polizisten aus der Schlange gerissen, niedergeknüppelt und festgenommen wird.

Der junge, sechsundzwanzigjährige Mann heißt Claude Lanzmann. Er ist Jude und erst seit kurzem Mitglied der Redaktion von »Les Temps Modernes«. Von Sartre ist er tief beeindruckt und fasziniert von Simone de Beauvoir, ihrer Intelligenz, ihrer Stimme, ihren blauen Augen und ihren klaren Gesichtszügen.[12] Sein Artikel über Pressefreiheit wurde gleich in der Zeitschrift abgedruckt und nun will er über die Vorgänge bei der großen Demonstration schreiben. Sartre erfährt von diesen Vorgängen in Rom, wo er einige Wochen mit Michelle verbringt. In der Zeitung liest er auch, dass der Fraktionschef der KPF, Jacques Duclos, verhaftet wurde. Tauben, die ein Genosse vom Land ihm geschenkt hat und die man in seinem Auto fand, erklärte man zu Brieftauben, die, so behauptete man, zur Vorbereitung eines kommunistischen Komplotts gegen den Staat eingesetzt werden sollten. Sartre ist so wütend über solche Lügen und Machenschaften, dass er Hals über Kopf nach Paris zurückkehrt und einen Artikel schreibt, in dem er der Bourgeoisie seinen lebenslangen Kampf erklärt. Er ist nun auch bereit, über die russischen Arbeitslager und andere Verbrechen des Stalinismus hinwegzusehen. Von den Kommunisten wird er mit offenen Armen empfangen. Für konservative Intellektuelle ist er nun eine »rat visqueux«, eine schmierige Ratte[13].

Für Beauvoir ist Literatur wichtiger als Politik. Allerdings unterstützt sie weiter die philosophische Haltung, die Sartres politischem Engagement zugrunde liegt. »Soll Sartre verbrannt werden?«, fragte ironisch ein Artikel in der Zeitschrift »Combat«, als die rechte Presse den verderblichen Einfluss Sartres auf die Jungen beklagte. Beauvoir schreibt schon seit Monaten neben ihrem Roman an einem Essay, dem sie die Frage voraussstellt: »Soll man de Sade verbrennen?« Sartre und de Sade? Was hat ihr Lebensmensch mit dem Marquis de Sade zu tun, der als Inbegriff einer pervertierten, sadistischen Sexualität gilt? Was interessiert Beauvoir an diesem Mann aus dem 18. Jahrhundert, der siebenundzwanzig Jahre seines Lebens im Gefängnis saß und in dieser Isolation Bücher schrieb, die bis heute Menschen schockieren?

Beauvoir warnt davor, de Sade nur als perversen Lüstling abzutun. Sie plädiert dafür, ihn als einen Rebellen zu sehen, der sein Handeln durchaus ethisch begründen wollte, auch wenn er schließlich einer Ethik der Lust folgte. De Sade rebellierte demnach gegen eine Gesellschaft, die einerseits Werte wie Gott, Brüderlichkeit, Gleichheit, Tugend, Humanität, Toleranz, Anstand hochhielt und andererseits Menschen unterdrückte, sie zur Armut verdammte oder sie, wie in der Französischen Revolution, auf der Guillotine hinrichtete. Diese abstrakten Moralbegriffe waren für ihn nur hohle Phrasen, hinter denen sich die Interessen einer Klasse oder

Machtelite verbargen. De Sade zog daraus die Konsequenz, sich nichts mehr von einer bürgerlichen Moral vorschreiben zu lassen und seine vitalen, körperlichen Bedürfnisse zum alleinigen Gesetz seines Lebens zu erheben. Seine Sinneslust wurde ihm zum einzigen gültigen Maßstab. Er wollte zum Verbrecher werden – aus Protest gegen eine verbrecherische Gesellschaft.

Mit dieser radikalen Einstellung wird de Sade zum Prüfstein des existenziellen Freiheitsbegriffs. Die Frage ist, welchen Werten eine Freiheit folgt, die jeden Glauben an einen Gott und jede allgemeine Moral abgeschüttelt hat. Ist das Ziel immer nur Freiheit, auch wenn diese Freiheit das Böse will? Für Beauvoir landet de Sade notwendig in einer »ausschließlichen Ichbezogenheit«[14], aus der ihn auch noch so ausgefallene Sexualpraktiken und sadistische Quälereien nicht befreien konnten. Die »Anderen« blieben immer nur Objekte seiner Lust. Das ist auch der Grund, warum seine Vorstellung von einer gerechteren Gesellschaft, in der auch individuelle Freiheiten geduldet werden, reine Utopie blieb. Gleichwohl ist der »Fall de Sade« für Simone de Beauvoir lehrreich, weil er uns beunruhigt. Sein Beispiel fordert uns dazu auf, neu darüber nachzudenken, wie sich individuelle Freiheiten und allgemeine Gesetze und Werte vereinbaren lassen. »Er zwingt uns«, so Beauvoir, »erneut das wesentliche Problem in Frage zu stellen, das in anderer Gestalt auch unsere Zeit bedrängt: die wahre Beziehung von Mensch zu Mensch.«[15]

Es ist wohl kein Zufall, dass Beauvoirs Freund Albert Camus dieses Problem zur gleichen Zeit ebenso am Beispiel de Sades behandelt – im Rahmen seines Essays über den »L'homme révolté«, den »Menschen in der Revolte«. Für Camus gehört der Marquis de Sade zu den Erben Kains, der gegen Gott revoltierte und seinen Bruder Abel erschlug. Die Bezeichnung Revolte verdient eine Bewegung für Camus jedoch nur, wenn sie neben dem Nein auch ein Ja kennt, neben der Ablehnung auch einen Wert, den es zu verteidigen gelte. Dieses Ja ist allerdings etwas anderes als de Sades Verherrlichung der natürlichen Triebe. Es ist ein Wert, der über persönliche Bedürfnisse hinausgeht und die Freiheit des Einzelnen einschränkt. Wer wie de Sade das »absolute Nein« und die schrankenlose Freiheit fordert, macht sich nach Camus zu einem Gott, einem sehr einsamen Gott, der von dem Verlangen getrieben wird, über andere zu herrschen. Die zügellose Freiheit führt zwangsläufig zu endloser Zerstörung, »bis hin zu allgemeiner Vernichtung«[16]. Totale Freiheit, so Camus' Überzeugung, endet in einer totalitären Gesellschaft. Die »Republik des Verbrechens«, jener von der übrigen Welt abgeschottete Ort, wo de Sade und die anderen Freigeister ihre dunklen Leidenschaften ausleben, ist, so deutet es Camus an, ein Vorläufer der stacheldrahtumzäunten Konzentrationslager, in denen die Logik des Todes ungehemmt wüten kann.

Camus' Essay kann man auch als eine Kritik an den sowjetischen Arbeitslagern und am totalitären Stalinismus insgesamt lesen, warum es nicht verwundert, dass Sartre damit nicht einverstanden war. Camus war verärgert über die Besprechung des Buches in »Les Temps Modernes«, die zwar nicht von Sartre stammt, aber mit seiner Einwilligung veröffentlicht wurde. Er, für den die Freundschaft immer wichtiger war als Politik, war tief verletzt und griff Sartre an, der seinerseits Camus in einem Artikel gnadenlos kritisierte. Der Bruch zwischen beiden war nicht mehr zu vermeiden. Was sich hier zeigt, sind zwei sehr verschiedene Auffassungen von Politik und Moral. Während Camus jede Gewalt grundsätzlich ablehnt und auf moralischen Prinzipien beharrt, will Sartre ein real existierendes politisches Lager unterstützen. Camus, so wirft es ihm Sartre einmal vor, wolle den »Boden des Moralischen« nicht verlassen und sich nicht auf die »unsicheren Pfade der *Praxis*« begeben.[17]

Simone de Beauvoir mischt sich nicht in diesen Streit ein oder –

richtiger – sie behandelt ihn literarisch. In ihrem Roman, der einmal *Les Mandarins*, deutsch: *Die Mandarins von Paris*, heißen wird, stehen sich zwei männliche Hauptpersonen gegenüber. Henri Perron, ein von hohen moralischen Werten geprägter Schriftsteller, und der strategisch denkende Intellektuelle Robert Dubreuilh, der Ehemann von Anne Dubreuilh. Beide wollen, abseits der kommunistischen Partei, eine Sammelbewegung der Linken gründen. Als sie von den Gulags in der Sowjetunion erfahren, kommt es zum Streit. Henri hält es für moralisch geboten, darüber zu berichten. Robert will diese Informationen zurückhalten, um der linken Bewegung nicht zu schaden. »Gewiss«, so verteidigt er sich, »im Vergleich zur Idee ist die Wirklichkeit immer im Unrecht; sowie die Idee zu Fleisch und Blut wird, wird sie entstellt; die einzige Überlegenheit der UdSSR über alle möglichen Sozialismen liegt darin, dass sie existiert.«[18] Robert setzt auf die Zukunft, in der die mangelhafte Wirklichkeit sich dem Ideal angleichen kann. Henri besteht darauf, dass Werte schon hier und jetzt gültig sein müssen. Am Ende des Romans versöhnen sich beide wieder. Die Frage, ob der Realpolitiker oder der Idealist recht hat, bleibt offen.

Von diesem Milieu der Intellektuellen heben sich im Roman die Frauengestalten ab, besonders die Figur der Anne. Sie ist Wissenschaftlerin, zeigt sich aber in ihrer Liebe zum Amerikaner Louis Borgan als leidenschaftliche und sinnliche Frau. Simone de Beauvoir hat in ihren Memoiren darauf hingewiesen, dass sie der Figur der Anne neben ihrer Lebensgier auch ihre lebenslange Todesangst mitgegeben hat.[19] Seit ihrem fünfzehnten Lebensjahr, so heißt es, werde sie vom Tod verfolgt, der das Blau des Himmels verdeckt und die Zukunft aufzehrt. In einer Szene entdeckt sie vor dem Spiegel die weißen Strähnen in ihren Haaren. Das »Gespenst des Alters« blickt ihr entgegen. Trotzdem hält sie an der Überzeugung fest, dass man das Leben immer wieder neu beginnen muss und man nichts mehr erwartet, wenn man nicht alles erwartet: »Entweder versinkst du in Gleichgültigkeit«, sagt sie sich am Ende des Buches, »oder die Erde bevölkert sich neu; ich bin nicht versunken. Da mein Herz weiterschlägt, muss es wohl für etwas, für jemanden schlagen. Da ich nicht taub bin, werde ich neue Anrufe vernehmen. Wer weiß? Vielleicht werde ich eines Tages von neuem glücklich. Wer weiß?«[20]

Wer weiß… Eigentlich hat Simone de Beauvoir sich damit abgefunden, das Leben einer »alten Frau ohne Liebe«[21] zu führen. Aber sie ist nicht taub und offen für »neue Anrufe«. Allerdings hat sie nicht damit gerechnet, dass dieser Anruf so bald kommt. Das Unglaubliche sei passiert, schreibt sie Anfang August 1952 an Nelson Algren, »dass jemand mich lieben möchte«. Dieser Jemand ist der junge Claude Lanzmann. Er hat sie angerufen, um sie ins Kino einzuladen. Ins Kino gehen die beiden dann aber nicht, sondern verbringen den Abend und die Nacht im rot tapezierten Zimmer Beauvoirs in der Rue Bûcherie. Lanzmann gesteht ihr, dass er sich in sie verliebt habe. Die Tatsache, dass Simone siebzehn Jahre älter ist, scheint ihn nicht zu stören. Beide müssen am nächsten Tag verreisen, Simone mit Sartre nach Italien, Lanzmann nach Israel.

Nach ihrer Rückkehr im Herbst finden die beiden schnell wieder zueinander. Und weil Lanzmann völlig abgebrannt ist und auch keine Unterkunft hat, nimmt ihn Simone bei sich auf. Es ist das erste Mal, dass sie mit einem Mann zusammenwohnt, und das in einem lediglich siebenundzwanzig Quadratmeter großen Zimmer. Für Lanzmann ist es nicht einfach, sich an ihren geregelten Tagesablauf zu gewöhnen. Er schläft morgens noch, wenn sie schon längst an ihrem Schreibtisch sitzt und Seite um Seite füllt. Sie hat ihm auch einen kleinen Schreibtisch besorgt. Doch Lanzmann starrt, wenn er daran sitzt, nur Löcher in die Luft. Erst am Nachmittag, wenn sie bei Sartre ist, bringt er etwas zustande.

Lanzmann hat noch nie jemand gekannt, der einerseits so diszipliniert und andererseits so glücksfähig und abenteuerlustig ist wie Simone de Beauvoir. Er selbst hat den Ruf, spontan zu sein und völlig verrückte Dinge zu tun. Doch Simone steht ihm da in nichts nach. »Castor war noch verrückter als ich«, schreibt er in seinen Erinnerungen.[22] Besonders ihre Reiselust ist unstillbar. Mit ihrem von vielen kleinen Unfällen schon zerbeulten Auto fahren sie in die Schweiz, nach Italien, Spanien und Jugoslawien. In der Wüste Algeriens bleiben sie mit dem Simca Aronde in den Sanddünen stecken. Einmal machen sie im Hochsommer eine Bergtour in den Walliser Alpen, nur mit Segeltuchschuhen an den Füßen, ohne Hut, ohne Sonnencreme und Sonnenbrille. Sie holen sich Verbrennungen ersten Grades und der »Soldat Castor«, wie Lanzmann Simone nennt, muss, als sie mit ihren Kräften am Ende ist, von der Bergwacht gerettet werden.[23]

Lanzmann erlebt auch andere Seiten an Simone, dann, wenn sie ohne ersichtlichen Grund urplötzlich verstummt, sich zurückzieht und von einer Todesangst gepackt wird. Für Lanzmann sind es Momente, in denen ihr bewusst wird, wie zerbrechlich das menschliche Glück und wie gefährdet in jedem Augenblick das Leben ist. »Ob sie stand oder lag«, erinnerte sich Lanzmann später, »im Auto oder zu Fuß, in der Öffentlichkeit oder privat, brach sie jäh in einen heftigen Weinkrampf aus, Schluckauf und herzzerreißendes Schluchzen schüttelten sie, unterbrochen von langen Schreien nicht mitteilbarer Verzweiflung.«[24] Lanzmann muss sie dann lange in den Arm nehmen, bis sie wieder ruhiger wird.

Anfang 1954 gibt Simone de Beauvoir ihr Manuskript beim Gallimard-Verlag ab. Über tausend Seiten umfasst es. Im Oktober erscheint *Les Mandarins*. Mandarinen, so nannte man eine Gelehrten- und Beamtenkaste im kaiserlichen China, die ein Bildungsprivileg genossen hat. Beauvoir überträgt diesen Begriff auf die Intellektuellenzirkel in Paris, wodurch diese in einem ambivalenten Licht erscheinen. Wie die Höflinge und Weisen in der kaiserlichen Dynastie, so sind die Pariser Dichter und Denker eine zwar privilegierte, aber letzthin machtlose Elite.

Das Buch ist Nelson Algren gewidmet.

XV

SEIN GLÜCK VERTEIDIGEN

Im Café des Amis in der Rue de la Bûcherie haben Journalisten Stellung bezogen und lassen keinen Augenblick die Tür des gegenüberliegenden Hauses aus den Augen. Sie warten darauf, dass Simone de Beauvoir durch diese Tür tritt und sie Fotos machen oder sie zu einer kurzen Stellungnahme bewegen können. Beauvoir hat für ihr Buch *Les Mandarins* den Prix Goncourt zugesprochen bekommen, den angesehensten Literaturpreis Frankreichs. In zwei Tagen soll die Preisverleihung sein. Die Journalisten warten vergebens. Simone schleicht sich durch den Hinterausgang aus dem Haus und flüchtet durch eine Seitengasse in eine Wohnung, die ein Freund für sie gefunden hat. Die Entscheidung der Jury hat sie im kleinen Kreis gefeiert, mit Sartre, Bost und Olga. Den ganzen Trubel um den Preis will sie nicht mitmachen. Weder will sie Bücher signieren noch Interviews geben, noch bei den Empfängen erscheinen. Sie hat keine Lust, sich wie »eine Art Gorilla im Zoo« begaffen zu lassen, schreibt sie an Algren.[1]

Das Buch hat keine große Werbung nötig. Innerhalb eines Monats haben sich vierzigtausend Exemplare verkauft. Die große Nachfrage ist auch damit zu erklären, dass es eine gewisse voyeuristische Neugier weckt. Die Leute lesen das Buch wie einen Schlüsselroman und erhoffen sich Einblick in die skandalumwitterte Welt des berühmten Paares Beauvoir und Sartre. Die Figur Anne wird mit Beauvoir gleichgesetzt, in Robert Dubreuilh, ihrem Mann, sieht man Sartre, in Henri Perron glaubt man Camus zu erkennen. Und wer soll dieser Lewis Brogan anderes sein als der amerikanische Liebhaber der Autorin!

Simone de Beauvoir wehrt sich vehement gegen eine solche Lesart und diesen plumpen Realismus. Sicher, bestimmte lebende

Personen und geschichtliche Ereignisse haben sie angeregt beim Entwerfen ihrer Figuren und der Handlung. Aber diese Fakten wurden von ihr, wie sie sich ausdrückt, »zerstampft, zurechtgehämmert, entstellt«. Und erst wenn der Stoff auf diese Weise »verbrannt« wird, kann er in anderer Gestalt, sozusagen verwandelt, als etwas Neues auferstehen, als Literatur. Und im Zusammenhang eines literarischen Textes erhalten die verwendeten Tatsachen dann eine andere, neue Bedeutung.[2]

Trotz ihrer Warnungen und Beteuerungen kann Beauvoir nicht verhindern, dass man ihren Roman als realistisches Zeitdokument betrachtet. Ihrer Freundin Bianca Bienenfeld, die jetzt Bianca Lamblin heißt, musste sie hoch und heilig versprechen, sie nie in einem ihrer Bücher zu verwenden. Und Simone selbst hat Angst, wie Nelson Algren wohl auf den Roman reagieren wird. Sie hat ihm eine französische Ausgabe geschickt, die er stolz herumzeigt wegen der Widmung. Lesen kann er das Buch noch nicht. Er muss warten, bis es ins Englische übersetzt ist.

Simone hat Algren eingeladen, mit seiner Frau Amanda, die er nun ein zweites Mal geheiratet hat, nach Paris zu kommen. Doch in der Ehe kriselt es schon wieder und Algren gerät von einem Schlamassel in den nächsten. Man hat ihm seinen Pass abgenommen, weil er einen Meineid geschworen hat, als er angab, nie etwas mit Kommunisten zu tun gehabt zu haben, was nachweislich falsch war. Der erhoffte Geldsegen durch die Verfilmung seines Buches bleibt aus. Er hat Schulden und muss sein Strandhaus wieder verkaufen. In seine Wabansia-Wohnung kann er nicht zurück, weil dort jetzt eine neue Stadtautobahn gebaut wird. Um die Miete für ein schäbiges Zimmer zu bezahlen, spielt er nächtelang Poker.

Algren steckt bis zum Hals in Schwierigkeiten, sodass er schon überlegt, sein geliebtes Chicago zu verlassen und nach Kuba zu ziehen, wo das Leben ruhiger und vor allem billiger ist. Simone drängt ihn, statt nach Havanna lieber nach Paris zu kommen, und sie lockt ihn damit, dass sie nun eine neue, große Wohnung habe, in die es nicht mehr hineinregnet und in der er ein eigenes Zimmer haben könne. Die Wohnung in der Rue Victor Schœlcher kann sie sich leisten, weil ihr das preisgekrönte Buch viel Geld eingebracht hat. Sie hat jetzt ein richtiges Bad und eine Küche. Vom großen Atelierraum führt eine Wendeltreppe zu einer Galerie, wo sie sich eine Schlafnische eingerichtet hat. Von hier aus blickt sie auf den Friedhof Montparnasse. Über ihren Schreibtisch befestigt sie Fotos von Freunden und Freundinnen. Darunter eine Reihe von Aufnahmen, die sie und Algren zeigen.

Lanzmann, dessen Bruder ihre alte Wohnung übernimmt, hilft ihr beim Einrichten. Einziehen will sie allerdings erst nach einer China-Reise, auf der sie Sartre im Herbst 1955 begleitet. Nach seiner politischen Neuausrichtung wird Sartre von kommunistischen Staaten eingeladen. Letzten Sommer war er in Russland, eine anstrengende Reise, die für ihn im Krankenhaus endete. Schuld waren auch die vielen Trinkgelage. Überall, wo er hinkam, musste er Unmengen von Wodka trinken, um zu beweisen, dass er »ein guter Mensch« ist. Nach seiner Rückkehr war Simone nicht nur besorgt um seine angeschlagene Gesundheit, sondern auch um seinen kritischen Geist und seine intellektuelle Unabhängigkeit.

Sartre schwärmte geradezu von den Zuständen in Russland und behauptete in einem Zeitungsartikel allen Ernstes, dass es in der UdSSR eine »totale Freiheit der Kritik«[3] gebe – und das, obwohl bekannt war, dass auch nach Stalins Tod noch unliebsame Kritiker in Lager verschwanden. Später hat Sartre eingestanden, dass er »gelogen« habe, oder – richtiger – er sagte Dinge, die er selber nicht glaubte. Er wollte sich bewusst gegen den Strom der antikommunistischen Propaganda stellen. Eine Zeitlang, so bekannte er Simone, sei er bereit gewesen, sein Ideal der Freiheit einer

»Gruppenidee« zu opfern.[4] Beauvoir ist dazu nicht bereit. In ihrem Essay über die »Moral der Doppelsinnigkeit« jedenfalls begründet sie ausführlich, warum die marxistische Ideologie und vor allem der alleinige Wahrheitsanspruch einer Partei mit der existenzialistischen Auffassung von Freiheit unvereinbar sei.

Simone begleitet Sartre nach China, um auf ihn aufzupassen, aber auch, weil sie ein Land kennenlernen will, das ihr völlig fremd ist. Beide wissen, dass sie nur sehen werden, was sie sehen sollen. Sie können dann auch keinen Schritt tun, ohne ständig von einem Rudel freundlich lächelnder Funktionäre umgeben zu sein. Im Reich des Parteivorsitzenden Mao Tse-tung kennt niemand ihren Namen und umgekehrt kennen sie nicht die Schriftsteller, die ihnen vorgestellt werden und mit denen sie sich nur notdürftig auf Englisch unterhalten können. Das Land und seine Kultur bleiben fremd. Beauvoir ist jedoch beeindruckt, mit welcher Energie die Menschen eine bessere Zukunft schaffen wollen. Und sie sagt voraus, dass das Agrarland China in dreißig Jahren eine große Industrienation sein wird und sich die Verhältnisse auf dem Planeten insgesamt verschieben werden. Was man jetzt noch die Dritte Welt nennt, werde zum »wahren Kern der Welt« werden und Europa mit seinem Reichtum und Komfort zu einem »engbegrenzten Privileg«.[5]

Wie sehr die Welt im Umbruch ist, können Beauvoir und Sartre im eigenen Land erleben. Die Zeit des Kolonialismus scheint unweigerlich vorbei zu sein. Ehemalige Kolonien streben nach Unabhängigkeit und Selbstbestimmung, auch Algerien, das seit dem Jahr 1830 französische Kolonie ist. Nach der verheerenden Niederlage der französischen Truppen in der Schlacht von Dien Bien Phu im Frühjahr 1954 und dem demütigenden Rückzug aus Indochina soll die »Grande Nation« keinen weiteren Macht- und Gesichtsverlust hinnehmen.

»[Die] Araber wollen uns nicht, und wir sollten gehen«, erklärt

Simone dem Amerikaner Nelson Algren den Konflikt.[6] Doch die Mehrheit der Menschen in Frankreich will nicht, dass sich ihr Land aus Algerien zurückzieht. Unweigerlich wird der Konflikt ein blutiger. Es gründet sich eine algerische Widerstandsbewegung, die FLN (Front de Libération Nationale), die den bewaffneten Kampf aufnimmt. Die Reaktion Frankreichs ist von unerbittlicher Härte. Terror und Vergeltung folgen aufeinander. Simone de Beauvoir ist entsetzt über die Berichte über Folterungen und Gewalttaten, die von den Militärs mit Duldung der französischen Regierung und im Namen Frankreichs verübt werden. Auch in ihrem Viertel kann sie beobachten, wie der Hass auf die Algerier, der auch ein Rassenhass ist, um sich greift. Die Polizei führt Razzien durch, algerische oder algerisch aussehende Männer werden auf offener Straße verprügelt, die Karren von Gemüsehändlern werden umgeworfen, ohne dass jemand protestiert.

Beauvoir schämt sich für ihre Landsleute und beginnt, sich in ihrer Heimat fremd zu fühlen. Sie und Sartre gehen nur noch selten aus, weil sie fürchten, in Restaurants und Cafés wegen ihrer Haltung angepöbelt oder beschimpft zu werden. Trotz seiner angeschlagenen Gesundheit produziert Sartre weiter Texte wie am Fließband. Aber es sind jetzt weniger literarische Texte, die er verfasst, sondern Appelle, Artikel, Reden, Vorworte, Reiseberichte. »Sartre wirbelt weiter in der Politik herum«, schreibt Simone an Algren. Sein politisches Engagement führt auch dazu, dass viele Freundschaften in die Brüche gehen. Neben Camus hat er sich auch mit Koestler, Raymond Queneau und seinen langjährigen Freunden Pierre Guille und Raymond Aaron verkracht. Es ist ihm unmöglich, weiter mit jemandem befreundet zu sein, wenn sich tiefgreifende politische oder philosophische Meinungsverschiedenheiten zeigen. »Das macht mir nichts aus, mich zu streiten«, meinte er im Rückblick auf diese Jahre. »Etwas ist gestorben, das ist alles.«[7]

Simone de Beauvoir tut sich nicht so leicht, eine Beziehung abzubrechen. Oft hat man den Eindruck, dass sie nur aus Solidarität mit Sartre zu jemandem auf Distanz geht. An Camus, der als aussichtsreicher Kandidat für den Literaturnobelpreis gilt, hat sie auch einiges auszusetzen, vor allem seine strikte Moral, die ihr manchmal aufgesetzt und realitätsblind vorkommt. Sie kann auch nicht verstehen, warum er im Algerienkonflikt nicht öffentlich klar Stellung bezieht und lediglich erklärt, dass er Zivilisten wie seine Mutter, die in einem Viertel von Algier lebt, vor dem Terror des FLN schützen will. Vergessen hat sie nicht, wie »kolossal« sie ihn einstmals gemocht hat und eigentlich immer noch mag. Für immer im Gedächtnis behalten wird sie, wie er einmal in einer hitzigen Diskussion mit Sartre, Koestler und ihr, als wieder einmal die Fetzen flogen und man nahe dran war, als unversöhnliche Feinde auseinanderzugehen, die Runde beruhigte und meinte, dass Freundschaft wichtiger wäre als Politik. Damals pflichtete sie ihm bei und erklärte entschlossen, man müsste dem anderen »herzlich zugetan« sein, auch wenn man verschiedener Meinung wäre.[8]

Und auch jetzt, nach dem Zerwürfnis zwischen Sartre und Camus, ist ein Rat Camus' für sie zu einem Lebensmotto geworden, nämlich, »trotz allem das eigene Glück zu verteidigen«. Camus richtet sich damit gegen die Auffassung, dass angesichts des Elends in der Welt ein eigenes Glück etwas Ungehöriges sei. Wer fähig ist, glücklich zu sein, der, so Camus, verschlimmere nicht das Unglück anderer Menschen – im Gegenteil, es helfe einem, für sie zu kämpfen. »Ja«, so fügte er hinzu, »ich finde das Schamgefühl bedauerlich, das einen heutzutage befällt, wenn man sich glücklich fühlt.«[9] Dem Diktum des Philosophen Theodor W. Adorno, dass es kein gutes Leben im falschen gebe, hätten Camus und Simone de Beauvoir widersprochen.

Zum guten Leben gehört für Simone de Beauvoir weiterhin das Reisen. Ihren alten, von den vielen kleinen Unfällen ramponierten Simca hat sie gegen einen geräumigen Ford Versaille ersetzt. Sartre hat seiner Geliebten Michelle Vian einen zweitürigen Peugeot gekauft. Im Sommer 1956 fahren Simone mit Lanzmann und Sartre mit Michelle in ihren zwei Autos über Jugoslawien nach Griechenland. Wie immer hat Simone einen Koffer voller Bücher dabei, viele davon braucht sie, um an ihrem Buch über China weiterzuschreiben. Und wie immer beharrt sie darauf, dass das Prinzip »Jedem seinen eigenen Empfang«[10] auch im Urlaub durchgehalten wird. Das heißt, wichtige, intensive Gespräche führt sie nur zu zweit. Was besprochen wurde, erfahren die anderen nachher wiederum unter vier Augen.

In Saloniki trennen sich die beiden Paare, um sich dann später, nach einer Schifffahrt von Patras nach Brindisi, wieder in Rom zu treffen, wo Beauvoir und Sartre gemeinsame Tage verbringen. Die spätsommerlichen Ferien in Rom werden für die beiden zu einem alljährlichen Ritual. Im Hotel Minerva oder später im Nazionale, wo sie die immer gleichen zwei Zimmer bewohnen, Nummer vierundneunzig und fünfundneunzig. Und auch ihr Tagesablauf als »Antitouristen« folgt dem immergleichen Rhythmus ihrer Bedürfnisse. Beim Frühstück lesen sie die Zeitungen und debattieren darüber. Anschließend ziehen sie sich in ihre Zimmer zurück, um zu arbeiten. Nachmittags machen sie einen Spaziergang. Abends gehen sie essen und sitzen dann auf ihrem Lieblingsplatz auf der Piazza di S. Eustachio, wo sie als »Café-Voyeure« stundenlang Leute beobachten und über die Gerüche und die Farben plaudern.

Diese glücklichen Stunden nehmen ein jähes Ende, als sie am 24. Oktober 1956 an einem Kiosk auf der Piazza Colonna eine Zeitung kaufen und darin lesen müssen, dass sowjetische Panzer in Budapest eingerollt sind. Der Wunsch des ungarischen Volkes nach einer von der UdSSR unabhängigen Politik wurde brutal zunichte gemacht. Hunderte waren getötet, Tausende verwundet worden. Sartre, der immer den Friedenswillen der sowjetischen Regierung betont hat, muss diesen Schock erst mit viel Whisky verdauen, dann aber ist ihm klar, wie er reagieren muss. In einem Interview verurteilt er die russische Aggression »völlig und vorbehaltlos« und er bricht mit allen kommunistischen Freunden, die versuchen, das Massaker in Ungarn zu verteidigen.[11]

Beauvoir stimmt mit Sartre ganz und gar überein, überlässt es jedoch ihm, in der Öffentlichkeit ihren Standpunkt zu vertreten. Woran sie sich allerdings beteiligt, ist die ideologische Auseinandersetzung mit den verschiedenen politischen Lagern. Das Redaktionsteam von »Les Temps Modernes« hatte die Idee, eine Ausgabe der Zeitschrift der Frage zu widmen, was es heißt, ein Linker zu sein. Beauvoir übernahm die Aufgabe, über die gegenteilige Haltung zu schreiben, also über das rechte Denken und Fühlen. Ein wesentliches Merkmal dieses Denkens ist es für sie, dass ihre Vertreter eine dunkle Zukunft prophezeien, einen Rückfall in die Barbarei oder, wie Oswald Spengler, den »Untergang des Abendlandes«. Die Berechtigung ihrer Haltung beziehen sie allein aus der Angst vor einer Katastrophe. Einen positiven, sinnstiftenden Entwurf einer möglichen Zukunft vermögen sie dagegen nicht zu liefern. Ihr Denken ist nur ein »Gegen-Denken«[12].

Wenn sie dennoch eine Lösung oder Erlösung in Aussicht stellen, ignorieren sie konkrete gesellschaftliche Verhältnisse und berufen sich stattdessen auf abstrakte Werte wie Ordnung, Sicherheit, Würde oder Freiheit. Diese Werte zu erkennen oder zu »fühlen« ist jedoch ein Privileg, das bestimmten Menschen vorbehalten ist, die so eine Elite bilden. Für Simone de Beauvoir sind diese Rechtfertigungen nichts anderes als ein »Trick«, um einer privilegierten Schicht die Macht zu sichern und Ungleichheit zu verfestigen. »So also rechtfertigt die Elite ein System, das sie begünstigt«, schreibt sie. »Die Menschen sind nichts: Nur die übermenschliche

Realität zählt, die sich ausschließlich in hierarchisierten Gesellschaften verkörpert.«[13]

Wie man eine Gesellschaft verstehen kann, indem man konkrete kulturelle und wirtschaftliche Verhältnisse beschreibt, das zeigt Beauvoir mit ihrem Buch über China.[14] Anders als das Amerika-Buch enthält es wenig eigene Erfahrungen, ist weit weniger lebendig, dafür bietet es eine große Menge an Wissen über Geschichte und Kultur Chinas, das sie sich in den Bibliotheken angeeignet hat. Als das Buch 1957 erscheint und wenig Resonanz findet, hakt sie es schnell ab. Über ein Thema zu schreiben, das so wenig mit ihr selbst zu tun hat, ist für sie auf die Dauer unbefriedigend. Darum lässt sie die Idee nicht mehr los, sich mit der eigenen Lebensgeschichte zu beschäftigen, und zwar tiefer als bisher. Sie will über ihre Kindheit und Jugend schreiben. Anfangs zögert sie noch, weil es absehbar ein sehr persönliches Buch werden wird und viele Menschen, auch ihre Mutter und ihre Schwester, darin vorkommen. Wie verletzt jemand sein kann, der sich in einem Buch wiedererkennt, hat sie vor einem Jahr erlebt, nachdem *Les Mandarins* in Amerika herausgekommen war.

Nun konnte Nelson Algren das Buch lesen – und er war stinksauer. Die amerikanischen Leser machten keinen großen Unterschied zwischen Fiktion und Realität und glaubten nun zu wissen, dass Algren der Liebhaber von Simone de Beauvoir war. Verärgert gab er ein Interview, in dem er bedauerte, dass eine Schriftstellerin wie Beauvoir es nötig hätte, in diesem Buch ihre »private Wäsche« zu waschen. In seinem Zorn ließ er sich dazu hinreißen, seine Liebe zu Simone zu verleugnen. »Für mich war es eine ganz gewöhnliche Beziehung«, sagte er dem Interviewer, »aber sie hat wer weiß was daraus gemacht.«[15]

Als Algren den abgedruckten Artikel mit seinem Foto sah, bekam er ein schlechtes Gewissen und rief in Paris an, um die Sache wieder geradezubiegen. Es meldete sich jedoch eine männliche

Stimme, die von Lanzmann, und er legte wieder auf. Simone wusste, dass es Algren war, der angerufen hat, und sie ahnte auch, warum. Sie kannte den Artikel und nahm ihm die Sache nicht übel. Aber seine Stimme zu hören, hätte sie nicht ausgehalten. In einem Brief versicherte sie ihm, dass ihre Liebe zu ihm mehr sei als eine Erinnerung und sie sich ihm immer tief verbunden fühlen werde »mit einem warmen, lebendigen, wunderbar wichtigen Gefühl«. »Sie *sind* in meinem Leben«, schrieb sie, »und ich kann nur hoffen, dass Sie kommen werden.«[16]

Algrens Verbitterung hat auch damit zu tun, dass es mit ihm noch weiter bergab ging. Zu seinen vielen Problemen kam jetzt noch hinzu, dass sein Verleger seinen neuen Roman ablehnte und er den Vorschuss zurückzahlen sollte. Um allen Forderungen zu entkommen, war er ziellos im Land herumgereist und tauchte vorübergehend in Florida unter. Wie es mit ihm weitergehen soll, weiß er nicht. In seinen Briefen verbinden sich seine Klagen mit nostalgischen Erinnerungen. Er glaubt zu wissen, dass er mit Simone die schönste Zeit seines Lebens verbracht hat und wie sehr sie ihm fehlt. Sie sei, so schreibt er ihr, das »kleine Licht«[17] in ihm gewesen, das es ihm ermöglichte zu leben und zu schreiben. Jetzt habe sein Leben jede »Magie« verloren.

Bei aller Liebe, die Simone für Algren immer noch empfindet, muss sie ihm doch noch einmal sagen, dass ein gemeinsames Leben nicht möglich sei und sein werde. Auf Dauer könnte sie nicht in den USA leben. Das wird ihr gerade jetzt noch stärker bewusst, da sie für ihr neues Buch zu ihren Wurzeln zurückkehrt. Sie liest erneut ihre alten Tagebücher, redet mit Freunden und Freundinnen, die sie schon aus Kindertagen kennt, und studiert in Bibliotheken Zeitungen und Bücher aus jenen Jahren. Manchmal kommt es ihr vor, als lebte sie in zwei Welten. In der Welt ihrer Kindheit und Jugend und in der Welt ihrer Gegenwart, in der sich die Zukunft ihres Landes entscheidet.

Diese Gegenwart wird ihr von Tag zu Tag unerträglicher. Sie liebt ihr Land. Und gerade deshalb leidet sie unter dem, was in Algerien geschieht. Sie fühlt sich mitschuldig, weil sie als Französin um das Unrecht, das geschieht, weiß und trotzdem ruhig schlafen, Bücher schreiben und Spaziergänge machen kann. Wie soll sie noch das eigene Glück verteidigen, wenn sie tagtäglich Berichte von Folter und Grausamkeiten lesen muss? Francis Jeanson, ein Mitarbeiter bei »Les Temps Modernes«, ist in die Illegalität gegangen und unterstützt die verbotene FLN. Dazu ist sie nicht fähig. Alles, was sie kann, ist, an Demonstrationen teilzunehmen und auf Veranstaltungen zu reden. Den alljährlichen Urlaub im Juni und Juli 1958 in Rom können sie und Sartre nicht so recht genießen. Als sie in der Via Francesco Crispi im Freien sitzen und Whisky trinken, gestehen sie einander, »nicht gerade sehr glücklich« zu sein.[18] Mit ihren Gedanken sind sie in Frankreich, wo ein Bürgerkrieg auszubrechen droht.

Die französischen Generäle in Algerien haben sich gegen die Regierung erhoben. Sie lehnen den neugewählten Premierminister Pierre Pflimlin ab, weil sie fürchten, dass er den Abzug der Franzosen aus Algerien plant. Sie fordern, dass Charles de Gaulle wieder an die Macht kommt. Gerüchte gehen um, dass die berühmt-berüchtigten Fallschirmjäger, die »Paras«, unter ihrem General Jacques Massu schon auf dem Weg nach Paris seien. Um einen Militärputsch zu verhindern, erklärte sich de Gaulle bereit, das Amt des Ministerpräsidenten zu übernehmen. Von seinen Anhängern wird er als Retter Frankreichs gefeiert. Seine Gegner, zu denen sich auch Simone de Beauvoir und Jean-Paul Sartre zählen, verurteilen diesen Personenkult und sind überzeugt, dass mit de Gaulle früher oder später einem neuen Faschismus der Weg bereitet werde.

Am 28. September 1958 soll eine große Volksbefragung stattfinden über die Fünfte Republik mit einer Präsidialverfassung. Dem zukünftigen Präsidenten würde damit eine große Machtfülle eingeräumt. Beauvoir und Sartre nehmen an Demonstrationen gegen diese Verfassungsänderung teil. Als normale Bürger marschieren sie mit zur Place de la République, wo de Gaulle eine Rede halten will. Sartre singt aus vollem Hals die Marseillaise. Die Leute rufen »Nieder mit de Gaulle!« und lassen Luftballons steigen mit der Aufschrift »Nein«. In den Tagen vor der Abstimmung spricht Beauvoir auf Wahlkampfveranstaltungen und vor Hunderten von Leuten an der Sorbonne. Sie bereut es, dass sie im letzten Jahr so zurückgezogen gelebt hat. In der Öffentlichkeit aufzutreten und im politischen Leben mitzuwirken ist ihr wichtig. Allerdings kennt sie sich gut genug, um zu wissen, dass sie nie, wie viele ihrer Freunde, im totalen politischen Engagement aufgehen kann. »Ich bin kein Mensch der Tat«, schreibt sie in ihren Erinnerungen. »Mein Daseinszweck ist das Schreiben.«[19]

Das Ergebnis der Volksabstimmung am 28. September ist für Simone de Beauvoir ein Schock. Eine überwältigende Mehrheit hat für die neue Verfassung gestimmt und damit für de Gaulle. Beauvoir ist dabei, den Glauben an ihr Land zu verlieren. Zwei Tage nach der Wahl erscheint ihr neues Buch. Es trägt den Titel *Mémoires d'une jeune fille rangeé*, deutsch: *Memoiren einer Tochter aus gutem Hause*. Ihre Freude darüber wird getrübt durch das Wahlergebnis und noch mehr durch die Sorge um Sartres Gesundheit. Er hat Schwindelanfälle, kann nicht mehr richtig gehen, bringt Wörter durcheinander und seine Schrift ist ganz wirr. Der Arzt, zu dem man ihn zu gehen zwingt, stellt fest, dass er kurz vor einem Herzinfarkt war. Er verbietet ihm, weiter seine Aufputschmittel zu nehmen, zu rauchen und zu trinken, und verordnet ihm strikte Ruhe. Natürlich hält er sich nicht daran, und kürzerzutreten widerspricht seiner Natur. Simone hat Angst um ihn und versucht, ihn vom zu vielen Trinken abzuhalten. Aber nur, wenn sie in Tränen ausbricht, verzichtet er auf ein weiteres Glas Whisky.

Sartres angeschlagene Gesundheit erinnert sie wieder daran, dass sie selbst nicht mehr die Jüngste ist. Fünfzig ist sie im letzten Januar geworden. Bisher hat ihr die Beziehung zu Lanzmann noch das Gefühl gegeben, jung zu sein. Damit ist es nun auch zu Ende. Sie hat schon länger geahnt, dass Lanzmann ihr etwas verheimlicht. Als er eines Tages zu später Stunde in ihre Wohnung kommt und sich in ihr Schlafzimmer auf der Galerie schleicht, stellt sie ihn zur Rede und er gesteht, dass er sich in eine junge Aristokratin verliebt hat. Simone macht ihm keine Vorwürfe, und es macht ihr auch nichts aus, wenn er neben ihr noch eine andere Liebe hat. Lanzmann versucht noch eine Zeitlang, ein Leben zwischen beiden Frauen zu führen, bis er, völlig zerrissen, aufgibt und endgültig aus der Rue Schœlcher auszieht.

Für Simone bedeutet diese Trennung das endgültige Ende ihres Liebeslebens. Und die »schwarze Schranke« rückt wieder bedrohlich nahe durch Todesfälle in ihrem Freundeskreis. Im Juni stirbt Boris Vian mitten in einer Filmvorführung. Er war schon lange lungenkrank und die Ärzte hatten ihm vor zehn Jahren prophezeit, dass er nur noch zehn Jahre zu leben hätte. So ist es gekommen. Ihr Freund Michel Leiris hat versucht, sich das Leben zu nehmen, weil er sich nicht zwischen seiner Frau und einer Geliebten entscheiden konnte. Er wurde gerettet. Simone ist voller dunkler Gedanken und fragt sich, wer wohl als Nächstes gehen wird. An einem Januartag 1960 ist sie bei Sartre, als das Telefon läutet und ihnen Lanzmann mitteilt, dass Albert Camus bei einem Autounfall ums Leben gekommen ist. Er war mit Michel Gallimard, dem Enkel seines Verlegers, nach Paris unterwegs, als der von Gallimard gesteuerte Wagen ins Schleudern kam und gegen einen Baum krachte. Camus war sofort tot, Gallimard stirbt nur wenige Tage später.

Simone ist tief erschüttert. Camus war erst siebenundvierzig Jahre alt. Vor drei Jahren hat man ihm den Literaturnobelpreis verliehen und er hat gesagt, dass sein Werk noch vor ihm liege. Nun war er tot und Simone findet in der Nacht keinen Schlaf. Alles, was sie zuletzt von Camus trennte, zählt nicht mehr. Sie sieht ihn vor sich mit seinem offenen Gesicht, seinem Lachen, seiner Lebensfreude und seinem Beharren auf dem Glück. Sartre schreibt einen Nachruf auf Camus. Keine harschen Worte mehr, wie er sie noch vor kurzem gegen ihn richtete. Er nennt seinen Tod einen »Skandal«. Und für alle, die Camus liebten, sei dieser Tod »etwas unerträglich Absurdes«. Gleichwohl schließt für Sartre der Humanismus Camus' eine menschliche Haltung gegenüber dem Tod mit ein, denn, so schreibt er, »in demselben Maß, wie seine stolze Suche nach dem Glück auch die *unmenschliche* Notwendigkeit des Sterbens enthielt und voraussetzte, werden wir in diesem Werk und in dem Leben, das unzertrennbar damit verbunden ist, den reinen, siegreichen Versuch eines Menschen erkennen, jeden Augenblick seines Lebens seinem künftigen Tod abzuringen.«[20]

Das neue Jahr bringt auch Lichtblicke. Sartre und Beauvoir sind nach Kuba eingeladen. Und Algren hat seinen Besuch angesagt. Er hat seinen Pass wiederbekommen und es geht ihm besser. Er hat sich von Amanda zum zweiten Mal scheiden lassen und ein neues Buch ist von ihm erschienen, das erfolgreich ist und verfilmt werden soll. Sein Titel: »A Walk on the Wild Side«.

XVI

VORWÄRTS LEBEN

»Bitte entschuldigen Sie; ich wollte Ihnen nicht meine Lebensbeichte schreiben oder Sie belästigen, aber Sie scheinen das mannigfaltige Unglück von Frauen zu verstehen.« So beginnt einer von Hunderten von Briefen, die Simone de Beauvoir erhält, hauptsächlich von Frauen.[1] Die Briefe sind von Hausfrauen, von Schülerinnen, Studentinnen, von Frauen, die in Büros, in Fabriken, in Supermärkten arbeiten oder akademische Berufe haben. Und die Briefe kommen aus allen Teilen der Welt – aus Tunis, Jerusalem, New York, Mexico City, Warschau oder Zagreb. Die meisten dieser Frauen fühlen sich von ihren Büchern ganz persönlich angesprochen und sehen nun in der Autorin eine Freundin, der sie alles anvertrauen können – ihre Probleme in der Ehe, ihre Einsamkeit, ihre Angst vor ungewollter Schwangerschaft, ihre zerstörten Träume, unerfüllten Sehnsüchte und verwirrenden Gefühle. Viele bedanken sich bei ihr dafür, dass sie ihnen geholfen hat, sich besser zu verstehen. »Alles, was Sie in Ihren Memoiren sagen, habe ich genau so gefühlt«, heißt es in einem Brief, »ich wünschte, ich könnte es auch so sagen, aber ich kann mich nur sehr schlecht erklären.« Manche sind erstaunt, woher Beauvoir weiß, was in ihnen vorgeht, und sie erkennen sich in ihren Büchern wieder. »Ich war ein Mädchen wie Sie! Eine junge Frau wie Sie!«, schreibt eine Frau verblüfft und erfreut, die Beauvoirs ersten Band ihrer Memoiren gelesen hat. Mit einigen der Frauen beginnt Beauvoir einen Briefwechsel, und in seltenen Fällen ist sie bereit, sich mit einer zu treffen. Es hat sich erfüllt, was sie sich einmal als Ziel ihres Schreibens vorgenommen hat – alle, die beim Lesen ihrer Bücher ihre Stimme hören, sollten den Eindruck haben, als sprächen sie zu sich selber.

Simone de Beauvoir ist ziemlich nervös, als sie am 20. März 1960 an ihrer Wohnungstür läutet. Während sie mit Sartre in Kuba war, ist Algren nach Paris gekommen und bei ihr eingezogen. Zehn Jahre ist es her, dass sie sich zuletzt gesehen haben. Als Algren öffnet, erkennt er sie zunächst nicht, weil er seine Brille nicht aufhat. Simone ist das ganz recht, denn sie hat befürchtet, in seinem Gesicht eine gewisse Enttäuschung darüber zu bemerken, nun eine alte Frau vor sich zu haben. Dabei ist Simone mit ihren zweiundfünfzig Jahren immer noch attraktiv. Und schließlich ist auch Algren älter geworden.

Die beiden haben sich viel zu erzählen. Bevor Algren nach Paris kam, war er in London und Dublin gewesen, wo für die englische Übersetzung seines Erfolgsromans »Der Mann mit dem goldenen Arm« Werbung gemacht wurde. Und Simone berichtet über Kuba, wo sie und Sartre die »Flitterwochen der Revolution«[2] erlebten. Fidel Castro und seine Mitstreiter hatten vor einem Jahr den Diktator Fulgencio Batista gestürzt und wollen nun eine sozialistische Gesellschaft aufbauen. Drei Tage lang wurden die berühmten Gäste aus Frankreich persönlich von Castro durch das Land begleitet und lernten alle maßgeblichen Leute kennen, auch Ernesto Che Guevara, mit dem sie ein langes Gespräch führten.

Das Zusammenleben in der Rue Schœlcher ist anders, als es in der Dachkammer in der Rue Bûcherie war. Die beiden sind kein Liebespaar mehr, wollen aber gute Freunde sein. Algren möchte, dass Simone viel Zeit mit ihm verbringt. Die gemeinsamen Spaziergänge durch Paris sind schön, reichen ihm aber nicht. Simone hat Verpflichtungen und hält an ihrem selbst auferlegten Tagesablauf fest. Vormittags arbeitet sie in der Wohnung oder in der Nationalbibliothek an einem weiteren Band ihrer Memoiren. Nachmittags ist sie bei Sartre oder nimmt an den Redaktionssitzungen von »Les Temps Modernes« teil. Außerdem ist sie weiter politisch engagiert. Sie setzt sich öffentlich für die junge algerische Widerstandskämpferin Djamila Boupacha ein, die von französischen Soldaten gefoltert und vergewaltigt wurde. Dafür wird sie in rechten Zeitungen mit Beschimpfungen überhäuft. »Sie haben gewonnen«, gratuliert ihr Algren dazu. »Sie haben sich die Feinde geschaffen, die man haben muss.«[3] Algren hat auch viele Feinde. Anders als Simone glaubt er jedoch, dass alle Welt sich gegen ihn verschworen hat. Nach all den beruflichen Misserfolgen und privaten Enttäuschungen fühlt er sich von allen möglichen Leuten betrogen und hintergangen. Er ist reizbar, wird leicht zornig und fängt unter Leuten unvermittelt Streit an. Das mag auch der Grund dafür sein, warum niemand aus Simones Freundeskreis sich danach drängt, mit Algren länger zusammen zu sein. Algren lernt Amerikaner kennen, die in Paris leben, und zieht mit ihnen durch die Lokale. Spätnachts wird er dann manchmal sturzbetrunken in Simones Wohnung gebracht. Wohl um das alte Glück noch einmal heraufzubeschwören, machen sie im Sommer eine gemeinsame Reise durch Spanien, Griechenland und die Türkei. Die Reise hat Algren so gut gefallen, dass er weitere Monate in Europa bleiben möchte. Es kränkt ihn allerdings, dass Simone ihn nach der Rückkehr allein in Paris zurücklassen will, um Sartre nach Brasilien zu begleiten. Dass in Simones Leben Sartre immer Vorrang hat, kann und will er einfach nicht verstehen. Als sie Mitte August voneinander Abschied nehmen, wissen sie nicht, dass sie sich nie wiedersehen werden.

Von Recife im Norden Brasiliens, wo sie an einem Kongress teilnehmen, reisen Beauvoir und Sartre die Küste entlang bis nach Rio de Janeiro. Von dort geht es dann ins Landesinnere und in großem Bogen über die neue Hauptstadt Brasilia wieder in den Norden, nach Manaus, die Stadt in den Regenwäldern des Amazonas. Die Strapazen, die sie auf sich nehmen, wären auch für Jüngere enorm. Überall, wo sie hinkommen, werden ihnen zu Ehren

Empfänge gegeben. Sie werden interviewt, müssen Vorträge halten und Besichtigungen mitmachen. Um die großen Entfernungen zu überwinden, fliegen sie in alten Propellerflugzeugen übers Land. In Jeeps werden sie stundenlang über holprige Straßen gefahren oder in einem Boot in abgelegene Indianerdörfer gebracht. In der mörderischen Hitze sind sie manchmal vor Hunger und Erschöpfung am Ende ihrer Kräfte.

Es ist jedoch nicht der gesundheitlich angeschlagene Sartre, der schließlich zusammenbricht, sondern Simone de Beauvoir. In Manaus kann sie sich kaum mehr auf den Beinen halten und hat hohes Fieber. Ein Arzt stellt bei ihr Paratyphus fest und will sie in ein Krankenhaus einweisen. Beauvoir will auf keinen Fall als Patientin in dieser »Hölle aus feuchter Hitze«[4] bleiben und sie nehmen das nächste Flugzeug nach Recife. Während sie in dieser Stadt in einem lärmigen Krankenhaus liegt, geht Sartre mit einer jungen Brasilianerin spazieren, die er kennengelernt hat. Amüsiert schreibt Beauvoir an Algren, dass er nun mit dieser rothaarigen Schönheit bei seinen Eroberungen alle Haarfarben durchhat. Wieder einmal ist eine junge Frau dem Charme und der Beredsamkeit Sartres erlegen. Für Simone ist das nichts Neues und sie weiß, wie solche Geschichten enden. Als sie aus der Klinik entlassen wird und der Abschied naht, kommt es wie zu erwarten zu einer dramatischen Szene, bei der Simone die junge Frau daran hindern muss, aus dem Fenster zu springen.

Beauvoir will nichts wie weg und zurück nach Frankreich. In ihrer Heimat scheinen sie aber nicht willkommen zu sein. Lanzmann hat sie angerufen und ihr geraten, erst mal in Brasilien zu bleiben. Grund ist ein Manifest, das sie und Sartre mit unterschrieben haben und das für gehörige Aufregung sorgt. In der Erklärung wird die Unabhängigkeit Algeriens gefordert und junge Männer dazu aufgefordert, sich der Einberufung nach Algerien zu widersetzen. Einige der insgesamt hunderteinundzwanzig Männer und

Frauen, die ihren Namen unter das Manifest gesetzt haben, hat man aus dem Staatsdienst entlassen, andere, wie Michel Leiris, wurden angeklagt. Der Zorn rechter Kreise richtet sich vor allem gegen Sartre, der in einem offenen Brief Francis Jeanson, der angeklagt war, von Frankreich aus die FLN unterstützt zu haben, verteidigt hat. Ehemalige Frontkämpfer sind auf den Champs-Élysées marschiert und haben lauthals »Sartre an die Wand!« gerufen. Es heißt, man werde ihn sofort verhaften, wenn er französischen Boden betritt.

Beauvoir und Sartre wollen eigentlich sofort abreisen und sich in ihrer Heimat den Anklagen stellen. Unnötigen Rummel wollen sie allerdings vermeiden und auf stillen Wegen zurückkehren. Nach einem Abstecher nach Kuba fliegen sie nach Barcelona. Dort wartet Lanzmann, der sie mit dem Auto nach Paris bringt. Als Simone nachts in ihre Wohnung kommt, ist diese leer. Sie ist »entsetzlich enttäuscht«, weil sie einen Packen Briefe von Algren erwartet hat, aber nichts weiter vorfindet als ein Buch, ein Foto, ein Gedicht und einen Schokoriegel. Sie schreibt ihm einen Brief, in dem sie ihm seine Faulheit vorwirft und ihn eindringlich bittet, sie auch weiterhin an seinem Leben teilhaben zu lassen. »Dieser Brief ist lang genug für ein nichtschreibendes Biest«, schließt sie. »Ich küsse Sie trotzdem liebevoll im Dunkeln. Ganz Ihre Simone.«[5]

Beauvoir und Sartre werden nicht angeklagt und schon gar nicht ins Gefängnis gesteckt. Das wäre ein zu großer Skandal. »Einen Voltaire verhaftet man nicht«, verkündet de Gaulle.[6] Gefährdet bleiben die beiden trotzdem. Eine geheime Vereinigung französischer Generäle, die sich »Organisation de l'armée secrète« (OAS) nennt und eine Unabhängigkeit Algeriens verhindern will, hat es auf sie abgesehen. Ihre Drohungen sind so ernst zu nehmen, dass Freunde Simone und Sartre überreden, nicht mehr in ihren Wohnungen zu bleiben. Sie finden für sie ein weiträumiges Appartement in einem Nobelviertel, wo sie außer Gefahr sind. Beauvoir nimmt es mit Humor, dass Sartre und sie, die doch immer getrennt gelebt haben, nun gezwungenermaßen wie ein Ehepaar zusammenleben. Sie kocht sogar für ihn, allerdings hauptsächlich aus Konserven.

Es ist eine seltsame Situation für Simone de Beauvoir. Einerseits muss sie sich verstecken, andererseits ist ihr Name in aller Munde und ihre Bekanntheit erreicht einen neuen Höhepunkt. Der zweite Band ihrer Memoiren, *La Force de l'âge*, deutsch: *In den besten Jahren*, ist erschienen und ein riesiger Erfolg. Schon bevor das Buch in den Schaufenstern der Buchhandlungen auslag, waren fünfundvierzigtausend Exemplare verkauft. Und die Nachfrage hält unvermindert an. Sosehr sich Simone über diesen Erfolg freut, so sehr fürchtet sie, eine »Bestsellerfabrikantin«[7] zu werden, die nicht mehr wegen der Qualität ihrer Bücher, sondern wegen ihres Namens gelesen wird. Sie bekommt wieder haufenweise Briefe, die für sie wichtiger sind als die Urteile der Kritiker. Manche Briefe machen sie nachdenklich über die Wirkung ihres Buches. Eine junge Leserin bewundert Beauvoirs Leben, weil sie den »drei großen Fallen des Lebens« entkommen sei: zu jung zu heiraten, die Arbeit aufzugeben, Kinder zu bekommen.[8] Wenn sie solche Briefe liest, fragt sich Simone, ob das Bild, das sich die Leute von ihr machen, nicht zu einfach ist. Viele Frauen, die ihre Lebensgeschichte lesen, erkennen sich darin zwar wieder und betrachten sie als Vorbild, als »Idol«, aber sie scheinen nur ein beneidenswertes Leben zu sehen und übersehen dabei, was es sie an Mühen und Entbehrungen gekostet hat, ihre Unabhängigkeit zu gewinnen und zu verteidigen. Nicht *was* sie ist, ist ihr wichtig, sondern *wie* sie es geworden ist.

Viele, die an Beauvoir schreiben, erwarten, dass nun weitere Bände ihrer Memoiren folgen. Simone zögert. Sie wollte eigentlich wieder einen Roman schreiben, ähnlich wie *Les Mandarins*.

Dass sie sich nun doch entschließt, ihr autobiographisches Projekt fortzuführen, hat mit ihrer Schreiberfahrung zu tun. Sowohl für einen Roman als auch für ein autobiographisches Werk sammelt sie Berge von Material – Erinnerungen, Tagebucheintragungen, Zeitungsartikel, geschichtliches Wissen, Lektürenotizen. Aus diesem Stoff kann sie nun etwas machen, das heißt ihn mehr oder weniger gestalten. Würde sie den Lesern das alles mehr oder weniger ungeordnet präsentieren, erhielten sie nur einen zusammenhanglosen »Wortschwall«. Wenn sie andererseits aus diesem Material einen Roman macht oder, wie sie sagt, es »ins Imaginäre projiziert«, würden die dargestellten Ereignisse ihrem Empfinden nach zu »folgerichtig« erscheinen. Alles würde von einem Sinn zusammengehalten, den es in der Wirklichkeit nicht gibt. Was dann fehlt, ist der Zufall. Wirklichkeitsgetreues Schreiben muss für Beauvoir dem Zufall, dem Unvorhersehbaren Platz geben. Sie möchte, so schreibt sie im dritten Band ihrer Memoiren, *La force des choses*, »wie die Dinge auf den Menschen zukommen«.[9]

Damit folgt sie einem Gedanken, den ihr Lieblingsphilosoph Søren Kierkegaard einmal geäußert hat, nämlich, dass man das Leben vom Ende her verstehen, aber nach vorne leben müsse. Das »Leben in der Zeitlichkeit«, so Kierkegaard, lässt uns nie so zur Ruhe kommen, dass wir alles überblicken könnten.[10] Diese philosophische Einsicht ist für Simone de Beauvoir auch ein existenzialistisches Schreibprogramm. Obwohl sie Lebensjahre im Rückblick betrachtet, möchte sie die Ereignisse so erzählen, dass sie nach vorne offen sind. Nichts war zwangsläufig. Nie wusste sie, wie es weitergeht. Immer hing alles von ihren Entscheidungen ab. Diese Entscheidungen waren mit Verzicht, Gewissensnöten und Unsicherheit verbunden. Und immer auch mit Schuld.

Beim Schreiben von *La Force de l'âge* hatte sie sich vorgenommen, niemanden so zu schildern, dass er sich verletzt fühle. Das ist ihr nicht ganz gelungen. Obwohl ihr Simone im Buch einen anderen Namen gegeben hat, erkannte sich Wanda wieder und ist so wütend, dass sie das Buch mit einem großen Messer traktiert und sich dabei selbst die Hand verletzt.[11] Simone macht sich Sorgen, wie Algren wohl darauf reagieren wird, dass er nun in der Fortsetzung ihrer Memoiren vorkommt. Ob er wohl wieder so verärgert sein wird wie nach Erscheinen von *Les Mandarins* in Amerika? Vorsorglich schreibt sie ihm nach Chicago: »Ich hoffe, Sie werden nicht unangenehm berührt sein von dem, was ich über Sie sage, denn ich habe mein ganzes Herz da hineingelegt.«[12]

Im Frühjahr 1961 erhält Sartre mehrere Drohbriefe, in denen ihm eine Briefbombe angekündigt wird. Niemand mehr will seine Post öffnen, weder sein neuer Sekretär Claude Faux noch Beauvoir. Sie hat sich in einen Gasthof außerhalb von Paris zurückgezogen. Sartre kommt bei einer seiner Freundinnen unter, zu denen jetzt auch Arlette Elkaïm gehört, eine junge Jüdin mit algerischen Wurzeln, die Sartre wie eine Tochter behandelt. Den alljährlichen Urlaub in Rom verbringt er freilich mit seinem »Castor«. Einen Tag vor der Abreise, am 19. Juli, erfahren sie, dass im Eingang des Mietshauses in der Rue Bonaparte, wo im vierten Stock Sartres Wohnung liegt, eine Plastikbombe hochgegangen ist. Der Schaden ist gering und es ist niemand verletzt worden. Doch nun stellt sich die Frage, wo sie einen sicheren Ort finden. Freunde wollen sie nicht gefährden und kein Hotel will sie mehr aufnehmen. Claude Faux mietet auf seinen Namen eine düstere, möblierte Wohnung, in die sie nach ihrer Rückkehr aus Italien einziehen. Es ist ein Neubau, in dem tagsüber das Hämmern und Bohren der Handwerker zu hören ist.

In dieser trostlosen Umgebung schreibt Simone das Vorwort zu einem Buch, das die engagierte Anwältin Gisèle Halimi veröffentlichen will. Es ist eine Dokumentation über den Fall der Djamila Boupacha, jener jungen, von französischen Soldaten gefolterten und vergewaltigten FLN-Agentin.[13] Mit ihrem Beitrag lenkt Beauvoir den Zorn der »Ultras« auf sich. Anfang Januar 1962, als das Buch erscheint, läutet bei der Concierge ihrer Wohnung in der Rue Schœlcher das Telefon und der Anrufer warnt sie, dass heute Nacht Simone de Beauvoir in die Luft fliegen würde. Simone fühlt sich persönlich nicht gefährdet, aber sie möchte nicht, dass die arme Concierge, die völlig aufgebracht ist, keine Nacht mehr ein Auge zumacht. Sie nimmt das Angebot von Studenten an, ihre Wohnung zu bewachen. Ein Dutzend junger Männer nimmt ihre Wohnung in Beschlag. Sie baden in ihrer Badewanne, machen sich ihr Essen in ihrer Küche und schlafen auf dem Boden oder auf dem Sofa. Ab und zu halten sie am Fenster Ausschau nach verdächtig aussehenden Autos. Und einer von ihnen leiht sich von der Concierge einen großen Schraubenschlüssel und patrouilliert damit vor dem Haus.

In ihrer Notwohnung lebt Beauvoir wie im Exil. Täglich bringt man ihr Zeitungen vorbei, in denen von neuen Zusammenstößen, Toten und Verletzten und großen Demonstrationen berichtet wird. Auch in ihrer Straße, ganz in ihrer Nähe, wird ein Laden in die Luft gesprengt und Simone ist sich nicht sicher, ob die OAS nicht doch ihr Versteck herausbekommen und dieser Anschlag ihr gegolten hat. Bei einer anderen Bombe ist es klar, wen sie treffen soll. Sie explodiert am 7. Januar 1962 im Stockwerk über Sartres Wohnung in der Rue Bonaparte. Als er und Simone sich vor Ort den Schaden ansehen, sind sie sprachlos. Die zerstörte Treppe hängt in der Luft, die Wohnungstür ist herausgerissen, alles ist von Ruß bedeckt und auf dem Boden liegen verstreut Papierblätter. Wie lange soll dieser Terror noch weitergehen?

Endlich, am 18. März 1962, kommt es in Évian-les-Bains, einem Ort am Genfer See, zu Verhandlungen zwischen der französischen Regierung und der FLN. Es wird ein Waffenstillstand vereinbart und die baldige Unabhängigkeit Algeriens beschlossen. Der sieben Jahre dauernde Krieg ist damit offiziell beendet. Die

Freude über diesen Frieden wird für Beauvoir getrübt durch die Erinnerung an die vielen Toten, die Folterungen, die Lager und den Hass. Sie traut diesem Frieden auch nicht recht, da die OAS die Vereinbarungen nicht anerkennt und weiterhin Bombenanschläge verübt. Immerhin fühlt sie sich so sicher, dass sie in ihre Wohnung zurückkehren will. Das ist nicht so einfach. Die Studenten haben sich häuslich eingerichtet und machen keine Anstalten zu gehen. Sie wünscht sich, so schreibt sie an Algren, einen »starken Amerikaner«[14], der sie aus der Wohnung vertreibt. Algren scheint ein sehr ruheloses Leben zu führen. Seine Briefe kommen von einem Frachtschiff und aus Kalkutta. Simone würde ihn gerne wiedersehen. Aber dazu müsste er sagen, dass er das auch will.

Sie teilt Algren mit, dass sie im Juni mit Sartre nach Moskau reisen wird. Nach seiner scharfen Kritik an der russischen Führung nach den Vorfällen in Ungarn hat Sartre nicht mehr damit gerechnet, noch einmal nach Moskau eingeladen zu werden. Doch inzwischen herrscht in der UdSSR politisches Tauwetter. Der neue Generalsekretär Nikita Chruschtschow, mit dem sie sich treffen sollen, hat die Verbrechen Stalins verurteilt und will das Land öffnen. Sartre und Beauvoir wollen sich mit eigenen Augen von dieser neuen Freiheit überzeugen. In Moskau und Leningrad treffen sie junge Künstler und Schriftsteller wie Alexander Solschenizyn, der über stalinistische Straflager, die Gulags, schreiben kann, ohne Repressionen fürchten zu müssen. Die Menschen dürfen jetzt Jazz hören und vorher verbotene Autoren wie Faulkner, Hemingway oder Camus lesen.

Schon im Dezember und im darauffolgenden Sommer reisen Sartre und Beauvoir wieder nach Russland, nach Georgien, in die Ukraine und auf die Krim. Sartre kann ein Land immer nur kennenlernen durch eine Frau, die für ihn dieses Land verkörpert. In Brasilien war es die rothaarige Christina, in Osteuropa ist es Lena Zonina, die der sowjetische Schriftstellerverband dem berühmten Paar als Dolmetscherin und Reiseführerin zur Seite stellt. Sartre ist von der klugen und lebenserfahrenen Lena so begeistert, dass er wieder einmal überzeugt ist, die Frau seines Lebens gefunden zu haben. Sogar heiraten will er sie. Aber dieses Mal endet die Geschichte nicht wie bei der rothaarigen Brasilianerin mit einem angedrohten Sprung aus dem Fenster, sondern mit einem Brief, den Lena ihm nach Rom schreibt, wo er mit »Castor« nach der Russlandreise seinen alljährlichen Urlaub verbringt. Darin äußert sie ihre Bewunderung für das Paar Sartre und »Castor«, lehnt aber eine intimere Beziehung zu Sartre ab, da diese bemerkenswerte und verwirrende Verbindung »für all jene, die euch nahekommen, gefährlich ist«[15].

Simone weiß längst um Sartres Schwächen für Frauen und die Folgen, den ihr »Pakt« für andere hat. Dass dieser »Fehler im System« immer wieder auf Kosten anderer geht, das scheint sie nicht verhindern zu können. In Rom hat sie keine Zeit mehr, darüber nachzudenken, denn eine andere Beziehung rückt alles in den Hintergrund. Am letzten Tag, am 24. Oktober 1963, erhält sie einen Anruf von Bost, der ihr mitteilt, dass ihre Mutter im Krankenhaus liegt. Françoise de Beauvoir ist in ihrem Badezimmer gestürzt und hat sich den Schenkelhalsknochen gebrochen. Zwei Stunden lang lag sie auf dem Boden, bis sie es schaffte, zum Telefon zu kriechen. Bost und Olga, die im gleichen Haus wohnen, sorgten dafür, dass sie in eine gute Klinik kommt, wo sie operiert werden soll.

Simone kehrt sofort nach Paris zurück. Sie trifft auf ihre Mutter, die sehr geschwächt, aber zuversichtlich ist. Nach mehreren Untersuchungen stellt sich heraus, dass ihre langjährigen Beschwerden von einer Geschwulst kommen, die den Dünndarm verschließt. Sie hat Krebs. Simone sagt ihrer Mutter nichts von diesem Befund. Sie hasst es, ihre Mutter anlügen zu müssen und sie in dem Glauben zu lassen, dass sie bald wieder gesund wird. Und sie hasst sich, weil sie die Ärzte nicht davon abhält, eine schwere Operation an ihr vorzunehmen. Am Krankenbett wechselt sie sich mit ihrer Schwester Hélène ab, die sie wie in Kindertagen Poupette nennt. Als die Schmerzen schlimmer werden und ihre Mutter von Ängsten und Albträumen geplagt wird, schläft immer eine von beiden auf einer Matratze im Krankenzimmer.

Für Simone de Beauvoir sind die Nächte und Stunden neben ihrer Mutter wie eine Rückkehr in ihre Kindheit. Alle Gefühle, die sie von jeher mit ihrer Mutter verbinden und sie von ihr trennen, sind wieder ganz gegenwärtig. Stärker als je zuvor wird ihr bewusst, dass sie mit ihrer Mutter eine große Lebenslust gemeinsam hat. Aber während sie, Simone, nach vorne lebte und sich von Vorurteilen und Konventionen befreite, hat ihre Mutter, wie sie später schreibt, »gegen sich gelebt«[16]. Ihre Erziehung im klösterlichen Internat, die frühe Heirat mit einem Mann, dessen Liebe und körperliche Zuneigung nur wenige Jahre hielten, die Erwartungen an eine Ehefrau und Mutter, die sie krampfhaft zu erfüllen suchte – all das hat für Simone dazu geführt, dass ihre Mutter in einem »Korsett strenger Grundsätze« erstickte. Ihre unterdrückte Vitalität äußerste sich in Zornausbrüchen und dem Bestreben, ihre Kinder unter totaler Kontrolle zu halten. Ihre angebliche Fürsorge war für Simone nur »Tyrannei«. Sie lebte nicht für, sondern durch ihre Kinder. Je mehr sich die junge Simone dieser Kontrolle entzog, desto größer wurde die Entfremdung zwischen Mutter und Tochter, bis nur noch eine große Sprachlosigkeit zwischen ihnen herrschte.

Für Simone ist es qualvoll mitzuerleben, wie sehr ihre Mutter noch am Leben hängt und doch nur noch ein schmerzgeplagter Körper ist, der sich mit Morphium gegen den Tod wehrt. Simone hat den Eindruck, dass »Maman« jetzt, da sie weiß, dass es zu Ende geht, nicht mehr gegen sich lebt, sondern humorvoll ist und ein Verhalten an den Tag legt, wie man es von ihr nicht erwartet hätte. Auf den Besuch ihrer frommen Freundinnen legt sie keinen Wert, und auch den Priester will sie nicht sehen. Alles, was von ihrem christlichen Glauben, der doch der Kern ihres Lebens war, übrig bleibt, ist der Satz: »Gott ist gut.«

Simone schläft in ihrer Wohnung, als ihre Mutter stirbt. Vom Anruf geweckt, fährt sie in die Klinik. Mit der völlig aufgelösten Poupette, die den Todeskampf miterlebt hat, steht sie am Bett ihrer toten Mutter, deren lebloses Gesicht umrahmt wird von einer Mullbinde, die ihr Kinn hält. Die Töchter müssen sich um die Beerdigung kümmern. Françoise de Beauvoir soll im Familiengrab auf dem Friedhof Père Lachaise beigesetzt werden, wo schon der Großvater, der Onkel und der Vater liegen. Als Simone die Wohnung ihrer Mutter ausräumt, findet sie noch Papiere und Briefe. Neben Zeitungsartikeln über ihre berühmte Tochter auch den Brief eines Jesuiten, der ihr versichert, dass Simone eines Tages wieder zu Gott zurückfinden werde. Simone, die früher von der ständigen Sorge ihrer Mutter um ihr Seelenheil genervt war, ist jetzt gerührt und erinnert sich daran, was sie Tage vor ihrem Tod gesagt hatte:

»Freilich möchte ich in den Himmel kommen, aber nicht ganz allein, nicht ohne meine Töchter.«

XVII

»HOCH, SIMONE!« ODER BILDER, ÜBERALL

Ein »armes Geschöpf« haben Kritiker Simone de Beauvoir nach Erscheinen von *Le deuxième sexe*, deutsch: *Das andere Geschlecht*, genannt, ein unbefriedigtes »Mannweib« und eine »Menschenfeindin«. Später, nach Erscheinen der Memoiren, verbreitete sich in der Öffentlichkeit das Bild einer durchgedrehten Exzentrikerin, der kein Laster fremd ist. Im Gegensatz dazu sahen sie andere als biedere Ex-Lehrerin mit Dutt und flachen Schuhen oder als leidenschaftslose »Intelligenzbestie«, die ihr Leben zwischen Büchern und am Schreibtisch verbringt. Gäbe Simone etwas auf diese so verschiedenen Vorstellungen, die Menschen von ihr haben, würde sie wahrscheinlich letztendlich nicht mehr wissen, wer sie eigentlich ist. Dass ihr solche fremden Ansichten über sich ziemlich gleichgültig sind, erklärt sie damit, dass sie, wie sie schreibt, schon als Jugendliche gelernt hat, »auf die Meinung der anderen zu pfeifen«[1]. Das heißt nicht, dass sie für Kritik unzugänglich wäre. Sie kann sich auch selbst gut von außen betrachten und weiß, dass manche ihrer Eigenschaften so oder so gesehen werden können. Ihren strengen Tagesablauf, den sie sich auferlegt, wenn sie an einem Buch schreibt, kann man als Zeichen einer bewundernswerten Willensstärke und Selbstdisziplin betrachten oder als krankhaften Leistungsdruck. Darauf, wie man von außen wahrgenommen wird, hat man nur geringen Einfluss. Wichtig für Simone ist, dass man trotz aller Fremdbestimmungen, denen man tagtäglich ausgesetzt ist, das Vertrauen zu sich selbst nicht verliert. In diesem Sinne ist es keine Selbstgefälligkeit, wenn sie von sich behauptet: »Ich für meine Person akzeptiere mich vorbehaltlos.«[2]

Am 14. Oktober 1965 wird im Fernsehen und im Radio die Meldung verbreitet, dass die berühmte Schriftstellerin Simone de Beauvoir am frühen Morgen nahe Auxerre mit ihrem Auto verunglückt ist. Sartre und Lanzmann fahren sofort nach Loigny, wo Simone im Krankenhaus liegt. Ihre Verletzungen sind nicht schwer. Mehrere Rippen sind gebrochen und sie musste am Auge und am Knie genäht werden. Wie jedes Jahr hatte sie mit Sartre ihren Herbsturlaub in Rom verbracht. Während Sartre mit dem Flugzeug nach Paris zurückkehrte, fuhr sie die lange Strecke mit ihrem Peugeot 404. Im dichten Nebel war sie in einer Kurve auf die falsche Fahrbahnseite geraten und mit einem Lieferwagen kollidiert, der gerade noch ausweichen und einen Frontalzusammenstoß vermeiden konnte. Andernfalls wäre der Unfall für Beauvoir tödlich gewesen. Ihr Auto jedenfalls ist Schrott.

Sartre sitzt neben ihr im Krankenwagen, der sie am nächsten Tag nach Paris in ihre Wohnung bringt. Die nächsten drei Wochen kümmern er und Lanzmann sich abwechselnd um sie. Die größte Hilfe ist ihr allerdings eine junge Frau, die mittlerweile zur Lebensgefährtin geworden ist. Die vierundzwanzigjährige Sylvie Le Bon gehörte zu jenen Leserinnen, die sich von Beauvoirs Büchern angesprochen fühlten und ihr einen Brief schrieben. Aus dem Briefwechsel wurde eine persönliche Bekanntschaft und schließlich eine enge Freundschaft. Besonders in der Zeit, als Simones Mutter krank war und starb, war Sylvie für sie eine unentbehrliche Stütze. Sie ist vielleicht die Tochter, die Simone de Beauvoir nie hatte. Manchmal hat sie das Gefühl, als wäre Sylvie eine »Reinkarnation«[3] ihrer selbst. Wie Simone hat sich auch Sylvie aus einem bedrückenden Elternhaus befreit. Sie hat wie sie Philosophie studiert und arbeitet als Lehrerin. Ihre zweite Stelle war in Rouen, in ebender Schule, wo Simone einstmals selbst unterrichtet hat. In Sylvies Gegenwart fühlt sich Simone wieder jung. Sie genießt es, jemanden neben sich zu haben, für den alles noch neu und nichts selbstverständlich ist.

Eine ähnliche Rolle spielt Arlette Elkaïm für Sartre. Sie ist für ihn jugendliche Muse, Sekretärin, Reisebegleiterin und Krankenschwester in einem. Vergangenen März ist Sartre noch einen Schritt weiter gegangen, was in seinem Umfeld für gewaltige Aufregung sorgte. Er hat Arlette offiziell zu seiner gesetzlichen Tochter erklären lassen. Bei der Zeremonie war Simone de Beauvoir dabei. Sie fand es offenbar vernünftig von Sartre, eine junge Frau als Erbin und Nachlassverwalterin einzusetzen. Sie selbst war nur zweieinhalb Jahre jünger als er und würde, wenn sie ihn denn überlebte, für diese Aufgabe schon zu alt sein. Für die jüngeren Freundinnen und Geliebten Sartres war die Nachricht ein Schock. Manche von ihnen hatten sich anscheinend Hoffnungen gemacht, selbst diese privilegierte Position übertragen zu bekommen, und waren nun bitter enttäuscht, dass Sartre nicht einmal vorher ihre Zustimmung eingeholt hat.[4]

Sartre war immer für eine Überraschung gut. Das hatte er schon im Jahr vorher bewiesen, als er den Literaturnobelpreis, den er für sein literarisches Werk bekommen sollte, abgelehnt hatte. Verglichen mit dem Skandal, den er damit auslöste, war die Aufregung um seine Adoption ein Sturm im Wasserglas. Schon als er erfuhr, dass er als heißer Kandidat für den Preis gehandelt wurde, bat er die Jury, ihn von der Liste zu streichen. Als die Wahl dennoch auf ihn fiel, nahm er diese Ehrung nicht an. Er wollte unabhängig bleiben und fürchtete, dass er mit dem Preis politisch vereinnahmt würde. Außerdem konnte er es mit seiner Vorstellung von Literatur nicht vereinbaren, dass man sozusagen ein Ranking der besten Schriftsteller und Schriftstellerinnen veranstaltet und er zu einer Art Weltmeister gekürt werden soll.[5] Ein »Elitedenken« lag ihm fern. Er wolle, so heißt es in »Die Wörter«, ein ganzer Mensch sein, »gemacht aus dem Zeug aller Menschen,

und der soviel wert ist wie sie alle und soviel wert wie jeder-
mann«.[6]

In der Öffentlichkeit blieb man skeptisch und spekulierte weiter über mögliche andere Gründe für seinen Verzicht. Man mut-
maßte sogar, dass er den Preis und die damit verbundene große
Geldsumme nicht angenommen hätte, um Simone de Beauvoir
nicht eifersüchtig zu machen. Da täuschte man sich allerdings über
die Art dieser Verbindung. Neid war nichts, das ihr etwas anhaben
konnte. Beauvoir weiß sehr wohl, dass Sartre ihr in mancher Hinsicht überlegen ist. Würde sie das nicht anerkennen, träte sie in
Konkurrenz zu ihm und nähme sich ihre Unabhängigkeit. Gerade
weil sie nicht »durch ihn« lebt, sondern eigenständig bleibt, können sie sich auf Augenhöhe begegnen, sich kritisieren und einander ergänzen und helfen.

Leider ist die Verbindung zu Nelson Algren nicht so belastbar.
Im Frühjahr 1965 erschien in den USA die englische Ausgabe von
Der Lauf der Dinge und seither lässt Algren keine Gelegenheit aus,
seine Verachtung gegenüber »Madame de Beauvoir«, wie er sie
jetzt nennt, in Interviews und Artikeln zu verbreiten. Alles Gute,
was zwischen ihnen war, scheint vergessen. Und er scheint auch
nicht mehr wahrzunehmen, mit welcher Wärme Beauvoir in ihren Memoiren über ihn geschrieben hat. Es ist der alte Vorwurf,
den er ihr macht, nämlich eine Privatsache öffentlich gemacht zu
haben, aber nun in einem Ton, der sie verletzen soll. Indirekt nennt
er sie »aufgeblasen, humorlos und tyrannisch«. Und ihre Begegnung
vergleicht er nun mit einem »Hurenflirt«[7]. In seinen Beschimpfungen ist zwischen den Zeilen die Enttäuschung darüber zu spüren,
dass Sartre immer wichtiger war als er und sie ihm, Algren, nicht
alles gegeben hat. Eigentlich wollte Simone noch einmal nach
Amerika reisen und Algren besuchen. Als sie erfährt, was Algren
über sie sagt, verzichtet sie darauf. Für sie ist diese Liebesgeschichte endgültig beendet. Algrens Ring behält sie an ihrem Finger.

Die Ablehnung des Literaturnobelpreises, der ihm trotzdem zuerkannt wird, hat Sartres Berühmtheit mehr gesteigert, als es die Annahme der Auszeichnung vermocht hätte. Und durch Beauvoirs Memoiren ist das Paar fast zu einem Mythos geworden. Mit dem unbeschwerten Leben und Reisen ist es damit allerdings vorbei. In Paris kann Beauvoir nicht mehr in einem Straßencafé sitzen, ohne angesprochen, fotografiert oder um ein Autogramm gebeten zu werden. Vor allem im Ausland ruft das Paar eine Euphorie hervor wie sonst nur Popstars wie die Beatles. Als sie im September 1966 auf dem Flugplatz in Tokio ankommen, werden sie von einem Heer von Fotografen und Journalisten empfangen. Junge Leute, die dichtgedrängt hinter Absperrungen warten, rufen Sartres und Beauvoirs Namen und versuchen, sie zu berühren.

Auf die beiden wartet ein festgelegtes Programm. Dazu gehört natürlich eine Fahrt nach Hiroshima, das 1945 durch eine amerikanische Atombombe zerstört worden war. Die Stadt ist mittlerweile wieder aufgebaut, nur einige Ruinen wurden stehen gelassen, zur Erinnerung an die Katastrophe. Begleitet von einem Schwarm Journalisten, werden die prominenten Gäste in ein Krankenhaus gebracht, wo immer noch Opfer der atomaren Verstrahlung liegen, denen Beauvoir Blumen überreichen soll.[8] Die Atombombe wirkt auch in den Köpfen vieler Japaner noch nach. Die Kritik an Amerika ist weit verbreitet und man fühlt sich solidarisch mit den Menschen in Nordvietnam, die nun unter den Bomben der Amerikaner leiden.

Gegen den Krieg in Vietnam gibt es in Japan Protestkundgebungen. In dieser Sache können sich die Protestierenden der Zustimmung ihrer Gäste sicher sein. Als Beauvoir und Sartre Anfang 1965 aus den Zeitungen von den ersten amerikanischen Bomben auf Vietnam erfuhren, waren sie entsetzt und wütend. Eine geplante Amerikareise sagten sie sofort ab. In Japan nutzt Sartre seine Vorträge, um auf die politische Verantwortung von Schriftstellern auch in solchen Krisenzeiten hinzuweisen. In ihren Vorträgen nähert sich Beauvoir der Frage nach dem politischen Engagement zur Frauenfrage. Ihr Buch über das »andere Geschlecht« ist auch in Japan ein Bestseller. Ihr ist bewusst, dass die kulturellen und sozialen Voraussetzungen in Frankreich und Japan verschieden sind. Trotzdem ist für sie die Lage der Frauen dort mit der hier vergleichbar.

In beiden Ländern herrscht für Beauvoir ein traditionelles Rollenbild, das eine Frau früher oder später in die Abhängigkeit von einem Mann zwingt. Eine Frau, die ihren Ehemann ständig um Geld bitten muss, macht sich nicht nur finanziell von ihm abhängig, so Beauvoir, sie riskiert damit, auch moralisch und psychologisch von ihm abhängig zu werden. Scheitert dann eine Ehe und verlässt ein Mann seine Familie, bleibt in vielen Fällen eine Frau zurück, die keine eigenen »Ressourcen« hat, weder berufliche noch wirtschaftliche noch geistige. »Sie war«, so schreibt Beauvoir, »bis in ihr Innerstes hinein so abhängig, dass sie nicht mehr weiß, wer sie ist und wie ihr zukünftiges Leben aussehen soll.«[9] Darum fordert sie politische Reformen, die es Frauen ermöglichen, Familie und Beruf zu vereinbaren, und ihr ein gleiches Gehalt wie die Männer sichern, die sich ihrerseits an Erziehung und Haushalt beteiligen sollen. Zur Freiheit einer Frau gehört für Beauvoir auch, sich mit anderen zusammenzutun oder Parteien zu unterstützen, um sich auf diese Weise in die politischen Auseinandersetzungen einzumischen.

Beauvoir hat diese Gedanken bereits auf eine andere Weise dargestellt. Gemäß ihrer Überzeugung, dass man existenzielle Erfahrungen sowohl theoretisch als auch literarisch vermitteln kann, hat sie einen Roman geschrieben, der mit dem Titel *Les belles images* im November 1966 erscheint.[10] Die Handlung spielt in einem Frankreich, das nach dem Weltkrieg und dem Algerienkrieg eine neue wohlhabende Mittelklasse hervorgebracht hat. Hauptfigur ist eine junge Frau, Laurence, die in einem Milieu lebt, in dem es hauptsächlich um Urlaube, Mode und die neueste Stereoanlage geht. Laurence arbeitet in einer Werbeagentur. Sie ist also nicht von ihrem Mann Jean-Charles, einem Architekten, finanziell abhängig. Sehr wohl aber ist sie abhängig von den Bildern, die das Leben der Menschen in ihren Kreisen bestimmen. Ihr Mann glaubt an eine Zukunft, in der dank der fortschreitenden Technik die Probleme der Menschheit gelöst werden. Ihr Vater lebt in der Vergangenheit, in der es angeblich noch wahre Werte gab. Und ihre alternde glamouröse Mutter, die von ihrem reichen Liebhaber verlassen wird, glaubt, dass eine Frau ohne Mann nichts mehr wert sei.

Laurences Leben wird bestimmt von dem Bild, wie eine junge Frau und Mutter sich zu verhalten habe. Sie will ihre zwei kleinen Töchter von allen schädlichen Einflüssen fernhalten. Das heile Familienleben gerät durcheinander, als ihre ältere Tochter Cathérine auf dem Schulweg ein Plakat sieht, auf dem ein hungerndes Kind abgebildet ist. Über die Fragen nach Krieg und Unrecht, nach Tod und dem Bösen, die sich ihr jetzt stellen, kann sie mit ihrer Mutter nicht reden, nur mit ihrer frühreifen Freundin Brigitte. Weil Cathérine in der Schule immer schlechter wird, lässt sich Laurence überreden, ihr den Umgang mit der Freundin zu verbieten und sie zu einer Kinderpsychologin zu schicken. Der Versuch, Cathérine wieder zu einer guten Schülerin und braven Tochter zu machen, stürzt Laurence in eine tiefe Krise. Ihr wird bewusst, dass sie selber schon seit Kindertagen Erwartungen erfüllen sollte, die nicht die ihren waren. »Was habt ihr aus mir gemacht?«, wirft sie ihrem Mann vor. »Diese Frau, die niemanden liebt, die für die Schönheiten der Welt unempfänglich ist, die nicht einmal weinen kann, diese Frau, die ich auskotze.« Schließlich kann Laurence durchsetzen, dass Cathérine nicht mehr zur Psychologin geht und mit ihrer Freundin in Urlaub fahren darf: »Ein Kind erziehen heißt nicht, ein schönes Bild aus ihm machen ...«[11]

Simone de Beauvoir mag bei diesen Zeilen an ihre eigene Kindheit gedacht haben. An das kleine Mädchen, das man im Cours Désir und zu Hause von der sündigen Welt abschotten und zu einer vorbildlichen Ehefrau erziehen wollte. Das Wesentliche ist für sie und Sartre aber nicht, was man aus einem Menschen gemacht hat, sondern, »was er aus dem macht, was man aus ihm gemacht hat«.[12] Simone hat aus sich eine erfolgreiche Schriftstellerin gemacht, deren Wort inzwischen auch auf der internationalen politischen Bühne Gewicht hat. Im Juli 1966 bekamen sie und Sartre Besuch von einem jungen Amerikaner namens Ralph Schoenman, der sie bat, bei einem Tribunal mitzuwirken, das der britische Philosoph Bertrand Russell ins Leben rufen will. Nach dem Vorbild der Nürnberger Prozesse sollen die Kriegsverbrechen der US-Armee in Vietnam dokumentiert und angeklagt werden. Als Tagungsort ist eigentlich Paris vorgesehen. Doch de Gaulle verhindert das, weil er die Beziehungen zu Amerika nicht belasten will. Nun sollen die Sitzungen im Mai nächsten Jahres in Stockholm stattfinden.

Beauvoir und Sartre sagen ihre Teilnahme zu. Doch bevor sie nach Stockholm fliegen, steht ihnen im Frühjahr 1967 eine andere, sehr heikle Reise bevor, nach Ägypten und Israel. Seit der Staat Israel 1948 gegründet wurde, ist seine Existenz durch die arabischen Nachbarstaaten bedroht. In letzter Zeit ist die Gefahr eines Krieges wieder größer geworden. Beauvoir und Sartre wissen, dass man in beiden Ländern versuchen wird, sie für die eigene Sicht der Dinge zu gewinnen. Sie wollen jedoch ihre neutrale Haltung nicht aufgeben und versuchen, auf die Feindbilder, die jede Seite von der anderen hat, einzuwirken. In Ägypten werden sie, immer gefolgt von einem Tross Journalisten, von einer Sehenswürdigkeit zur anderen geschleppt. Sie besuchen die Pyramiden, den Suezkanal und den noch im Bau befindlichen Assuan-Staudamm. Wenig erfreut ist man darüber, dass die Gäste auch die palästinensischen Flüchtlingslager im Gazastreifen sehen wollen.

Als man sie in ein Musterdorf bringt, das bei der Agrarreform eine wichtige Rolle gespielt hat, werden sie von den Dorfbewohnern empfangen, die lauthals rufen: »Es lebe Sartre!«, »Hoch, Simone!«[13] Vermutlich ist diesen Landsleuten völlig rätselhaft, wer diese Frau und dieser Mann sind und warum sie deren Namen rufen sollen. Am Ende ihres Aufenthaltes werden Beauvoir und Sartre vom ägyptischen Staatspräsidenten Gamal Abdel Nasser empfangen. In dem mehrstündigen Gespräch kommt die Rede auch auf die Möglichkeit eines Krieges. Nasser antwortet ausweichend. Beauvoir hat den Eindruck, dass er sich auf ein solches Abenteuer nicht einlassen wolle.

Ein Krieg bleibt eine weit entfernte Drohung. In Israel wird den prominenten Besuchern immer wieder versichert, nur den Frieden zu wollen. Simone de Beauvoir kann endlich die heiligen Stätten besuchen, von denen sie schon als Kind geträumt hat. Eher enttäuscht ist sie von den Kibbuzim. Sie hat erwartet, dass in diesen ländlichen Kollektivsiedlungen eine vorbildliche und fortschrittliche Gleichberechtigung herrscht. Man versichert ihr auch, dass es eine Frauenfrage hier nicht gebe. In den Begegnungen mit Frauen muss sie jedoch feststellen, dass sich auch hier die übliche Rollenteilung erhalten hat. Den Frauen werden die minderwertigen Arbeiten zugeteilt, während die Männer sich die produktiven und angesehenen Aufgaben sichern. In den Wäschereien hingegen ist kein einziger Mann zu sehen.[14]

Beauvoir und Sartre erweisen sich nicht als unkomplizierte Besucher. Bei den Treffen mit hohen Politikern und Militärs wie Mosche Dajan fragen sie immer wieder nach dem Schicksal der über eine Million Palästinenser, die jetzt in Lagern leben und die in die Gebiete zurückwollen, aus denen sie vertrieben wurden. Israel will sie nicht aufnehmen. Auch Ägypten nicht. Und die arabischen Staaten weigern sich, den Staat Israel anzuerkennen. Solange die Fronten so verhärtet sind, kann es für Beauvoir und Sartre keine Lösung des Konflikts geben.

Noch hält der Frieden im Nahen Osten, während der Krieg in Vietnam Woche für Woche eskaliert. US-Präsident Lyndon B. Johnson schickt immer mehr Truppen in die Kampfgebiete und lässt Nordvietnam unablässig bombardieren. In Städten wie Berkeley, Paris und Berlin gibt es Demonstrationen vor allem junger Leute gegen die amerikanische Politik. Am 1. Mai 1967 besteigen Beauvoir und Sartre das Flugzeug nach Stockholm, um am Russell-Tribunal teilzunehmen. Sie werden in einem Hotel am Rand der schwedischen Hauptstadt untergebracht und jeden Morgen zum Veranstaltungsort gefahren. In dem riesigen Saal sind Künstler, Politiker, Journalisten aus aller Welt versammelt. Ein Heer von Sekretärinnen eilt zwischen den Teilnehmern hin und her, im Hintergrund sitzen die Übersetzer in einem Glaskasten und Fernsehteams richten ihr grelles Scheinwerferlicht auf die Runde. Zeugen werden gehört, die von zerstörten Dörfern, Krankenhäusern, Schulen und Kirchen berichten. Fotos werden gezeigt und Filme vorgeführt, um das Leiden der Zivilbevölkerung in Vietnam zu demonstrieren. Zu sehen sind durch Bomben, Napalm oder Phosphor getötete oder verstümmelte Männer, Frauen und Kinder. Die Sitzungen dauern oft bis spät in die Nacht. Simone de Beauvoir kann sich oft nur mit Mühe wachhalten und ihr schwirrt der Kopf von den vielen Berichten und Bildern. Nach zehn Tagen wird eine Schlusserklärung verabschiedet, in der die USA schuldig gesprochen werden, Kriegsverbrechen verübt zu haben und einen Genozid am vietnamesischen Volk zu begehen.

Das Tribunal findet in der Öffentlichkeit ein großes Echo, die politische Wirkung ist dagegen gering. Der Vietnamkrieg geht unvermindert weiter. Von der Verurteilung durch das Tribunal lassen sich der amerikanische Präsident und seine Generäle nicht aufhalten. Hannah Arendt nennt die für den Vietnamkrieg verantwortlichen amerikanischen Politiker »image-maker«, weil sie bei ihren Handlungen an Bildern festhalten, die sie mit allen Mitteln erreichen wollen. Es ist das Bild von Amerika als dem mächtigsten Land der Welt, dessen Armee unbesiegbar ist. Es ist die Vorstellung, dass der Kommunismus auf die benachbarten Länder übergreift, wenn man zulässt, dass Vietnam kommunistisch wird. Anstatt diese Bilder immer wieder an der Realität zu überprüfen, zu revidieren und gegebenenfalls aufzugeben, hält man an ihnen fest und, so Arendt, blendet alles aus, »was das gerade erwünschte ›image‹ eines Ereignisses, einer Nation oder einer Person zu stören geeignet ist«[15]. Was stört, was also der Erreichung dieses Ziels im Wege steht, ist der bewaffnete Widerstand des Vietkong, es sind Tausende Menschen, die man töten, Dörfer, die man niederbrennen, Wälder, die man entlauben, Kulturen, die man vernichten muss.

Auch der ägyptische Präsident Gamal Abdel Nasser lässt sich nicht von zwei französischen Intellektuellen in seinen Entscheidungen beeinflussen. Er scheut nicht das Abenteuer eines Krieges, wie Beauvoir seinen Worten zu entnehmen glaubte. Vermutlich hatte er, als er sich mit ihr und Sartre unterhielt, schon längst die Vorbereitungen für einen Krieg getroffen. Er lässt die Straße von Tiran, eine für die israelische Schifffahrt lebensnotwendige Meerenge, sperren und löst damit einen Krieg aus, der nur sechs Tage dauert. Als die israelische Luftwaffe am 5. Juni 1967 in einem Überraschungsangriff die noch am Boden befindliche ägyptische Luftwaffe zerstört, ist dieser Krieg entschieden, bevor er richtig begonnen hat. Die Probleme in diesem Krisengebiet sind damit allerdings nicht gelöst.

Durch ihre Reisen fast durch die ganze Welt hat sich Simone de Beauvoir mit den Problemen in vielen Ländern befasst. Was in ihrem eigenen Land vor sich geht, hat sie nurmehr am Rande verfolgt. Zu enttäuscht war sie vom Verhalten ihres Volkes im Algerienkrieg und von der Politik de Gaulles. Darum ist sie überrascht, dass eine neue, revolutionäre Stimmung zu verspüren ist. Aus dem Nachbarland Deutschland kommen Nachrichten von einer Protestbewegung der jungen Generation, von Studenten, die sich über den »Muff« unter den Talaren ihrer altehrwürdigen Professoren lustig machen, von Eiern, die gegen das amerikanische Konsulat geworfen werden, von langhaarigen Frauen und Männern, die in Kommunen leben und eine neue Form der sexuellen Freiheit erproben wollen, von einem Studenten, der in Berlin bei einer Demonstration gegen den Besuch des persischen Diktators Schah Reza Pahlavi von einem Polizisten erschossen wurde.

Ein Funke dieses Aufbegehrens scheint in die Universität Nanterre im Nordwesten von Paris übergesprungen zu sein. Dort sorgte ein Soziologiestudent namens Daniel Cohn-Bendit für Unruhe, weil er nicht einsehen wollte, warum er nach 23 Uhr nicht mehr in die Wohnheime der Studentinnen gehen durfte. Cohn-Bendit und seine Mitstreiter verlangten, im universitären Betrieb mitbestimmen zu dürfen, woraufhin der Dekan harte Strafen verhängte und die Hörsäle schließen ließ. Damit heizte er die aufgeregte Stimmung nur an. Der Protest wurde zur Revolte, die auf Paris übergriff.

Offenbar hat sich in den Nachkriegsjahren etwas angestaut, das nun förmlich explodiert. Den Protestierenden geht es nicht mehr nur um eine Reform der Universität, sondern um eine radikale Veränderung der Gesellschaft. An der Sorbonne werden die Vorlesungen gestört, Flugblätter gegen den Vietnamkrieg verteilt und Räume besetzt. Als sich am 11. April 1968 die Meldung verbreitet, dass der deutsche Studentenführer Rudi Dutschke in Berlin von einem Kommunistenhasser niedergeschossen wurde, kommt es am Tag darauf zu einer großen Demonstration, die von Cohn-Bendit, den man nun wegen seiner Haare und seiner Gesinnung den »roten Dany« nennt, angeführt wird.

Nach Auseinandersetzungen im Innenhof der Sorbonne lässt der Rektor die Polizei in die Universität, um Rädelsführer zu verhaften. Die Antwort der Studierenden ist ein Aufruhr, wie ihn Paris seit der Befreiung von den deutschen Besatzern nicht mehr erlebt hat. Simone de Beauvoir sitzt am Radio und hört die Berichte über die »Schlacht«[16] auf dem Boulevard Saint-Germain. Die Demonstrierenden errichten Barrikaden, kippen Autos um und reißen Steine aus dem Straßenpflaster. »Sous les pavés, la plage« – »Unterm Pflaster liegt der Strand« ist einer der Sprüche dieser Tage. Die Polizei kann nichts Romantisches in diesen Aktionen sehen. Sie setzt Wasserwerfer, Tränengas und Knüppel ein. Viele junge Leute werden in Gefängniswagen abtransportiert. Die Arbeiter aus den Fabriken schließen sich dem Protest der Studenten an und streiken. Frankreich scheint am Rande eines Bürgerkrieges.

Simone de Beauvoir stellt sich auf die Seite der jungen Protestierenden. Sie schätzt deren »Kraft der Weigerung«, mit der sie sich gegen die alte Ordnung de Gaulles stellen und eine neue Zukunft eröffnen.[17] Mit Freunden schlendert sie durch die Sorbonne, und was sie sieht, kommt ihr vor wie ein großes »Fest«. Die Wände sind voll von Parolen und den Porträts von Ho Chi Minh, Lenin und Che Guevara. Im Hof und auf den Treppen stehen oder sitzen Gruppen, die leidenschaftlich diskutieren. An Ständen kann man sich mit Revolutionsliteratur versorgen und sich über den Vietnamkrieg oder das Palästinenserproblem informieren. In den Räumen liegen Schlafsäcke von Leuten, die hier übernachtet haben. Und auf dem Dachboden ist eine Kinderkrippe eingerichtet. Überall herrschen Begeisterung und das Gefühl unbändiger jugendlicher Freiheit.

Ende Mai sieht es so aus, als ob der Protest ganz reale politische Konsequenzen hat. Man rechnet mit dem Rücktritt de Gaulles.

Der alte General ist von den Ereignissen tief verstört. Er hat die Hauptstadt zeitweise verlassen und sammelt neue Kräfte. In einer Rundfunkansprache kündigt er an, die Ordnung wiederherzustellen, und das gelingt ihm auch. Die Straßen von Paris werden nun von der Polizei zurückerobert. Die erhoffte Revolution findet nicht statt, obgleich der Versuch das Land nachhaltig verändert hat. Das Bild von einer neuen Gesellschaft, das die protestierende Jugend angetrieben hat, bleibt eine Utopie.

Als Simone de Beauvoir im Juni 1968 das letzte Mal die Sorbonne besucht, bietet sich ihr ein trauriger Anblick. Die leeren Räume sind voller Müll, es stinkt nach Haschisch und Marihuana und im Keller tummeln sich die Ratten. Die Parolen und die Plakate werden von den Wänden gekratzt und im Hof verlegt man neue Pflastersteine. Sosehr Beauvoir mit den Studenten sympathisierte, so weiß sie auch, dass sie nicht zu dieser Generation gehört. Im Januar 1969 wird sie einundsechzig Jahre alt. Hinter ihr türmt sich die Vergangenheit und vor ihr bleibt ein schmaler Streifen Zukunft. So empfindet sie es. Vor zwei Jahren war ein Band mit drei Erzählungen von ihr erschienen. In allen dreien geht es um Frauen, die sich mit dem Alter auseinandersetzen. Eine von ihnen ist eine alternde Schriftstellerin, die enttäuscht ist von ihrem Sohn, der nicht ihre Erwartungen erfüllt, und von sich selbst, weil ihr kein gutes Buch mehr gelingt. In einer Szene fragt sie ihren Mann André, was denn ein alternder Mensch verliere. »Die Jugend« antwortet er, »und das, was die Italiener so hübsch *la stamina* nennen: der Schwung, das Feuer, die Liebesfähigkeit, die Schaffenskraft.« Die Frau wehrt sich gegen diese Verluste, doch gegen andere Verluste, die das Alter mit sich bringt, kann sie sich nicht wehren: Es ist der Verlust von Menschen, die im eigenen Leben eine Rolle gespielt haben. »Auch das gehört zum Altwerden«, heißt es in dem Text, »dass man so viele Tote hinter sich lässt, betrauerte Tote, vergessene.«[18]

Simone de Beauvoir geht es nicht anders. Nach dem Tod ihrer Mutter hat sie in den letzten Jahren viele geliebte Menschen verloren. Anfang 1966 starb Giacometti an Krebs. Im Jahr darauf erhielt sie aus Amerika die Nachricht von Nathalie Sorokines Tod. Nathalie hatte ein chaotisches Leben hinter sich. Nach der Trennung von ihrem ersten Mann hatte sie sich mit verschiedenen Jobs durchgeschlagen und dann einen Physiker geheiratet, mit dem sie einen Sohn hatte. Als Simone sie das letzte Mal gesehen hat, war sie gezeichnet von Krankheiten und schweren Operationen. Einen Monat nach der traurigen Nachricht bekam Simone ein Paket mit einem Weihnachtsstollen, den Nathalie noch kurz vor ihrem Tod an sie verschickt hatte.

Nur wenige Wochen später musste Beauvoir auch von Simone Jollivet Abschied nehmen, von jener Frau, die sie einstmals so bewunderte, von der sie so eingeschüchtert war und die dann zu einer lebenslangen Freundin wurde. Nach dem Tod ihres Mannes Charles Dullin war Jollivet total abgestürzt und dem Alkohol verfallen. Sie verließ kaum noch ihre Wohnung, die völlig verwahrlost und mit Flaschen übersät war. Mit dem Tod von Nathalie und Simone Jollivet konnte Beauvoir noch einverstanden sein, weil sich beide Frauen, wie sie meint, überlebt hatten. Es gab auf Erden nichts mehr für sie zu tun. Nicht einverstanden war sie mit einem anderen Tod, der sie so tief berührte, dass sie in ihren Memoiren nicht darüber sprechen will. Evelyne Ray, Claude Lanzmanns schöne Schwester, nahm im November 1966 eine Überdosis Schlaftabletten und sorgte dafür, dass man sie nur noch tot fand. Sie hinterließ Abschiedsbriefe, auch einen an Sartre, in denen sie alle, an die sie gerichtet waren, von Schuld freisprach. Evelyne hatte viel Pech mit Männern gehabt und beruflich war sie als Schauspielerin in einer Sackgasse gelandet. Aber sie war erst sechsunddreißig Jahre alt und hatte noch viel Zukunft vor sich.

Simone de Beauvoir hat weniger Zukunft vor sich. Seit einiger

Zeit schreibt sie an einem Buch über das Alter, auch um diese Lebensphase, der sie sich nähert, besser zu verstehen. Dass sie alt ist oder alt wird, das lässt sich nicht leugnen. Um das einzusehen, braucht sie nur in den Spiegel zu schauen. Und sie weiß, dass man irgendwann »eine Linie ziehen muss«[19]. Aber wann? Innerlich bleibt ihr der Gedanke fremd, dass sie nun alt sein soll. Sie hat immer auf die Zukunft hingelebt, und auch wenn diese Zukunft nun zusammengeschrumpft ist, erwartet sie doch noch viel von ihr. Nichts mehr zu erhoffen wäre für sie der Tod. In ihren Memoiren schrieb sie: »Wenn man nicht alles erwartet, erwartet man nichts mehr.«[20]

XVIII

KNOCHEN IM KOPF

Jean-Paul Sartre und Simone de Beauvoir hinter Gittern! Die Fotografen wollen sich dieses Bild nicht entgehen lassen. Diese Gitter sind zwar nur das Drahtfenster eines Gefängniswagens der Polizei, dennoch ist das Foto, das am Abend auf der ersten Seite der Tageszeitung »France-Soir« zu sehen ist, eine Sensation: der Nobelpreisträger und die weltberühmte Schriftstellerin im eigenen Land von der Polizei festgenommen und abtransportiert. Was haben sie getan? Sie sind an diesem 26. Juni 1970, zusammen mit anderen, als Zeitungsverkäufer den Boulevard de Bonne Nouvelle entlanggelaufen. Einen Packen Zeitungen unter dem Arm und laut rufend wie Marktschreier, haben sie den Leuten ein Exemplar von »La cause du peuple« entgegengehalten. Das ist die linksradikale Zeitschrift einer maoistischen Splittergruppe. Dieses Blatt ist zwar nicht verboten, aber die Regierung hat es beschlagnahmen und die Herausgeber und die Verkäufer verhaften lassen. Daraufhin hat Sartre die Herausgeberschaft übernommen, um die Gruppe mit seinem Namen zu schützen. Er ist zwar mit deren Aktionen und Ansichten nicht immer einverstanden, will jedoch die Meinungsfreiheit auch für diese politischen Extremisten verteidigen.

Auf der Polizeistation herrscht totale Verwirrung. Die »flics«, die Polizisten, wollen Sartre und Beauvoir, weil sie beide »Persönlichkeiten« sind, gleich wieder laufenlassen. Doch die beiden weigern sich und ihre Helfer beharren darauf, auch »Persönlichkeiten« zu sein. Schließlich dürfen alle wieder gehen. Die Aktion war für die Aktivisten ein Erfolg. Man hat gezeigt, wie die Regierung missliebige Stimmen zu unterdrücken versucht und wie die Justiz mit zweierlei Maß misst. Namenlose Verkäufer werden angeklagt, Prominente lässt man frei. »Einen Voltaire verhaftet man nicht«, hatte Charles de Gaulle gesagt. Er war im April 1969 nach einem verlorenen Referendum vom Amt des Staatspräsidenten zurückgetreten. Auch sein Nachfolger Georges Pompidou scheut davor zurück, gegen einen Mann wie Sartre härter vorzugehen.

Allerdings erwartet nicht nur er von einem Schriftsteller und Philosophen mit Weltruf ein anderes Auftreten. Auch Weggefährten sind irritiert davon, wie sich Sartre neuerdings benimmt. Claude Lanzmann findet es geradezu lächerlich und peinlich, wie sich Sartre den maoistischen Revoluzzern an den Hals wirft, die für ihn, Lanzmann, nichts anderes sind als unreife Wirrköpfe.[1] Und die Kommentatoren in den Zeitungen fragen sich, was mit Sartre los ist. Anzug und Krawatte hat er abgelegt und trägt nun Rollkragenpullover und Lederjacke. Er macht bei Hungerstreiks mit und bei der Besetzung der Kirche Sacré-Cœur. Auf einem Ölfass stehend, spricht er zu Fabrikarbeitern und lässt sich von einer Bergarbeiterfamilie zum Abendessen einladen. Ist Sartre vom Altersstarrsinn befallen? Kann er es nicht verkraften, dass andere Intellektuelle wie Michel Foucault oder Jacques Lacan inzwischen mehr Beachtung finden? Will er nicht wahrhaben, dass er alt und von gestern ist, und umgibt er sich daher mit jungen, radikalen Männern und Frauen?

Sartre selbst bleibt von all diesen Vermutungen und Vorwürfen unbeeindruckt. Er will sich von niemandem etwas vorschreiben lassen und schon gar nicht will er dem Bild eines »großen Mannes« entsprechen, der allseits verehrt wird, sich würdig benimmt und altersweise Ratschläge erteilt. Er weiß, dass er von den jungen Maoisten ausgenutzt wird. Das macht ihm nichts aus. Er mag es, wenn sie ihn respektlos duzen, und er genießt die hitzigen Diskussionen und den freundschaftlichen Umgang. Aber auch von ihnen lässt er sich nichts vorschreiben. Ihre Forderung, er solle Literatur als Selbstzweck hinter sich lassen und einen Roman für das

Volk verfassen, lehnt er ab und schreibt weiter an seinem monumentalen Werk über den ganz und gar nicht politischen Dichter Gustave Flaubert. Gerade weil Flaubert in vielem das Gegenteil von ihm selber ist, will Sartre sich mit ihm befassen. Er braucht die geistige Herausforderung, ständig »gegen sich zu denken«. Er will alles loswerden, was er an »Aufgepfropftem« in sich hat, und verhärtete Ansichten, die »Knochen in meinem Kopf«, wie er sie nennt, zerbrechen.[2]

Im gemeinsamen politischen Engagement mit Beauvoir ist Sartre die treibende Kraft. Auch bei der Aktion zugunsten von »La cause du peuple« blieb sie im Hintergrund. Das hat viele Beobachter in ihrer Meinung bestärkt, dass sie von Sartre abhängig sei und ihre Karriere nur ihm zu verdanken habe. Das ist ein hartnäckiges Vorurteil, mit dem Beauvoir von jeher zu kämpfen hat. Um es zu widerlegen, hilft es anscheinend nicht, wenn beide wieder und wieder betonen, dass ihr Verhältnis gleichberechtigt ist und ihre gegenseitige Beeinflussung einer »Osmose«[3] gleicht, einem ausgewogenen Hin-und-her-Fließen von Gedanken und Ideen.

Besonders ärgert es Beauvoir, dass die aufkommende Frauenbewegung sie für »Sartre fixiert« hält.[4] Aus diesen Kreisen kommt auch der Vorwurf, sie habe das Anliegen emanzipierter Frauen verraten, weil sie mit ihrem Erzählband[5] über drei Frauenschicksale nur Personen darstelle, die Opfer sind und denen alles Kämpferische fehlt. Dabei wollte Beauvoir, wie sie sich verteidigt, nicht Frauen schildern, wie sie sein wollen, sondern, wie sie oftmals tatsächlich sind, nämlich verbittert und vereinsamt, weil sie paradoxerweise an den ihnen zugewiesenen Rollen festhalten und darum zu wirklicher Veränderung unfähig sind.[6]

So verstanden, kann man für Beauvoir diese Erzählungen auch als feministische Texte lesen – feministisch insofern, als es ihnen nicht darum geht, männliche Feindbilder aufzubauen, sondern darauf aufmerksam zu machen, welche Vorurteile Frauen verinnerlicht haben und wie sie somit an ihrer Entfremdung mitwirken. Schon in *Das andere Geschlecht* hat sie behauptet, dass die meisten Frauen sich selbst ihre »Ketten« schmieden, mit denen sie sich in Abhängigkeit von Männern halten.[7] In einem Artikel fordert sie, dass der »äußere« Kampf gegen männliche Unterdrückung verbunden werden müsse mit einem »inneren«, damit sich Frauen ihrer benachteiligten Situation bewusst werden und sie nicht für »natürlich« halten oder sagen: »Es war schon immer so.«[8]

Bisher war Beauvoir nicht daran gelegen, als Feministin wahrgenommen zu werden, im Gegenteil, sie hat es, wie sie in ihren Memoiren schreibt, vermieden, sich »in den Grenzen der sogenannten ›Frauenrechtlerei‹ zu bewegen«[9]. Sie war der festen Meinung, dass sich das Problem der Benachteiligung der Frauen von selbst erledigt, wenn eine wahrhaft gerechte Gesellschaft entsteht. Dieser Glaube war ihr »Knochen im Kopf«, den sie zerbrechen musste, als sie real existierende sozialistische Länder kennenlernte. Auf ihren Reisen in die Sowjetunion, nach Kuba und Jugoslawien musste sie feststellen, dass dort die Frauen auch nicht grundsätzlich anders behandelt werden als im Kapitalismus. Sogar in der 68er-Bewegung, die sich doch auf die Fahnen geschrieben hatte, die Gesellschaft radikal zu ändern, blieben die alten Rollenverteilungen erhalten. Männer waren die Anführer, Frauen hatten nicht viel zu sagen. »In diesen pseudorevolutionären Gruppen«, so Beauvoir in einem Interview, »waren die Frauen auch nichts als die Tippsen, die Kaffee kochen durften.«[10]

Es ist eine in dieser Frage anders denkende Simone de Beauvoir, an die sich Ende 1970 Frauen wenden mit der Bitte, sie bei einer Aktion zu unterstützen. Es sind Frauen, die nicht mehr darauf warten wollen, bis sich die Gesellschaft ändert und sich dann vielleicht ihre Lage verbessert. Sie sind entschlossen, ihr Schicksal selbst in die Hand zu nehmen – auch mit spektakulären Aktionen. Am 26. August hatten sie versucht, am Grabmal des unbekannten

Soldaten am Arc de Triomphe ein Blumengesteck niederzulegen, zum Gedenken an die »unbekannte Frau des unbekannten Soldaten«. Nun planen sie eine Kampagne gegen das bestehende Abtreibungsverbot. Simone de Beauvoir ist sofort bereit mitzumachen und stellt auch gleich ihre Wohnung für die vorbereitenden Treffen zur Verfügung.

Sie ist schließlich eine von dreihundertdreiundvierzig Frauen, darunter prominente wie Catherine Deneuve, Marguerite Duras und Jeanne Moreau, die sich öffentlich in einem Manifest dazu bekennen, abgetrieben zu haben. Viele dieser Frauen haben das nie getan, auch Beauvoir nicht. Mit ihrem Bekenntnis wollen sie bewirken, dass über das Tabuthema Abtreibung endlich öffentlich gesprochen wird, und sie wollen auf die Tatsache hinweisen, dass in Frankreich jährlich Zigtausende von schwangeren Frauen in ihrer Not heimlich abtreiben lassen, was für sie mit erheblichen Kosten und gesundheitlichen Risiken verbunden ist. Abtreibung sollte kein Klassenprivileg sein. Jede Frau sollte, auch wenn sie arm ist, die Möglichkeit haben, diesen Eingriff unter den besten medizinischen Bedingungen und mit bestmöglicher Beratung und Betreuung vornehmen zu lassen. Das Manifest erscheint am 5. April 1971 in der Wochenzeitung »Le Nouvel Observateur« und löst eine Welle der Empörung aus. Die Frauen werden als »Schlampen« bezeichnet und ihnen wird unterstellt, andere Frauen zur Abtreibung ermutigen zu wollen.

Durch die politischen Aktionen mit Sartre ist es Simone schon gewohnt, mit dem Gesetz in Konflikt zu kommen. Sie weiß aber auch, dass sie inzwischen »eine heilige Kuh«[11] ist und es von ihr nicht viel Mut erfordert, sich öffentlich so auszusetzen. Niemand würde es wagen, sie zu verhaften oder gar vor Gericht zu bringen. Andere Frauen, die nicht prominent sind, riskieren bei solchen Aktionen sehr viel mehr. Schlimmstenfalls werden sie angeklagt oder verlieren ihre Arbeit. Simone ist erst in den letzten Jahren bewusst geworden, wie privilegiert sie eigentlich ist. Früher neigte sie dazu, Frauen zu verachten, die es nicht schafften, so unabhängig zu leben wie sie. Sie vergaß allzu leicht, dass eine Sekretärin oder eine Fabrikarbeiterin nur davon träumen kann, in den Genuss solcher Freiheiten zu kommen. In der Zusammenarbeit mit der Frauenbewegung sieht Simone jetzt immerhin die Chance, die Zustände allgemein zu verändern. Den Glauben, dass sich durch die Veränderung der Gesellschaft automatisch die Lage der Frau verbessert, hat sie aufgegeben. Nun ist sie überzeugt, dass, umgekehrt, der Kampf der Frauen um Gleichberechtigung das »gesamte Wertesystem der Gesellschaft« umstürzen kann.[12]

Mit ihrer Einstellung gerät sie in eine gewisse Distanz zu Sartre, der mit der Frauenbewegung nicht viel anfangen kann und weiterhin den Kontakt mit den Arbeitern sucht und das politische System bekämpft. Er verbringt immer mehr Zeit mit seinen maoistischen Freunden. Besonders angetan hat es ihm der Wortführer dieser Gruppe, ein junger, achtundzwanzigjähriger radikaler Revoluzzer jüdischer Herkunft namens Benny Lévy. Der hagere junge Mann mit dem schmalen Gesicht und dem viel zu großen Parker, in Kairo geboren, hatte mit seinen Eltern nach der Suezkrise Ägypten verlassen und war über Belgien in Paris gelandet, wo er ein Philosophiestudium begann. Weil er staatenlos ist und die Polizei ihn wegen seiner politischen Umtriebe im Auge hat, nennt er sich Pierre Victor und tritt in der Öffentlichkeit oft mit falschem Bart und dunkler Sonnenbrille auf. Manche halten ihn für einen wortgewandten Zyniker oder demagogischen Rädelsführer.[13] Sartre lässt nichts auf ihn kommen und behauptet, nur mit ihm richtig reden zu können. Simones Haltung zu Lévy ist zwiespältig. Einerseits freut sie sich für Sartre, dass er einen so anregenden Gesprächspartner hat, andererseits fürchtet sie, dass er sich zu sehr von Lévy beeinflussen lässt.

Mehr Sorgen macht sie sich allerdings um Sartres Gesundheit.

Er hat Gleichgewichtsstörungen, ist oft verwirrt und ständig fällt ihm die Zigarette aus dem Mund. Der Arzt stellt bei ihm einen viel zu hohen Blutdruck und Diabetes fest und ermahnt ihn, seine Tabletten zu nehmen und seine Lebensweise zu ändern. Sartre verspricht es halbherzig, raucht aber weiterhin seine zwei Päckchen Zigaretten am Tag und trinkt sein tägliches Quantum Whisky. Von Simone auf sein unvernünftiges Verhalten angesprochen, meint er nur, es sei doch »normal, dass man nach und nach kaputtgeht«[14]. In der Tat könnte man den Eindruck gewinnen, dass er langsam körperlich zerfällt. Er hat fast keine Zähne mehr, er sieht immer schlechter und seine Beine versagen ihm oft den Dienst.

Anfang 1970 war Simones umfangreiches Buch über das Alter, *La Vieillesse*, erschienen. Es ist ähnlich aufgebaut wie ihr Werk über das andere Geschlecht. Im ersten Teil untersucht sie das Phänomen Alter objektiv unter biologischen, ethnologischen und historischen Gesichtspunkten. Im zweiten Teil schreibt sie über das Älterwerden als gelebte Erfahrung. Sie ist also eine Expertin in Sachen Alter. Mit Sartre erlebte sie ganz konkret, was es bedeutet, alt zu werden. Vor allem scheint auf ihn zuzutreffen, was sie über die Schwierigkeiten sagt, die Realität des Alters zu akzeptieren. Manche Menschen finden sich leicht damit ab, alt zu sein. Andere dagegen empfinden es geradezu als Beleidigung, wenn man sie als alt bezeichnet. Sie nehmen sich innerlich anders wahr, als sie äußerlich erscheinen. »Sie wollen sich«, so Beauvoir, »um jeden Preis jung fühlen, sie wollen sich lieber für krank halten als für alt.«[15]

Sartre scheint seinen körperlichen Verfall mit Gleichmut hinzunehmen, solange er sich jung fühlt und geistig herausgefordert wird. Der junge Lévy, der so ganz andere Gedanken und Ideen hat, ist für ihn der Garant dafür, dass er weiterhin seine »Knochen im Kopf« zertrümmern kann und nicht in alten Gedanken steckenbleibt. Nachdem seine alte Wohnung durch eine Bombe zerstört worden war, ist er in eine Einzimmerwohnung im zehnten

Stock eines Altbaus am Boulevard Raspail umgezogen. Neben Simone und Arlette kümmern sich auch Wanda und Michelle um ihn. Neu hinzugekommen ist die junge Liliane Siegel, die Sartre zu seiner Sekretärin macht, um sie offiziell in den Reigen seiner Freundinnen aufzunehmen. Abwechselnd nehmen die Frauen Sartre bei sich auf, fahren mit ihm in den Urlaub oder begleiten ihn zu Vorträgen.

Die herbstlichen Wochen in Rom bleiben für Simone und Sartre ein fester Bestandteil ihres Lebens. Diese Aufenthalte in der römischen Hauptstadt werden mit Sartres zunehmender körperlicher Schwäche immer schwieriger. Nach einem leichten Schlaganfall ist er inkontinent und Simone muss ihn diskret säubern, wenn ihm die halbe Gabel mit Nudeln auf die Hose fällt oder er sich sein Hemd bekleckert. Außerdem ist er immer müde und sieht kaum noch etwas. Ein gemeinsames Arbeiten an Texten wie früher ist nicht mehr möglich. Simone muss ihm das Manuskript ihres vierten Memoirenbandes vorlesen. Sie hat ein kleines Notizheft, in das sie nicht nur die für Sartre verschriebenen Medikamente und seine Arzttermine einträgt, sondern auch seine körperlichen Gebrechen dokumentiert. Sie folgt dabei ihrem Vorsatz, der Wirklichkeit treu zu bleiben, nichts zu verheimlichen, nichts zu verschönern und auch die peinlichen und unangenehmen Folgen des Alters zu zeigen.

Simone de Beauvoir ist Mitte sechzig und noch immer sehr vital und unternehmungslustig. Auf ihren Reisen ist nun Sylvie ihre liebste Begleiterin und sie hat mit ihrem Engagement für die Frauenbewegung eine neue Lebensaufgabe gefunden. Die deutsche Journalistin Alice Schwarzer hat mit ihr ein Interview geführt, das sie an die Zeitschrift »Nouvel Observateur« verkauft, um mit dem Geld Räume im Konferenzzentrum »Mutualité« anzumieten. Dort will der MLF, Mouvement de libération des femmes, Tagungen abhalten. Bei diesen Versammlungen bekommt

Beauvoir einen Eindruck davon, wie zersplittert die Bewegung ist und wie weit die Auffassungen der Gruppen auseinandergehen. Eine Richtung lehnt es kategorisch ab, die Treffen zu organisieren, weil, so das Argument, Organisieren männlich sei. Das hat zur Folge, dass sich bei den Diskussionen die Frauen mit den lautesten Stimmen durchsetzen. Simone, die in ihrem Arbeitsalltag sehr strukturiert ist, muss erst lernen, dass Tumult auch »belebend« sein kann.[16]

Was sie allerdings nicht nachvollziehen kann und will, ist die Ansicht, dass zwischen Frauen und Männern ein absoluter Gegensatz besteht und darum Männer von jedem Gespräch ausgeschlossen werden müssen. Einen solchen Gegensatz zu behaupten heißt für Beauvoir, sich in eine Andersartigkeit »abzukapseln« und somit das »Spiel der Männer« mitzuspielen.[17] Das gilt auch für die Forderung nach einer eigenen weiblichen Sprache. »Soll das heißen, dass wir zum Schreiben eine bestimmte Sprache für uns selbst erfinden müssen?«, fragt sie in einem Artikel und fährt fort: »Einige unter uns glauben es, aber ich nicht.«[18] Beauvoir hält es für narzisstisch und elitär, eine spezielle Sprache zu erfinden, welche das Gespräch mit anderen verhindert. Sie ist sich sehr wohl bewusst darüber, dass die Alltagssprache »voller Fallen« ist und von den Werten, Ansprüchen und Vorurteilen einer Männerwelt geprägt ist. Aber diese Sprache ist für sie eben auch eine, in der sich die allen gemeinsame Welt widerspiegelt. »Man darf die Welt der Männer nicht ablehnen«, sagt sie in einem Interview, »denn sie ist gleichzeitig die Welt überhaupt. Und schließlich auch unsere Welt.« Darum kommt es für sie darauf an, sehr »vorsichtig« mit Sprache umzugehen und auf Wörter mit »viriler Note« zu achten. Was das für die alltägliche Verwendung von Sprache bedeutet, dazu macht sie keine Vorschläge.[19]

Wie sollte Beauvoir auch die Männerwelt ablehnen, da ein Mann, nämlich Sartre, der wichtigste Mensch in ihrem Leben ist und die gemeinsame Sprache das stärkste Band zwischen ihnen? Im Herbst 1973 wird dieses Band noch wichtiger, denn Sartres Sehvermögen wird dramatisch schlechter. Er ist zwar nicht vollkommen blind, sieht jedoch nur noch verschwommen Formen, Lichter und Farben. Lesen und schreiben kann er nicht mehr. Und da Schreiben und Lesen sein Leben waren, glaubt er, »jede Daseinsberechtigung« verloren zu haben.[20] Seine Stimmung schwankt zwischen Verzweiflung und der nüchternen Einsicht, dass sein Zustand eben die Quittung für seine Lebensweise ist, man nichts tun kann und es darum keinen Grund zum Klagen gibt. Seine »Familie« beratschlagt, wie man nun seine Betreuung regelt, denn alleine lassen kann man ihn nicht mehr. Seine Wohnung ist zu klein für eine weitere Person. Es findet sich eine mit zwei Schlafzimmern in einem modernen Hochhaus im Boulevard Edgar Quinet. Arlette und Simone verabreden, abwechselnd bei ihm zu übernachten. Und Lévy lässt sich dazu überreden, ihm dreimal in der Woche Gesellschaft zu leisten, ihm vorzulesen und mit ihm zu reden, gegen Bezahlung natürlich.

Wenn Simone abends zu Sartre kommt, liest sie ihm vor oder sie hören gemeinsam Musik, bevor sie ihn ins Bett bringt. Am nächsten Morgen wäscht und rasiert sie ihn, hilft ihm beim Ankleiden und macht ihm sein Frühstück. Gegen elf Uhr setzt sie Sartre in seinen Lieblingssessel und stellt im Radio den Sender »France Musique« ein, den Sartre gerne hört. Sie verlässt die Wohnung, bevor Lévy kommt. Sie mag ihn nicht besonders und ihr ist nicht geheuer, wie sehr sich Sartre von ihm beeinflussen lässt. Sie muss jedoch zugeben, dass Sartre in den Stunden mit Lévy richtig auflebt. Er genießt es offenbar, dass Lévy keine Rücksicht auf seine Schwäche nimmt, mit ihm streitet, ihn anschreit und es nicht zulässt, dass er seiner Müdigkeit nachgibt oder in Apathie versinkt.

Simone kann nicht verhehlen, dass sie eifersüchtig ist auf Lévy, weil er in Sartres Leben eine immer größere Rolle einnimmt.

Andererseits ist sie ihm dankbar, dass er diese Aufgabe annimmt und sie entlastet. Simone hat viel zu tun. Sie ist Vorsitzende von »Choisir«, einer Organisation, die sich dafür einsetzt, dass Frauen nicht mehr für Empfängnisverhütungsmittel zahlen müssen und kostenlose Rechtshilfe bekommen, wenn sie wegen Abtreibung angeklagt werden. 1974 wird sie zur Präsidentin der »Liga für Frauenrechte« gewählt und kümmert sich in dieser Funktion vor allem um die Einrichtung von Frauenhäusern, wo Frauen Zuflucht finden können vor männlicher Gewalt. Nebenbei nimmt sie auch noch an den Redaktionssitzungen von »Les Temps Modernes« teil und hat durchgesetzt, dass es in der Zeitschrift eine Serie über »täglichen Sexismus« gibt. Sie will erreichen, dass chauvinistische Beleidigungen von Frauen genauso bestraft werden wie rassistische Diskriminierung von Schwarzen oder antisemitische Äußerungen gegen Juden, und sie fordert Frauen dazu auf, ihre Erfahrungen mit täglichem Sexismus zuzuschicken, um sie zu veröffentlichen.[21]

Beauvoir bekommt viele Zuschriften, auch von Frauen, die sie kritisieren und nicht verstehen können, warum sie so radikal gegen die Ehe ist. Beauvoir ist nicht prinzipiell gegen die Ehe. Für sie ist es eine freie Entscheidung jeder Frau, ob sie heiraten und Kinder haben will oder nicht. Sie bestreitet auch nicht, dass es glückliche Ehen gibt und viele, die für die Partner halbwegs erträglich sind.[22] Aus den Briefen an sie und aus persönlichen Begegnungen weiß sie allerdings auch, dass es viele Ehen gibt, die einer »kleinen Hölle« gleichen. Was sie anprangert, ist, dass es Frauen fast unmöglich gemacht wird, aus dieser »Hölle« zu entkommen. Manche sind gefangen in ihrer Rolle und leben mit einem schlechten Gewissen, dass sie den Erwartungen an eine gute Ehefrau nicht gerecht werden. Sie fürchten das Gerede der Nachbarn oder der Verwandtschaft und haben Angst, dass sie nach einer Scheidung ihren Kindern nicht mehr den gewohnten Komfort bieten können.

Und selbst dann, wenn eine Frau diese Ängste überwindet und sich scheiden lassen will, legt ihr die Justiz schier unüberwindbare Hindernisse in den Weg. Beauvoir ist empört über die Absurditäten des französischen Zivilrechts, das auf den längst überholten patriarchalen Vorstellungen des Code Napoléon fußt. Immerhin ist es vor einigen Jahren insofern verändert worden, als Ehefrauen nun ohne die Erlaubnis ihres Mannes arbeiten und ein eigenes Bankkonto eröffnen dürfen. Was das Scheidungsrecht betrifft, ist es für Beauvoir allerdings hoffnungslos veraltet. Sie schildert den Fall der Claire Cayron, die ein Buch über ihre Erfahrungen geschrieben hat. Cayron wurde von ihrem Mann jahrelang geschlagen, vergewaltigt und mit dem Messer bedroht. Vor Gericht zählte dieser tägliche Horror nicht. Um von ihrem Mann geschieden zu werden, hätte er in flagranti beim Ehebruch erwischt werden müssen. Umgekehrt hätte er sich von ihr scheiden lassen können und das Sorgerecht für die gemeinsame Tochter erhalten, wenn sie in der Öffentlichkeit auch nur mit einem anderen Mann gesehen worden wäre. Was Simone de Beauvoir fordert, ist eine Änderung der Gesetze, damit sich eine Frau, deren Ehe zum Albtraum geworden ist, ohne Benachteiligung scheiden lassen und ein neues Leben beginnen kann. »Eine Scheidung ist kein Allheilmittel«, schreibt sie. »Sie befreit Frauen nur dann wirklich, wenn sie wissen, wie sie ihre Freiheit positiv nutzen können.«[23]

Simone de Beauvoir hat ihre Freiheit positiv genutzt. Sie hat Bücher geschrieben, Reisen gemacht, die Welt erkundet, sich in die Politik eingemischt und viele Freundschaften geschlossen mit Frauen und Männern. Als den »unbestreitbaren Erfolg« ihres Lebens nennt sie in ihren Memoiren die Beziehung zu Sartre.[24] Doch auch in dieser offenen Beziehung hat sie Verletzungen hinnehmen müssen. Eifersucht war für sie kein unbekanntes Gefühl. Und zeitweise musste sie befürchten, dass eine andere Frau für Sartre wichtiger sein könnte als sie. Dass der Pakt zwischen beiden gehalten hat, lag daran, dass sie auf gemeinsame Werte, Anschauungen, Grundsätze, Erinnerungen vertrauen konnten. Der vierte Band von Simones Memoiren mit dem Titel *Tout compte fait*, deutsch: *Alles in allem*, war eine Bilanz nicht nur des eigenen Lebens, sondern auch des Lebens mit Sartre. In Rom hat sie Gespräche mit ihm geführt, die sie auf Tonband aufnahm und die noch einmal zeigen, wie sehr sie aufeinander eingestimmt sind.

Dieses Fundament ist nun bedroht – durch Benny Lévy. Er stellt sie nicht als Frau infrage wie manche weibliche Konkurrentin. Er gefährdet, was schlimmer ist, das geistige Band, das sie mit Sartre verbindet. Auch Lévy führt Gespräche mit Sartre, die er auf Band aufzeichnet. Aus diesen Unterhaltungen soll ein Buch entstehen. Simone befürchtet, dass Sartre unter dem Einfluss von Lévy zu Ansichten verleitet wird, die dem widersprechen, woran sie beide ein Leben lang geglaubt haben. Nutzt Lévy Sartres Schwäche aus, um ihn zu manipulieren? Oder braucht Sartre Lévy, um alte Knochen im Kopf zu zertrümmern und sich neue zu erfinden? Erweist sich Sartre wieder, wie sein Biograph Bernard-Henri Lévy meint, als »Fachmann des Widerrufs« und »Meister der Untreue«?[25]

Simone de Beauvoir muss damit rechnen, dass Sartre nicht mehr lange lebt. Sollte in diesen letzten gemeinsamen Jahren all das verloren gehen, was für sie das Glück ihres Lebens war?

XIX

GETÄUSCHTE VERSPRECHUNGEN?

Wenn Simone de Beauvoir von »Transzendenz« spricht, meint sie nicht, was gläubige Menschen oder Theologen darunter verstehen, eine jenseitige Welt oder Gott. Sie bekennt sich zu ihrem Atheismus. Nachdem sie als Jugendliche aufgehört hat, an Gott zu glauben, hat sie oft mit gläubigen Menschen gesprochen, konnte aber deren Haltung nie nachvollziehen. Die meisten von ihnen, so ihr Eindruck, glauben nur, dass sie glauben. Für Beauvoir halten sie aus Gründen an ihren Überzeugungen fest, die mit dem Glauben an sich nichts zu tun haben: Erziehung, Gewohnheit und Furcht, sich ins Abseits zu stellen, Ansehen oder Privilegien zu verlieren. Der Glaube an ein Jenseits gehört für Beauvoir zu jenen »Mystifikationen«[1], die Menschen ersinnen, um den harten Wahrheiten des Lebens nicht ins Gesicht sehen zu müssen. Für Beauvoir ist das eine Flucht vor der Wirklichkeit und es empört sie, wenn Leute aus dieser Flucht ein Überlegenheitsgefühl beziehen, das sie auf jene hinabschauen lässt, denen nach ihrer Meinung diese Gnade nicht zuteilgeworden ist.

Wenn Simone de Beauvoir von »Transzendenz« spricht, dann meint sie die Fähigkeit des Menschen, sich immer wieder auf neue Ziele hin zu entwerfen. Es ist eine innerweltliche Transzendenz. Existieren heißt transzendieren. Und diese Bewegung geht natürlich nicht über das Leben hinaus, sondern findet im oder am Tod ihr Ende. Der Tod ist, wie sie sagt, »der Grenzstein am Horizont«[2].

Ein Leben ohne die tröstliche Vorstellung von einem Jenseits bringt eine bestimmte Zeiterfahrung mit sich. Im Fortlauf des Lebens erstarrt die gelebte Zeit hinter uns, sie wird Vergangenheit. Die Zukunft als die verbleibende Zeit gerät zunehmend unter Druck, weil sie immer kürzer wird und man in ihr noch seine Ziele erreichen will. Für Simone de Beauvoir gibt es jedoch letzte Ziele, die unerfüllbar bleiben.[3] Es sind »Hoffnungen«, von denen wir uns nicht losreißen können, »Versprechen« nach Glück, Gerechtigkeit und Liebe, auf die wir nicht verzichten wollen, »Verheißungen« wie die eines »harmonischen Universums«, die aufzugeben wir uns weigern. Diese Hoffnungen, Versprechen und Verheißungen sind für Beauvoir »Bestandteil unserer Existenz«. Sie ist überzeugt, dass wir sie brauchen, um uns gegen »das Grauen der Welt« aufzulehnen. Sie sind wie Leitsterne, die uns vorausleuchten, denen wir folgen, die aber letzten Endes unerreichbar sind. Das ist der Grund dafür, warum Beauvoir in einer persönlichen Bilanz ihres Lebens meint, vom Leben betrogen, »geprellt«[4] worden zu sein. Dieses Wort ist nicht Ausdruck einer Enttäuschung, sondern Einsicht in einen Widerspruch, der für sie zu unserer Existenz gehört.

Selbst wenn die Zukunft jene Offenheit ist, die wir gestalten können, ist doch die Vergangenheit nicht ein Schrottplatz des gelebten Lebens. Wir können in ihr gefangen bleiben, sie kann Bürde sein oder schöne Erinnerung. Wie auch immer – Beauvoir liegt daran, die offene Zukunft und die gelebte Vergangenheit als Lebensganzes zu erhalten. Das kann für sie nur dann gelingen, wenn wir es schaffen, das Jetzt mit der Vergangenheit zu verbinden, und zwar, wie sie meint, in einer »Mischung aus Beständigkeit, Treue und Leben in der Gegenwart«[5]. Doch worin besteht in Beauvoirs Leben diese Beständigkeit? Und welche Treue erwartet sie von sich und von anderen?

An einem Donnerstag im März 1977 sitzen Beauvoir, Sartre und Liliane Siegel in der Broussais-Klinik Professor Housset gegenüber. Sartre hat sich nach starken Schmerzen im Bein durchchecken lassen und der Professor hat eine dicke Akte vor sich liegen, Sartres Krankenakte. Der Arzt beglückwünscht Sartre zu seinem

Entschluss, mit dem Rauchen aufzuhören. Er rät ihm von jeder Reise ab und ermahnt ihn, sofort stehen zu bleiben, wenn er einen Krampf im Bein spürt. Ansonsten riskiere er einen Herzanfall oder einen Gehirnschlag. Professor Housset übergibt Beauvoir einen dicken Brief, den sie an Sartres Hausarzt weiterleiten soll. Zu Hause öffnen Simone und Liliane den Umschlag über Wasserdampf. Von den medizinischen Fachausdrücken verstehen sie nur wenig. Simone bittet Liliane, den Bericht einer befreundeten Ärztin zu zeigen. Deren Antwort ist ernüchternd. Sie gibt Sartre höchstens noch ein paar Jahre zu leben.[6]

Der Gedanke, dass Sartre einmal vor ihr stirbt und sie alleine lässt, hat Simone von jeher in Abgründe der Angst gestürzt. Nun ist diese Gefahr sehr konkret und sehr nahe. Simone kann sie am ehesten vergessen, wenn sie mit Sylvie verreist. Doch an den Abenden, nach einem Tag voller Erlebnisse und Eindrücke, bricht sie regelmäßig zusammen und kann sich dann nur noch mit Beruhigungsmitteln und Alkohol retten. In Paris versucht sie, Sartre dazu zu bewegen, sich an die ärztlichen Vorschriften zu halten, in der Hoffnung, dadurch sein Leben zu verlängern. Sartre ist jedoch alles andere als ein gehorsamer Patient. Er raucht wieder und an sein Versprechen, weniger zu trinken, hält er sich auch nicht. Irgendeine seiner Freundinnen besorgt ihm immer eine Flasche, die er dann in seiner Wohnung hinter Büchern versteckt.

Trotz seiner schlechten Gesundheit ist Sartre immer noch ein gefragter Mann. Er nimmt an Treffen teil, gibt Interviews und unterstützt alle Initiativen, die Menschen vor staatlichen Repressionen schützen wollen. Schwer trifft es ihn, dass das Projekt einer Fernsehsendung zur französischen Geschichte des zwanzigsten Jahrhunderts nicht zustande kommt. Umso wichtiger werden die Gespräche mit Benny Lévy. Sartre hat sogar an den neuen Staatspräsidenten Valérie Giscard d'Estaing geschrieben, mit der Bitte, Lévy die französische Staatsbürgerschaft zu verleihen, damit seine unsichere Situation als Staatenloser ein Ende hat und ihm als unverzichtbare Hilfe erhalten bleibt. Giscard d'Estaing tat ihm diesen Gefallen.

Lévy ist mittlerweile zu seiner wichtigsten Bezugsperson geworden. Er hat ihn auch begleitet, als Sartre im Dezember 1974 nach Stuttgart reiste, um im Hochsicherheitsgefängnis Stammheim mit Andreas Baader, dem Anführer der linksextremistischen »Rote Armee Fraktion« (RAF), zu reden. Das Treffen, das auf Vermittlung von Baaders Anwalt Klaus Croissant zustande kam und bei dem Daniel Cohn-Bendit als Dolmetscher fungierte, war ein Reinfall. Erst nachher wurde Sartre klar, dass man ihn benutzt hatte, um die Sache der deutschen Terroristen mit seinem Namen aufzuwerten. Der fast blinde Sartre hatte offenbar den kahlen Besucherraum für Baaders Zelle gehalten und die Haftbedingungen kritisiert. Und Baader beschimpfte anschließend Sartre als senilen alten Mann, der die Frechheit besaß, die gewaltsamen Aktionen der Gruppe zu kritisieren.

In den täglichen Gesprächen mit Benny Lévy geht es jetzt nicht mehr nur um Politik und Philosophie. Lévy hat seine jüdischen Wurzeln entdeckt. Aus dem Maoisten ist ein Talmudgelehrter geworden, der auch bei Sartre Interesse für die jüdische Religion wecken will. Um die Schriften der orthodoxen Rabbiner besser studieren zu können, lernt Lévy Hebräisch, zusammen mit Arlette, die auch aus einer jüdischen Familie stammt. Sie überreden Sartre, im Februar 1978 eine gemeinsame Reise nach Israel zu machen. Sartre ist begeistert, dass die beiden jungen Leute keine Rücksicht auf seinen körperlichen Zustand nehmen und ihn behandeln wie einen gleichaltrigen Gefährten. Weil er kaum mehr gehen kann, muss er mit dem Rollstuhl zum Flugzeug befördert werden.

Was Simone de Beauvoir von dieser Reise hält, lässt sich nicht sagen. Nach den ärztlichen Ermahnungen ist es eigentlich unverantwortlich, Sartre solchen Strapazen auszusetzen. Andererseits unterstützt Beauvoir alles, was Sartre guttut und ihn geistig beschäftigt. Ganz und gar nicht einverstanden ist sie allerdings mit der Reportage, die Lévy von dieser Reise verfasst und die er in »Les Temps Modernes«, mit Sartres Zustimmung, veröffentlichen will. Mag sein, dass Eifersucht auf seine Rolle bei Sartre im Spiel ist, als sie mit ihm redet und ihm sagt, dass sein Text nichts taugt und schlecht geschrieben ist. Auch die Redaktionsmitglieder der Zeitung sind ihrer Meinung. Schließlich kommt es bei einem Treffen der Redaktion mit Lévy in Beauvoirs Wohnung zu einem Eklat. Lévy wirft seinen Kritikern vor, tot zu sein, und verlässt wutentbrannt die Runde.[7]

Waren Beauvoir und Lévy bisher bemüht, miteinander auszukommen, so geben sie sich nun keine Mühe mehr zu verheimlichen, dass sie sich nicht ausstehen können. Schlimmer noch: Der Zwischenfall führt dazu, dass sich zwei Lager bilden. Auf der einen Seite stehen Beauvoir und die »Familie«, die den »alten« Sartre zurückhaben und ihn vor Lévy schützen wollen. Die Gegenseite bilden Lévy und Arlette, die den »neuen« Sartre verteidigen gegen die alte Garde, die, so ihre Meinung, ihn auf Überzeugungen festlegen will, die er längst hinter sich gelassen hat. Sartre selbst verhält sich unbestimmt. Er verbringt einen harmonischen Urlaub in Rom mit Simone, lässt aber keinen Zweifel daran, wie wichtig Lévy in seinem Leben ist. Nach wie vor will er die Gespräche mit ihm veröffentlichen. Was er darin für Ansichten äußert, erfährt Simone nicht. Sie werden zunächst auf Band gesprochen und dann nach und nach von einer Freundin Lévys abgetippt.

Wenige Tage bevor ein erster Teil des Textes als Vorabdruck im »Nouvel Observateur« erscheinen soll, am 10. März 1980, kann ihn Beauvoir in Sartres Wohnung lesen. Und sie ist entsetzt! Dass Sartre in seinem Denken nie stehen geblieben ist und stets bereit war, alte Positionen aufzugeben, das weiß niemand besser als sie. Doch das, was sie hier liest, hat mit dem Sartre, den sie kennt und an den sie glaubt, nichts zu tun. Er behauptet plötzlich, die Angst, die doch für sein existenzialistisches Lebensgefühl so wesentlich ist und die er in seinen Büchern so eindringlich beschrieben hat, nie gekannt zu haben und nur einer Mode gefolgt zu sein. Er spricht davon, dass wir »Untermenschen« sind, die ein letztes Ziel in sich tragen und erst in einer fernen Zukunft zu wirklichen Menschen werden. Und was für Simone das Schlimmste ist – er verbindet dieses Prinzip Hoffnung jetzt mit religiösen Ideen. Er redet von »Messianismus«, von »Unsterblichkeit« und hält es für möglich, dass der Mensch nach seinem Tod in einer neuen Welt wiedergeboren wird und es eine »Auferstehung des Fleisches« gibt.[8]

Wenn Sartre wirklich meinte, was er in diesen Gesprächen sagt, dann würde er damit, nach Meinung seiner »alten« Freunde, nicht nur sein Lebenswerk zerstören, er würde als Person völlig unglaubwürdig werden. Und wäre damit nicht auch der Weg, den er gemeinsam mit Castor gegangen ist, von Anfang an ein Irrtum, ein Fehler, eine Sackgasse gewesen? Für sie besteht kein Zweifel daran, dass ihm diese Aussagen von Lévy mehr oder weniger in den Mund gelegt wurden. Die entscheidende Frage ist für sie, warum sich Sartre so leicht hat beeinflussen lassen. Für Simone ist es in erster Linie nicht seine körperliche Schwäche, nicht seine Blindheit, die ihn so nachgiebig gemacht hat, auch nicht seine zeitweise Verwirrtheit.

Ausschlaggebend ist für sie, dass Sartre immer auf die Zukunft hingelebt hat. Ein Leben ohne Zukunft war für ihn der Tod. Und den Tod wollte er nicht in sein Leben lassen. Nun, schwer krank, war die Zukunft für ihn versperrt. In Victor sah er eine Möglichkeit, diese Sperre zu überwinden. Victor war sein »Ersatz«, der weiterlebt, mit ganz neuen, radikalen Ideen, und er, Sartre, hatte mit den gemeinsamen Gesprächen daran mitgewirkt. So gesehen *muss* Sartre an Victor glauben, und je größer der Widerstand gegen ihn ist, desto eigensinniger hält er an ihm fest. »An Victor zu zweifeln«, so meint Beauvoir, »hieße, auf diese lebende Verlängerung seiner selbst zu verzichten, die ihm wichtiger war als das Urteil der Nachwelt.«[9]

Sartre legt das ganze Gewicht seines Namens darein, dass die Gespräche mit Lévy gedruckt werden. Alle Versuche, dies zu verhindern, scheitern. Neun Tage nach Erscheinen des ersten Artikels in »Nouvel Observateur« übernachtet Simone wieder in Sartres Wohnung. Als sie ihn am nächsten Morgen wecken will, sitzt er auf dem Bettrand und ringt nach Luft. Sie ruft sofort einen Arzt, der Sartre in die Klinik einweisen lässt. Simone wechselt sich mit Arlette an seinem Krankenbett ab. Einmal fasst er nach ihrem Handgelenk und sagt: »Ich liebe Sie sehr, mein kleiner Castor.«[10] Als seine Nieren versagen, gibt es keine Rettung mehr. Am 15. April 1980 ist Simone in ihrer Wohnung, als das Telefon läutet und Arlette ihr mitteilt, dass Sartre gestorben ist. Simone verbringt mit Lanzmann, Bost und anderen Freunden von »Les Temps Modernes« die Nacht im Sterbezimmer. Sie reden und trinken bis in die frühen Morgenstunden. Als die anderen gegangen sind, legt sich Simone an die Seite des toten Sartre.

Am Samstag, dem 19. April 1980, sind die Straßen von Montparnasse und Saint-Germain überfüllt von Menschen. Durch die Menge bahnt sich der Leichenwagen mit dem Sarg einen Weg zum Friedhof Montparnasse. Gestützt von Sylvie und ihrer Schwester Hélène, stolpert Simone de Beauvoir, eine Rose in der Hand, durch das Gedränge zum Grab, in das der Sarg bereits hinabgesenkt wurde. Sie kann sich kaum auf den Beinen halten und man holt von irgendwoher einen Stuhl, auf den man sie setzt. Alle können sehen, dass sie nahe am Zusammenbrechen ist. Lange hält sie es nicht aus. Sie wirft die Rose auf den Sarg und man bringt sie wieder weg. In den letzten Tagen hat sie auf ihre Freunde wie ein

»Zombie«[11] gewirkt. Ihren Schmerz und ihre Trauer konnte sie nur mit viel Alkohol und Valium ertragen. Es geht ihr so schlecht, dass sie auch nicht dabei sein kann, als Sartres sterbliche Überreste, wie er es sich gewünscht hat, eingeäschert werden. Als ihre Freunde von dieser Zeremonie zurückkommen, finden sie sie verwirrt und mit hohem Fieber vor. Sie bringen sie sofort in das Krankenhaus Cochin, unweit ihrer Wohnung. Dort stellt man eine Lungenentzündung fest. Sie bleibt tagelang halb bewusstlos.

Als sie wieder ansprechbar ist, erfährt sie, dass Arlette und Victor dabei sind, Sartres Wohnung auszuräumen. Victor nimmt alle Möbel mit. Arlette sichert sich sämtliche Schriften und Papiere. Simones Bitte, einige persönliche Gegenstände und Manuskripte zu bekommen, lehnt Arlette ab. Nur wenige Bücher rückt sie heraus. Einen Monat lang liegt Simone in der Klinik, und nach einer Kur in der Bretagne kehrt sie in ihre Wohnung in der Rue Schœlcher zurück. Ständig ist jemand bei ihr, weil sie weiter verzweifelte Momente hat und man fürchtet, dass sie sich etwas antut. Der wichtigste Mensch ist für sie Sylvie. Ohne Sylvie, da sind sich ihre Freunde sicher, wäre sie in dieser Zeit verloren. Noch in der Klinik hat Simone beschlossen, Sylvie zu adoptieren. Mit Hélène, ihrer Schwester und rechtmäßigen Erbin, hat sie ein schwieriges Verhältnis. Außerdem lebt sie mit ihrem Mann zu weit weg, im Elsass. Sylvie soll im Krankheitsfall mit den Ärzten reden und über die Behandlung entscheiden dürfen und später auch ihr Erbe verwalten. Sylvie sträubt sich zuerst, weil sie nicht eine Rolle einnehmen will, wie Arlette sie für Sartre hatte. Schließlich überzeugen sie Simones Argumente und sie willigt ein.

Im Herbst 1980 befreit sich Simone aus dem tiefen Loch, in das sie nach Sartres Tod gefallen war. Sie will leben, und der beste Beweis dafür ist, dass sie wieder Lust hat zu reisen. Das Reisen, so meint sie in ihrem Buch über das Alter, sei das beste Mittel, um in einer immer schneller dahinfließenden Zeit Halt zu finden, Gegenwart zu erfahren.[12] Mit Sylvie unternimmt sie eine Schiffsreise nach Norwegen, und nach ihrer Rückkehr greift sie zu einem altbewährten Mittel, die Zeit anzuhalten, zum Schreiben. Auf der Grundlage ihres Notizbuches schildert sie die letzten Jahre Sartres. In gewisser Weise lässt sie ihn noch einmal sterben. Sie beschreibt seinen langsamen Verfall, wie es dem Credo entspricht, das Sartre und sie immer vertreten haben, nämlich, alles offenzulegen, nichts zu verbergen.

In diesem Buch, das sie *La cérémonie des adieux*, deutsch: *Die Zeremonie des Abschieds*, nennt, werden in aller Härte die Schattenseiten des Alters gezeigt. Leid wird nicht verklärt, eine Hoffnung über den Tod hinaus gibt es nicht. Was es allein gibt, ist eine liebende Anteilnahme, eine zärtliche Nähe zwischen »Castor« und Sartre, und beides findet man eher zwischen den Zeilen. Als das Buch erscheint, sind viele schockiert über ihre schonungslose Darstellung. Beauvoir ärgert sich über die scheinheilige Entrüstung mancher Kritiker, die gern erklären, gegen alle Tabus zu sein, aber entsetzt aufschreien, wenn man erwähnt, »dass jemand in die Hosen geschissen hat, weil er alt und krank war«[13].

Solche unangenehmen Dinge zu verschweigen hieße für Beauvoir, der Bildung von Mythen Vorschub zu leisten. Mythen sind Bilder, die eine Wirklichkeit darstellen, wie sie sein soll, nicht, wie sie ist. Solche Bilder hat Simone de Beauvoir immer bekämpft. Besonders den »Mythos Frau«, der für sie in den Filmen mit der jungen Brigitte Bardot wieder hoffähig wurde.[14] Als immer »lockendes Weib« mimt Bardot darin die wilde, hilfsbedürftige, infantile Frau, die nur von einem starken Mann gebändigt und beschützt werden kann. Ein solches Frauenbild ist für Beauvoir ein Kulturprodukt, ein von Männerfantasien geschaffenes Ideal, das mit den wirklichen Eigenschaften und Bedürfnissen von Frauen nichts zu tun hat.

Eine Mythenbildung um Sartre will sie erst gar nicht aufkommen lassen und erst recht nicht einen Mythos um das seltsame, geheimnisumwitterte Paar Beauvoir/Sartre. Das ist sicher ein Grund, warum ihr daran gelegen ist, die Briefe Sartres frühzeitig der Öffentlichkeit zugänglich zu machen. Alle sollen und können wissen, dass der vielleicht größte Philosoph seiner Zeit und Literaturnobelpreisträger wahrlich kein Heiliger war, sondern ein kleiner, hässlicher Mann mit vielen Fehlern, aber von »restloser Großzügigkeit«, »grenzenlosem Vertrauen«[15] und unbedingtem Wahrheitswillen. Und alle sollen aus den Briefen ersehen, was sie und Sartre einander bedeuteten und dass ihre Beziehung ganz gewiss nicht dem Bild einer romantischen, ungetrübten Liebe entsprach, aber der Versuch war, eine Gemeinschaft zwischen einem Mann und einer Frau zu verwirklichen, die ehrlicher, freier und auch treuer sein kann als das Zusammenleben in einer bürgerlichen Ehe.

Der Fußboden in ihrer Wohnung ist übersät mit Briefen Sartres. Welche veröffentlicht werden und in welcher Form, das ist nicht allein ihre Entscheidung. Arlette verwaltet den Nachlass, und Simone ist auf ihre Zustimmung angewiesen. Arlette hat das Recht auf ihrer Seite, Simone den Anspruch als Sartres Lebensgefährtin und ihr öffentliches Ansehen. Ihr Eintreten für die Frauenbewegung hat sie nun auch in die Politik geführt. Sie hat bei den Präsidentschaftswahlen im Frühjahr 1981 ihre Stimme dem sozialistischen Kandidaten François Mitterrand gegeben, weil er ein offenes Ohr für die Belange der Frauen hat. Als neugewählter Präsident hat Mitterrand ein eigenes Ministerium für die Rechte der Frau geschaffen und der Frauenrechtlerin Yvette Roudy die Leitung übertragen. Beauvoir schätzt Roudy sehr und ist bereit, bei einer Kommission mitzuarbeiten, die konkrete Vorschläge für die Verbesserung der Situation von Frauen in der französischen Gesellschaft erarbeitet. Sie unterstützt Roudy bei ihrem Vorhaben, ein Gesetz gegen Sexismus einzuführen. Als sich dagegen ein wahrer Proteststurm erhebt, greift auch Beauvoir in die Debatte ein.

Vehement weist sie den Einwand zurück, dass mit einem solchen Gesetz die Freiheit der Kunst beschnitten wird, Bücher und Filme zensiert werden, man Liebe und Vergnügen verbieten wolle und nun ein Bilderverbot wie in totalitären Staaten eingeführt werden soll. Das Gesetz richtet sich, so stellt sie klar, in erster Linie gegen die Darstellung von Frauen in der Werbung, und Beauvoir findet es grotesk, dass gerade Werbetreibende sich als Verteidiger der Freiheit aufspielen. Was diese als Freiheit verstehen, ist für sie lediglich die Freiheit, mit sexistischer Werbung Geld zu verdienen. Diese »Profiteure«, die nun lauthals gegen das geplante Gesetz protestieren, vergleicht sie mit wild gewordenen Hunden, denen »der Verlust ihres Knochens droht«.[16]

Beauvoir ist sich im Klaren darüber, dass ein Gesetz nicht über Nacht die sexistische Einstellung von Männern aus der Welt schafft. Aber einzelne schwerwiegende Fälle können bestraft werden und so kann sich auf lange Sicht auch etwas in den Köpfen der Menschen ändern. Solange das nicht der Fall ist, bleiben Männer für sie »Meister der Manipulation«, wobei sie keine Feindbilder aufbauen will. So wie Frauen nicht als Frau zur Welt kommen, sondern es erst werden, so werden für sie auch »Männer nicht als Männer geboren, sondern werden dazu gemacht«. In der gegenwärtigen Situation kommt für Beauvoir allen Frauen die Aufgabe zu, dem männlichen Anspruch, das höherwertige Geschlecht zu sein, entgegenzutreten. Sie sollen sich weigern, »sich von einer eisernen Faust regieren zu lassen […], selbst wenn diese Faust voller Diamanten ist«.

Das Gesetz scheitert am heftigen Widerstand. Die Zeit scheint noch nicht reif dafür. Simone glaubt nicht, dass sie in dieser Sache noch einen Fortschritt erleben wird. Sie fühlt sich zu alt. Fünfundsiebzig ist sie am 9. Januar 1983 geworden. Sie hat gesundheitliche Probleme und die Liste der Dinge, die sie nicht mehr machen kann, wird immer länger. Der Gedanke an den Tod macht sie weniger traurig als früher. Tod bedeutet für sie »Abwesenheit von der Welt«, und sie hat sich mittlerweile schon mit so vielen Verlusten abfinden müssen. »Meine Vergangenheit ist abwesend«, schreibt sie, »und meine toten Freunde sind es.«[17] Ihre Freundin Violette Leduc hat sie vor zehn Jahren verloren. Und auch Nelson Algren lebt nicht mehr. Bis zuletzt hat er an Simone kein gutes Haar gelassen und ihr Briefe geschrieben, die so verletzend waren, dass sie sie niemandem zeigen wollte und auf die sie nicht geantwortet hat. »Autobiographie? Scheiße!«, hat er den letzten Band ihrer Memoiren kommentiert.[18] Anfang Mai 1981 wurde er in die »American Academy of Arts and Letters« aufgenommen. Am nächsten Tag wollte er diese Ehrung, auf die er sein Leben lang gewartet hatte, mit Freunden feiern. Als die ersten Gäste eintrafen, fanden sie ihn tot auf dem Boden liegend. Nur zweiundsiebzig Jahre wurde er alt.

Simone behält Nelsons Ring an ihrem Finger. Sie will noch einmal nach Amerika reisen, auch wenn es jetzt ein Amerika ohne Algren ist. Ihre letzte große Reise, zu der sie Sylvie begleiten soll. Das Geld dazu hat sie. Vor Jahren war ihr der österreichische Staatspreis für europäische Literatur verliehen worden und vor kurzem, in Kopenhagen, der hochdotierte und hochangesehene Sonning-Preis. Im Juli 1983 fliegen Sylvie und sie mit dem ersten Überschallflugzeug Concorde nach New York. Es wird eine Reise in die Vergangenheit, allerdings eine private, ohne Vorträge und Interviews, und die Reiseroute beschränkt sich auf die Staaten im Norden der Ostküste: Massachusetts, Cape Code, Connecticut, New Hampshire, Maine. In New York fühlt sie sich sofort wieder zu Hause. Die Stadt hat sich nur wenig verändert, seitdem sie mit Algren die Straßen durchstreift hat. Bedauerlich findet Simone nur, dass es viel weniger Sexshops gibt, nur noch Fastfood-Restaurants, und kaum noch jene Drugstores, in denen sie früher so gern gesessen und die Leute beobachtet hat.

Nachdem sie in Amerika wie eine namenlose Touristin frei

und unerkannt herumreisen konnte, ist die Rückreise nach Paris für Simone wie eine Rückkehr in ihr altes Ich. Sie fühlt sich als »monstre sacré«[19], wie ein »heiliges Monster«, das keiner mehr zu kritisieren und anzugreifen wagt. Anders als Sartre hat sie keinerlei Interesse daran, sich noch einmal neu zu erfinden. Sie lebt in der Gewissheit, ihr Lebenswerk hinter sich zu haben und nun den Jüngeren das Feld zu überlassen. Die Franzosen und Französinnen können sie im Fernsehen sehen, in einer mehrteiligen dokumentarischen Verfilmung von *Das andere Geschlecht*. Politikerinnen wie Indira Gandhi und Schriftstellerinnen wie Susan Sontag kommen darin zu Wort und betonen die Vorreiterrolle, die Beauvoir für die Emanzipation der Frauen gespielt hat. Simone nimmt auch weiterhin an Treffen von Frauengruppen teil. Inmitten der jungen Frauen sitzt sie dann in einem Sessel, und allein die Blicke, die auf sie gerichtet sind, zeigen, wie sehr sie verehrt wird als die weltberühmte Schriftstellerin und große alte Dame des Feminismus. Zugleich hat sie noch etwas vom Mädchen aus gutem Hause an sich. Alice Schwarzer erinnert sich daran, wie merkwürdig und ergreifend es aussah, wenn Simone, während sie scharfgeistig diskutierte, ihre Handtasche fest umklammerte.[20]

Wenn sie nach solchen Gesprächsrunden aufsteht oder, richtiger, aufzustehen versucht, ist nicht zu übersehen, dass sie nicht mehr die energische und drahtige Frau von einst ist. Oft greift sie nach einem Arm, um sich abzustützen. Sie klagt über Folgen des Alters. Aber alle, die ihr nahestehen, wissen, dass an ihrer zunehmenden Gebrechlichkeit nicht allein das Alter schuld ist, sondern ihre Schwäche für Whisky und für Tabletten, die sie übermäßig schluckt. Wenn sie in ihrer Wohnung ihren roten Hausmantel trägt, sieht man ihren angeschwollenen Bauch, ihre Haut ist gelblich und ihre Augen wirken wie erloschen. Sie schafft es auch nicht mehr, die Wendeltreppe zu ihrer Schlafgalerie hochzusteigen, und schläft auf dem Sofa in ihrem Wohnzimmer.

So wie sie versucht hat, Sartre vom Trinken abzuhalten, so ist es nun Sylvie, die Flaschen versteckt oder ihren Whisky verdünnt. Vergeblich. Es kommt immer jemand aus dem Freundeskreis vorbei, mit dem sie über die alten Zeiten reden und dabei trinken kann. Claude Lanzmann verbringt viele Abende bei ihr. Er versucht, sie von trüben Gedanken abzulenken, und erzählt von seinem Film »Shoah«, an dem er seit über zehn Jahren arbeitet. Der Film soll bald in die Kinos kommen und Lanzmann kann Simone dazu überreden, ein Vorwort für das Buch zum Film zu schreiben. Was sie dann abliefert, ist eher enttäuschend. Lanzmann hat den Eindruck, als ob Simone seit Sartres Tod ihre Lebenskraft verloren hat. Noch lange zu leben, daran scheint ihr nicht gelegen. »Zu lange leben bedeutet, die überleben, die man liebt«, heißt es in ihrem Buch über das Alter.[21] Wie für Sartre, so ist auch für Simone der Tod das »Unrealisierbare«. Er ist der »Grenzstein am Horizont«[22], die Grenze der Möglichkeiten. Ihn selbst kann man nicht erleben, noch kann man sich ihn vorstellen. »Ich werde tot sein für die anderen, nicht für mich«, schreibt sie.[23]

Seit dem Tod ihrer Mutter hat Simone Angst davor, wie diese zu stürzen und einen langen Leidensweg vor sich zu haben. An einem Montag im Dezember 1984 findet Sylvie sie auf dem Boden liegend. Sie hat sich nichts gebrochen, aber durch die lange Zeit auf dem kalten Untergrund hat sie sich eine Lungenentzündung zugezogen. Es dauert Monate, bis sie sich davon erholt hat. Im Sommer ist sie wieder so weit hergestellt, dass sie mit Sylvie eine Reise nach Ungarn und Tirol machen kann. Im Frühjahr darauf muss sie mit schweren Magenkrämpfen ins Krankenhaus gebracht werden. Man vermutet einen Darmverschluss und operiert sie. Bei dem Eingriff stellt sich heraus, dass die Schädigung der Leber durch die Zirrhose weit fortgeschritten ist und auch die Lunge betroffen ist. Sie kann noch Besuche empfangen und reden. Doch im April verschlechtert sich ihr Zustand rapide. Als

Lanzmann sie zuletzt besucht, steckt ein dicker Schlauch in ihrem Mund und ihre Augen sind starr. Lanzmann redet mit ihr, obgleich er sich sicher ist, dass sie ihn nicht mehr hört. Es sei, so berichtet er später, »zum Herzerbarmen« gewesen, »bei ihr zu sitzen, ihr die Hand zu halten, während sie den Kopf nicht mehr bewegen konnte«.[24]

Simone de Beauvoir stirbt am 14. April 1986 um vier Uhr nachmittags, fast genau sechs Jahre nach Jean-Paul Sartres Tod. In den nächsten Tagen berichten alle Zeitungen über ihren Tod und über ihr geistiges Erbe. Die Tageszeitung »Libération« widmet ihr zwölf Seiten, dazu ein Bild von ihr auf der ersten Seite mit der Überschrift in Großbuchstaben »UNE FEMME« – »EINE FRAU«. Im »Figaro« trauert die Schriftstellerin Geneviève Gennari um ihre Freundin und beschreibt sie als eine Frau, die nach außen hin kalt wirkte, aber in Wahrheit zerbrechlich und verletzlich war und ihr Leben »in Tränen« verbrachte. Der neue Premierminister Jacques Chirac meint, dass mit Simone de Beauvoirs Tod eine Epoche zu Ende gehe.[25]

Simone de Beauvoir wurde am 19. April 1986 auf dem Friedhof beerdigt, bevor man sie später einäscherte. Im Krankenhaus hatte Sylvie der Toten ihren roten Turban aufgesetzt, den sie im Sarg immer noch trug. Dazu ihren roten Hausmantel und den Ring Algrens an ihrem Finger. Im Nieselregen las Claude Lanzmann am Grab aus den letzten Seiten ihres Memoirenbandes *Der Lauf der Dinge*:

»Der Tod ist nicht mehr ein brutales Abenteuer in weiter Ferne, er verfolgt mich in den Schlaf hinein. Beim Erwachen spüre ich seinen Schatten zwischen der Welt und mir: Das Sterben hat schon begonnen. Das hatte ich nicht vorausgesehen – dass es so früh beginnt und dass es so weh tut. Vielleicht wird der Tod nicht allzu schmerzlich sein, nachdem alles mich verlassen hat und das Dasein, auf das ich nicht verzichten wollte, mein Dasein, kein Dasein mehr sein wird, überhaupt nichts mehr sein wird und sich mit Gleichmut wird wegfegen lassen. […] Manchmal ist mir der Gedanke, mich ins Nichts aufzulösen, genauso abscheulich wie früher. Voller Melancholie denke ich an all die Bücher, die ich gelesen, an all die Orte, die ich besucht habe, an das Wissen, das sich angehäuft hat und das nicht mehr da sein wird. Die ganze Musik, die ganze Malerei, die ganze Kultur, so viele Bindungen: Plötzlich bleibt nichts mehr. Wenn man meine Bücher liest, wird der Leser bestenfalls denken: Sie hat aber viel gelesen! Aber dieses einzigartige Ganze, meine persönlichen Erfahrungen mit ihrer Folgerichtigkeit und ihren Zufällen – […] – das alles wird niemals wieder auferstehen. Wenn ich wenigstens die Erde bereichert, wenn ich etwas geschaffen hätte …was denn? Einen Hügel? Eine Rakete? Aber nein, Nichts wird stattgefunden haben. Ich sehe die Haselstrauchhecke vor mir, durch die der Wind fuhr, und höre die Versprechungen, mit denen ich mein Herz berauschte, ein ganzes Leben, das vor mir lag. Sie wurden erfüllt. Aber wenn ich jetzt einen ungläubigen Blick auf dieses leichtgläubige junge Mädchen werfe, entdecke ich voller Bestürzung, wie sehr ich geprellt wurde.«[26]

Die Urne mit ihrer Asche wurde im Grab beigesetzt, in dem bereits Sartres Urne lag. Auf dem Friedhofsplan des Cimetière de Montparnasse hat es die Nummer 5/1. Am Eingang hält man sich rechts und gelangt gleich zur Grabstelle. Es ist schlicht. Eine weiße Steinplatte und ein Grabstein, auf dem beider Namen und ihre Lebensdaten eingraviert sind. Sonst nichts. Kein Bibelzitat, keine hoffnungsvollen Worte. Die letzten Sätze in ihrem Buch über die letzten Jahre Sartres wären ein passender Grabspruch:
»Sein Tod trennt uns. Mein Tod wird uns nicht wiedervereinen. So ist es nun einmal. Schön ist, dass unsere Leben so lange harmonisch vereint sein konnten.«[27]

EPILOG

BEGEGNUNGEN MIT
SIMONE DE BEAUVOIR

In den ersten Jahren auf dem Gymnasium war unser Religionslehrer ein Franziskanerpater. Er war schon alt oder kam mir Teenager jedenfalls alt vor mit seinen wenigen grauen Haaren auf seinem runden Schädel und der roten Knollennase. Er trug das Habit seines Ordens, eine braune Kutte, die mit einem weißen Strick unter seinem Bauch zusammengehalten wurde. Am meisten faszinierte mich sein Schuhwerk. Es waren einfache Sandalen aus Leder. Im Sommer steckten seine nackten Füße darin und man sah seine verhornten Zehen mit den gelblichen Nägeln. Im Winter trug er grobe graue Socken.

Man merkte dem Pater an, dass er ungern unterrichtete. Er diktierte uns Texte in unsere Hefte, die wir lernen sollten und die er dann abfragte. Bei den schriftlichen Prüfungen hatten wir unsere aufgeschlagenen Hefte unter dem Pult und schrieben einfach ab. Er sah es und sagte nichts. Er wusste, dass wir ihn nicht ernst nahmen, und ihm war es sichtlich unangenehm, dass er Prüfungen abhalten und Noten geben musste.

Dann wurde alles anders. Es muss in der neunten oder zehnten Klasse gewesen sein, als wir einen neuen Religionslehrer bekamen. Bevor er zum ersten Mal vor uns stand, eilte ihm schon der Ruf voraus, an der Universität gewesen zu sein, worunter sich zwar keiner etwas Genaues vorstellen konnte, aber uns dennoch imponierte. Er war ein kleiner Mann mit einem dichten schwarzen Haarschopf. Also keine Kutte und keine Sandalen mehr. Und was er unterrichtete, war auch etwas ganz anderes. Er muss in viele ungläubig staunende Gesichter gesehen haben, als er ankündigte, mit uns den Atheismus durchnehmen zu wollen. Wir lasen

Nietzsche und Feuerbach und er erzählte uns von einer neuen philosophischen Richtung – dem Existenzialismus. Das war das erste Mal, dass ich den Namen Simone de Beauvoir hörte. In meinem Kopf nisteten sich Wörter wie »Geworfensein«, »Freiheit«, »Angst« ein und manche Sätze wurden zu einem Mantra, das ich vor mich hin dachte mit einer Mischung aus Irritation und wachsender Faszination: »Die Existenz geht der Essenz voraus«, »Der Mensch ist dazu verurteilt, frei zu sein«, »Man ist nur das, was man aus sich macht.« Der Erfolg seines Unterrichts war, dass ich einen schwarzen Rollkragenpullover trug und einen existenziellen Trotz gegen Schule entwickelte. Ich wollte nicht, wie in allen anderen Fächern, auch in diesem Fach benotet werden. Also lieferte ich bei den Prüfungen nicht die erwarteten Antworten ab, sondern schrieb meine Gedanken nieder. Der Lehrer gab mir das Blatt zurück mit einem bedauernden Lächeln, was so viel sagte wie: Thema leider verfehlt, aber gute Antworten!

Ich glaube, er wusste, dass er mich ziemlich durcheinandergebracht hatte. Diese neuen Gedanken waren so verstörend wie befreiend. Ich erinnere mich, wie ich zu Hause am Mittagstisch saß und mir alles wie neu vorkam, sogar der Tisch, der Teller und die Suppe. Es war, als ob ich mit meinem Kopf durch eine Decke gestoßen wäre und mich nun in einem hellen, weiten Raum befände. Was mich so verwirrte, war die Erfahrung, die jeder macht, der entdeckt, dass er bisher in einem Kokon von vorgegebenen Werten und Ansichten gelebt hat und nun beginnt, das alles infrage zu stellen und selbst zu denken.

Das war die erste Begegnung.

In den Sommerferien verbrachte ich oft eine Woche bei meiner Schwester in München. Sie war schon früh von unserer Familie weggegangen, um Dolmetscherin zu werden. Dazu hatte sie ein Jahr lang in Paris verbracht. Als Au-pair hatte sie bei einer vornehmen Familie gearbeitet und an der Sorbonne Sprachkurse belegt. Stolz schrieb sie in einem Brief nach Hause, dass sie als Einzige aus ihrer Klasse in die »A-Dégré« aufgenommen worden war, das war der anspruchsvollste Kurs an der Sorbonne. Als sie nach München zurückkehrte, hatte sie viele Bücher in ihrem Gepäck, vor allem Bücher von Simone de Beauvoir, die zu ihrer Lieblingsschriftstellerin geworden war.

Ich sah diese Bücher vor mir in einem Regal, wenn ich in der engen Altbauwohnung auf meiner Matratze lag. Die meisten waren auf Französisch, einige in deutscher Übersetzung. Sie empfahl mir, *Alle Menschen sind sterblich* zu lesen, wahrscheinlich, weil sie dachte, dass mir Teenager diese abenteuerliche Geschichte noch am ehesten gefallen würde. Während sie arbeiten musste, durchstreifte ich die Stadt mit dem Buch in der Tasche, und zwischendurch lag ich auf der Wiese im Englischen Garten oder auf einer Parkbank und las die Geschichte vom Grafen Fosca, der nicht sterben konnte.

Das nächste Buch nahm ich mir selber aus dem Regal, es waren die *Memoiren eines Mädchens aus gutem Hause.* Auf den Treppenstufen der Bavaria-Statue am Rande der Theresienwiese, ich weiß es noch genau, las ich die Seiten, auf denen Simone schildert, wie sie in ihrem Zimmer im Hause des Großvaters in Meyrignac, auf ihre Ellbogen gestützt, aus dem Fenster auf den abendlichen Garten schaut, beten will und dann entdeckt, dass Gott ihr nichts mehr bedeutet. Es stellte sich jene Gleichzeitigkeit ein, die für mich nur Literatur zu erzeugen vermag. Ich litt mit Simone an der dummen Selbstgefälligkeit des Vaters und an der Prüderie und Verständnislosigkeit der Mutter. Ich ärgerte mich über Jacques, der sein Künstlertum nur vorspielte. Und ich trauerte um Zaza, die zerrieben wurde zwischen den Erwartungen ihrer Familie und ihren eigenen Wünschen.

Was mich zum mitlebenden Leser machte, war nicht der Atheismus der jungen Simone – da war ich vorbereitet und ging andere Wege. Es war auch nicht ihr Leiden an den Vorurteilen, denen zufolge eine junge Frau hübsch und reizend sein muss, aber keinen »männlichen Verstand« haben darf – ich war ja schließlich ein Mann und nicht so klug wie sie. Es war die Beharrlichkeit, mit der sie etwas verfolgte, das anfangs nur im Keim da war, dann zur Gewissheit wurde und schließlich zum Entschluss führte, eine Schriftstellerin zu werden. Ich glaube, sie hat ein kleines Licht in mir angezündet, das nicht mehr zu löschen war.

Das war die zweite Begegnung.

Viele Jahre später. Ich war Anfang dreißig, verheiratet und Vater. Ich hatte ein Studium der Literatur und Philosophie hinter mir. Ich schrieb für Zeitungen, aber das war nicht das, was ich wollte. Ich war nicht unglücklich, aber meine Situation nahm mir manchmal die Luft und ich musste raus. Eines Tages bestieg ich den Nachtzug nach Paris. Ich kam am nächsten Morgen am Gare de L'Est an und nahm mir ein Zimmer in einem Hotel nahe Montmartre. Ich besuchte Museen und Ausstellungen und stromerte ansonsten ziellos durch die Stadt. Als ich an einer antiquarischen Buchhandlung vorbeikam, ging ich kurzentschlossen hinein. Ich wollte nur stöbern, stieß dann aber auf eine Ausgabe von *Die Mandarins von Paris*, die ich mir kaufte. In den folgenden Tagen tat ich fast nichts anderes, als darin zu lesen. Es regnete viel. Auf den Markisen der Cafés sammelte sich das Wasser, floss seitlich über und platschte auf das Pflaster. Das schlechte Wetter machte mir nichts aus. Ich unternahm kaum noch was. Es reichte mir, in einem Buch zu lesen, das an ebendem Ort spielte, an dem ich war. Ich war sozusagen mittendrin. Mit den politischen Kontroversen, die im Buch beschrieben werden, konnte ich nicht viel anfangen. Mir gefielen die Intensität der Gespräche und vor allem diese Welt, in der so viel gelacht, gestritten und geliebt wurde.

Die Menschen darin sind in ständigem Austausch über ihre Ideen, Zweifel, Nöte, so als lebten sie in einer haltlosen Welt, in der sie in jedem Augenblick durch Worte den Sinn ihres Daseins sichern müssten. Vielleicht war es das, was mir fehlte.

Das war meine dritte Begegnung mit Simone de Beauvoir.

Die vierte ist dieses Buch. Als der Verlag mir ermöglichte, über Simone de Beauvoir zu schreiben, waren die früheren Begegnungen sofort wieder da. Sie bildeten ein Vertrauen, auf das ich bauen konnte und das zum Schreiben unverzichtbar war. Die Beauvoir in mir sozusagen. In der erneuten Auseinandersetzung mit ihr entdeckte ich viele neue Seiten an ihr, auch verstörende. Mir wurde bewusst, wie provozierend ihr Leben und Schreiben waren und sind. Sicher, sie wurde bewundert, aber für ihren Willen zur Offenheit hat sie auch bezahlen müssen. Sie wurde, wie auch Sartre, mit »Hasstiraden, Gehässigkeiten, Gift und Galle«[1] überschüttet. Nach Beauvoirs Tod wurde es noch schlimmer, als ihre Tagebücher, ihre Briefe an Sartre und der Briefwechsel mit Nelson Algren und mit Jacques Bost erschienen. Nun konnten alle nachlesen, wie sie mit Olga, Bianca und Nathalie ins Bett ging, wie Nelson Algren ihren Körper wieder zum Leben erweckte, wie sie nebenbei noch mit dem jungen Bost ein langjähriges Verhältnis hatte, wie viele Gläser Whisky sie am Tag trank und wie viele verletzte Seelen sie hinterließ. Ein Verhalten, das man bei den Figuren in ihren Büchern noch hinnahm, weil es eben nur »Literatur« war, mochte man der realen Person Simone de Beauvoir nicht mehr verzeihen. Dabei liegt es für jeden, der ihr Werk kennt, auf der Hand, dass man bei dieser Frau Leben und Schreiben nicht voneinander trennen kann. Wie also mit ihr umgehen?

Simone de Beauvoir gibt selbst Hinweise dazu. Neben dem Thema der »Freiheit« hat kein anderes Problem Beauvoir so beschäftigt wie der Kontrast zwischen der Selbst- und der Fremdwahrnehmung. So wie wir uns selbst innerlich erleben, bleibt es uns immer mehr oder weniger fremd, wie wir von anderen gesehen werden. Einerseits haben wir eine »ungetrübte Vertrautheit«[2] mit uns selbst, andererseits sind wir ein »Bestandteil der Welt«[3], die sich über uns Meinungen und Urteile bildet. Beauvoir fand es immer irritierend, dass sie nur für andere »Simone de Beauvoir« war. Für sie selbst war dieses Bild nicht greifbar. Die Aufmerksamkeit, die ihr durch ihre Berühmtheit zuteilwurde, bereitete ihr Sorgen. Man erwartete von ihr Antworten auf Lebensfragen, man verehrte oder verdammte sie. Sie fand, dass kein Mensch das Recht habe, von ihr Lösungen zu fordern oder über sie den Stab zu brechen.[4] Sie hatte ihr Leben so gelebt, wie sie es wollte und für richtig hielt, in freier Entscheidung. Keineswegs dachte sie, dass dieses Leben vorbildlich sei, es erschien ihr eher als »Problemfall«, mit Höhen und Tiefen, Geglücktem und Misslungenem, Einsichten und Irrtümern, Verdiensten und Schuld.

Als ich dieses Buch schrieb, habe ich mehr und mehr gelernt, Simone de Beauvoir als lohnende Zumutung zu verstehen, als Angebot, das eigene Weltbild und die eigenen moralischen Vorstellungen von ihr infrage stellen zu lassen. Ich unterschlug nicht die Skandale, die sie auslöste, ihre zahlreichen Affären mit Frauen und Männern, ihre politische Blindheit oder ihren Alkoholkonsum, aber ich vermied es, diese Dinge voyeuristisch zu schildern oder in anklagender Weise aufzuzählen.

Es ist unmöglich zu wissen, wie es war, Simone de Beauvoir zu sein. Selbst wenn es uns gelingt, uns in sie hineinzuversetzen, bleibt unsere Betrachtung immer mehr oder weniger äußerlich. Diese Kluft verleitet zum Werten. Aber ist es nicht so, dass wir allzu leicht Urteile fällen, weil wir uns damit besser, überlegener fühlen? Wer sagt, dass unsere Maßstäbe die gültigen sind? Dass unsere Art zu leben besser ist? Würden wir uns nur noch mit Büchern und Lebensgeschichten beschäftigen, die uns in unseren Ansichten und Wertungen bestätigen, wir würden verarmen und zu intoleranten Moralisten werden. Aufgabe von Kunst, Literatur und Philosophie ist es immer noch, uns mit dem Andersgedachten, Andersgefühlten, Andersgelebten zu konfrontieren.

Und wie kann man Simone de Beauvoir heute begegnen? Ist sie immer noch eine Herausforderung? Zu ihrem hundertsten Geburtstag im Januar 2008 zeigte die Zeitschrift »Nouvel Observateur« auf der Titelseite ein Foto, das die einundvierzigjährige Simone de Beauvoir nackt von hinten in einem Badezimmer zeigt, aufgenommen von einem befreundeten Fotographen Nelson Algrens in Chicago. Daneben die Schlagzeile »Simone de Beauvoir. La scandaleuse«. Feministinnen protestierten zu Recht gegen diese Form von sexistischem und geschäftstüchtigem Voyeurismus. Abgesehen von der durchschaubaren Absicht, mit der nackten Beauvoir einen Skandal zu erregen, kann man fragen, ob sie heute mit ihrem Leben und Denken noch provoziert.

In den Tagungen und Kolloquien, die anlässlich ihres runden Geburtstages stattfanden, wurde jedenfalls ihre anhaltende Bedeutung unterstrichen. In Frankreich ist sie neben Frauen wie Jeanne d'Arc, George Sand, Marie Curie, Coco Chanel oder Edith Piaf eine feste Größe im nationalen Gedächtnis. Das heißt nicht unbedingt, dass all ihre Bücher auch heute noch so begeistert gelesen werden wie vor fünfzig oder sechzig Jahren. Ihre literarischen Werke sind in Vergessenheit geraten. Ihr Name wird in erster Linie verbunden mit dem Buch, das schon zu ihren Lebzeiten für die größte Aufregung gesorgt hat – Le deuxième sexe, Das andere Geschlecht. Oft wird dieses Buch reduziert auf den einen Satz, der fast zu Tode zitiert worden ist: »Man wird nicht als Frau geboren, man wird es.«

Nach dem anfänglichen immensen Erfolg dieses opulenten Werks in den USA entfaltete es eine weltweite Wirkung. Für feministische Denkerinnen wie Kate Millet, Julia Kristeva oder Judith Butler ist das Werk eine ultimative Pionierleistung, an der niemand vorbeikommt, der sich mit der Rolle der Frau in einer Gesellschaft beschäftigt. Gleichgültig, ob Beauvoirs Ideen weitergeführt, abgewandelt oder kritisiert wurden, unbestritten bleibt, dass sie die Grundlage für alle nachfolgenden Diskussionen geschaffen hat. Dabei darf man nicht vergessen, dass sie ihre Gedanken auch in ihren literarischen Büchern verarbeitet und danach gelebt hat. Philosophie, Literatur, Leben sind bei Beauvoir eins. Was ist ihre zentrale Botschaft, die, nach den Worten der Philosophin Catherine Newmark, »unsere Kultur bis heute prägt«?

Simone de Beauvoir ist nicht nur Wegbereiterin des Feminismus, fast noch stärker wirken ihre philosophischen Gedanken nach. In dieser Hinsicht ist sie im Lauf der Jahre immer unabhängiger von Sartre wahrgenommen worden. Catherine Newmark, Philosophin und profunde Kennerin der Werke Beauvoirs, geht so weit zu behaupten, dass von dem berühmten Dreigestirn des Existenzialismus – Sartre, Camus, Beauvoir – eigentlich nur Simone de Beauvoir übriggeblieben sei und heute bei weitem den größten Einfluss habe. Die Aufmerksamkeit, die Beauvoir gerade in den letzten Jahren erfahren hat, scheint diese These zu bestätigen.[5] Newmark führt dieses Interesse darauf zurück, dass Beauvoir eine »existenzialistische Ethik« entworfen hat, die auf viele Fragen unserer Zeit eine Antwort oder zumindest eine Orientierung liefert.[6] Was Newmark meint, ist, dass Beauvoir, anders als Sartre, neben ihrer Forderung nach Freiheit auch die Grenzen dieser Freiheit gesehen hat, mithin also danach fragt, wie sich unser Handeln in einer modernen Welt moralisch rechtfertigen lässt. In Gesellschaften, in denen Kirchen und Religionen eine immer geringere Rolle spielen, ist diese Frage nach einer säkularen Ethik von zunehmender Dringlichkeit, ja überlebenswichtig.

Für Beauvoir ist diese Ethik unmittelbar verknüpft mit Verantwortung. Wer diese Verantwortung annimmt, stellt sich gegen die Versuchung, autoritären Führergestalten anzuhängen, die Schuld für Missstände allein bei anderen zu suchen, Sündenböcke anzuprangern oder sich als Opfer hintergründig wirkender Kräfte zu sehen. Er akzeptiert, dass das Gelingen des eigenen Lebens wie der Zustand der gemeinsamen Welt trotz aller Widerstände und Sachzwänge auch von seinen persönlichen Entscheidungen abhängt. Das bedeutet eine dauernde Herausforderung, eine ständige Anstrengung, der man sich nicht entziehen kann und darf. In Zeiten einer immer lückenloser werdenden Überwachung und der Lenkung unseres alltäglichen Lebens durch anonyme Systeme ist es dieser Appell Beauvoirs an unsere Freiheit und Verantwortung, der ihre Anziehungskraft bis heute ausmacht. Es scheint, dass dieser Appell gerade von einer jungen Generation wieder gehört wird, wenn sie die Politiker in aller Welt an die Verantwortung für unseren Planeten erinnert und dafür auf die Straße geht. Für all jene, die Beauvoir mit einem Stück ihrer Lebensgeschichte verbunden sind, bleibt sie die Repräsentantin einer Denktradition, die nicht verloren gehen darf. Was Iris Radisch als die ungebrochene Faszination des Existenzialismus beschreibt, gilt insofern auch und besonders für Simone de Beauvoir: Vertieft man sich in ihre Schriften, »ist es, als kehrte man nach Hause zurück«.[7]

QUELLENNACHWEIS

PROLOG

1 Ernst Jünger, Strahlungen II, Das zweite Pariser Tagebuch, München: dtv 1965, S. 227f.

2 Simone de Beauvoir, *Für eine Moral der Doppelsinnigkeit*, in: Beauvoir, *Soll man de Sade verbrennen?*, Reinbek bei Hamburg: Rowohlt 2007, S. 128f., 131 und 134 (im Folgenden abgekürzt als *Moral*)

3 Ernst Jünger, s.o., S. 265

4 Albert Camus, Der Mythos von Sisyphos. Ein Versuch über das Absurde, Reinbek bei Hamburg: Rowohlt 1964

5 Jean-Paul Sartre, Paris unter Besatzung, Artikel und Reportagen 1944-1945, Reinbek bei Hamburg: Rowohlt, S. 43

6 Beauvoir, *In den besten Jahren*, Reinbek bei Hamburg, Rowohlt 2004, S. 491

7 Jünger, a.a.O., S. 287

8 Siehe die Tagebuchaufzeichnungen von Michel Leiris, Tagebücher 1922-1989, herausgegeben und kommentiert von Jean Jamin, Graz-Wien: Literaturverlag Droschl 1996, S. 257f.

9 Beauvoir, *Eine transatlantische Liebe*, Briefe an Nelson Algren, 1947-1964, Reinbek bei Hamburg: Rowohlt 1999, S. 156 (im Folgenden abgekürzt als *Transatlantische Liebe*)

10 Beauvoir, *In den besten Jahren*, S. 510

I GEWORFEN

1 Beauvoir, *In den besten Jahren*, S. 467

2 ebenda, S. 469

3 Beauvoir, *Das andere Geschlecht*. Sitte und Sexus der Frau, Reinbek bei Hamburg: Rowohlt 2019, darin das Kapitel über »Kindheit«, S. 334ff., Zitat S. 335

4 Beauvoir, *Alles in allem*, Reinbek bei Hamburg: Rowohlt 1976, S. 9

5 Sartre, Die Wörter, Reinbek bei Hamburg: Rowohlt 1977, S. 64 und 91

6 Beauvoir, *Moral*, S. 100

7 Beauvoir, *Ein sanfter Tod*, Reinbek bei Hamburg: Rowohlt 1996,
  S. 38
8 Deidre Bair, Simone de Beauvoir, München: btb/Goldmann Verlag 1990, S. 41 (im Folgenden abgekürzt als »Bair«)
9 Beauvoir, *Memoiren einer Tochter aus gutem Hause*, Reinbek bei Hamburg: Rowohlt 1968, S. 11 (im Folgenden abgekürzt als *Memoiren
  einer Tochter*)
10 ebenda, S. 13
11 Beauvoir, Brief an Nelson Algren vom 6. 2. 1948, in: *Transatlantische
  Liebe*, S. 232
12 Beauvoir, *Memoiren einer Tochter*, S. 15
13 ebenda, S. 85
14 Beauvoir, *Moral*, S. 101
15 Beauvoir, *Amerika Tag und Nacht*, Reinbek bei Hamburg: Rowohlt
  1988, S. 21 (im Folgenden abgekürzt als *Amerika*)

II LÖCHER UND RISSE

1 Beauvoir, Brief an Nelson Algren vom 1. 1. 1957, *Transatlantische Liebe*, S. 796
2 Iris Radisch, Warum die Franzosen so gute Bücher schreiben. Von
  Sartre bis Houellebecq, Reinbek bei Hamburg: Rowohlt 2017,
  S. 19
3 Beauvoir, *Der Lauf der Dinge*, S. 357
4 Beauvoir, *Alles in allem*, S. 7
5 Beauvoir, *Memoiren einer Tochter*, S. 30
6 ebenda, S. 40
7 ebenda, S. 28
8 ebenda
9 ebenda, S. 89
10 Beauvoir, *Alles in allem*, S. 13
11 Beauvoir, *Ein sanfter Tod*, S. 77

III VORBILDER

1 Alice Miller, Du sollst nicht merken. Variationen über das Paradies-Thema, Frankfurt a. Main: Suhrkamp 1981, S. 105 und 107
2 Beauvoir, *Memoiren einer Tochter*, S. 88
3 Hélène de Beauvoir, Souvenirs, Ich habe immer getan, was ich wollte: die begabte Generation: Jean-Paul Sartre, Albert Camus, Simone de Beauvoir, Pablo Picasso, München: Sandmann 2014, S. 46 (im Folgenden abgekürzt als »Souvenirs«)
4 Siehe dazu: Inga Westerteicher, Das Paris der Simone de Beauvoir, Dortmund: Edition Ebersbach 1999, S. 18 f.
5 Bair, S. 88
6 Beauvoir, *Memoiren einer Tochter*, S. 94
7 Beauvoir, *Ein sanfter Tod*, S. 48
8 Hélène de Beauvoir, Souvenirs, S. 68
9 Beauvoir, *Memoiren einer Tochter*, S. 59
10 ebenda, S. 139
11 Siehe Beauvoir in einem Gespräch mit Deirdre Bair, in: Bair, S. 78
12 Beauvoir, *Memoiren einer Tochter*, S. 134
13 ebenda, S. 118
14 ebenda, S. 99 und 169, sowie, Beauvoir, Brief an Nelson Algren vom 9.1.1948, *Transatlantische Liebe*, S. 201
15 Beauvoir, *Memoiren einer Tochter*, S. 131
16 Alice Miller, Du sollst nicht merken, s. o., S. 116 und dies., Das Drama des begabten Kindes, Berlin: Suhrkamp 2017, S. 146 f.

IV DIE RUHELOSEN

1 Annie Ernaux, Erinnerung eines Mädchens, Berlin: Suhrkamp 2018, S. 58 und 21
2 Beauvoir, *Der Lauf der Dinge*, Reinbek bei Hamburg; Rowohlt 1990, S. 357
3 Beauvoir, *Memoiren einer Tochter*, S. 153/4
4 Diese Szene lässt Beauvoir ihr Alter Ego Marguerite erleben in: Beauvoir, *Marcelle, Chantal, Lisa...*, Reinbek bei Hamburg: Rowohlt 1981, S. 198

5 Beauvoir, *Memoiren einer Tochter*, S. 199
6 Hélène de Beauvoir, Souvenirs, S. 75
7 Beauvoir, *Memoiren einer Tochter*, S. 185 und 175
8 ebenda, S. 182 und 217
9 Franz Kafka, Tagebuch vom 12. November 1924, in ders.: Gesammelte Werke in sieben Bänden, hrsg. von Max Brod, Tagebücher 1910–1923, Frankfurt am Main: Fischer 1983, S. 322
10 Beauvoir, *Cahiers de Jeunesse*, texte établi, édité et présenté par Sylvie Le Bon de Beauvoir 1926–1930, Paris: Gallimard 2008, S. 48 (Übersetzung vom Autor, A. P.)
11 ebenda, S. 279/80
12 Beauvoir, *Memoiren einer Tochter*, S. 209, 201
13 ebenda, S. 175
14 Hélène de Beauvoir, Souvenirs, S. 86 und 94
15 Beauvoir, *Memoiren einer Tochter*, S. 208 und 193
16 Maurice Merlau-Ponty wird in den *Memoiren* Jean Pradelle genannt, René Maheu ist Herbaud
17 Beauvoir, *Cahiers*, S. 704

V FREIHEIT

1 Beauvoir, *Cahiers*, S. 698
2 Beauvoir, *Moral*, S. 85
3 ebenda, S. 133
4 Beauvoir, *Memoiren einer Tochter*, S. 279
5 Beauvoir, *Cahiers*, S. 722
6 Hélène de Beauvoir, Souvenirs, S. 100 f.
7 *Cahiers*, S. 728
8 ebenda, S. 737
9 ebenda, S. 754
10 Beauvoir, *Memoiren einer Tochter*, S. 332
11 *Cahiers*, S. 758
12 ebenda, S. 824
13 Beauvoir, *Memoiren einer Tochter*, S. 345
14 Sartre, Playboy-Interview, in: Sartre über Sartre, autobiographische Schriften, Bd. 1, Reinbek bei Hamburg: Rowohlt 1977, S. 129–143, hier S. 131

15 Beauvoir, Brief an Sartre vom 16.11.1939, in: Beauvoir, *Briefe an Sartre*, Band I, 1930-1939, Reinbek bei Hamburg: Rowohlt 1998, S. 344 (im Folgenden abgekürzt als *Briefe I*)

16 Bair, S. 186

17 Beauvoir, *In den besten Jahren*, S. 23 f.

18 Siehe dazu: Madsen, Axel, Jean-Paul Sartre und Simone de Beauvoir, Die Geschichte einer ungewöhnlichen Liebe, Reinbek bei Hamburg: Rowohlt 1982, S. 48

19 Beauvoir, *In den besten Jahren*, S. 21

VI DIE ANDEREN

1 Stanley, Matthew L./De Brigard, Felipe, Moral Memories and the Belief in the Good Self, in: aps = Association For Psychological Science, 2019, vol 28 (4), p. 387-391

2 zitiert nach Rüdiger Pohl, Das autobiographische Gedächtnis, Stuttgart: Kohlhammer 2007, S. 160

3 Beauvoir, *In den besten Jahren*, S. 192

4 Beauvoir, *Der Lauf der Dinge*, S. 7 f.

5 Beauvoir, *In den besten Jahren*, S. 49

6 Beauvoir, *Cahier*, Eintrag vom 9. Juni 1930, S. 839

7 Beauvoir, *In den besten Jahren*, S. 90

8 ebenda, S. 56

9 ebenda, S. 89

10 Bair, S. 214

11 siehe: Beauvoir, *Marcelle, Chantal, Lisa...*, Reinbek bei Hamburg: Rowohlt 1981 (»Anne« ist die vierte Frauengeschichte in diesem Band). Das Buch erschien erst 1971 unter dem Titel *Quand prime le spirituel*.

12 Bair, S. 220

13 Beauvoir, *In den besten Jahren*, S. 110

14 ebenda, S. 111

15 Brief Sartres an Simone de Beauvoir vom 9.10.1931, in: Sartre, Briefe an Simone de Beauvoir, Band 1, Reinbek bei Hamburg: Rowohlt 1984, S. 48 (im Folgenden abgekürzt als Sartre, Briefe 1)

16 Hélène de Beauvoir, Souvenirs, S. 127 ff.

17 Beauvoir, *In den besten Jahren*, S. 143

18 Hannah Arendt, Fernsehinterview mit Günter Gaus, in: Hannah
    Arendt, Ich will verstehen, München: Piper 1996, S. 57
19 Beauvoir, *In den besten Jahren*, S. 127 und 121

VII AMOUR FOU

 1 Sartre, Selbstporträt mit siebzig Jahren, in: Sartre, Sartre über Sartre.
    Autobiographische Schriften, Band 2, Reinbek bei Hamburg: Ro-
    wohlt 1977, S. 180–246, hier S. 186
 2 Sartre, Die Wörter, Reinbek bei Hamburg: Rowohlt 1968, S. 21
    und 48
 3 Sartre an Simone Jollivet, 1926, undatiert, in: Sartre, Briefe 1, S. 31
 4 Sartre, Tagebücher, Les Carnets de drôle de guerre, Reinbek bei
    Hamburg: Rowohlt 1996, S. 266 (im Folgenden abgekürzt als:
    Sartre, Tagebücher)
 5 Hannah Arendt, Französischer Existenzialismus, abgedruckt in:
    Philosophie Magazin, Sonderausgabe 09, November 2017: Die
    Existenzialisten: Lebe Deine Freiheit, S. 20
 6 Sartre, Tagebücher, S. 267
 7 Beauvoir, *In den besten Jahren*, S. 217
 8 ebenda, S. 210
 9 Sartre, Das Imaginäre, Phänomenologische Psychologie der Einbil-
    dungskraft, Reinbek bei Hamburg: Rowohlt 1971
10 Beauvoir, *In den besten Jahren*, S. 181
11 Sartre, Tagebücher, S. 247
12 Sartre, Brief an Beauvoir vom 30. 7. 1938, in: Sartre, Briefe 1, S. 211
13 Sartre, Tagebücher, S. 248
14 ebenda, S. 499
15 ebenda, S. 267
16 Beauvoir, *In den besten Jahren*, S. 220
17 Gespräch mit Deirdre Bair, in Bair, a. a. O., S. 239
18 Beauvoir, *In den besten Jahren*, S. 205
19 Sartre, Brief an Beauvoir, undatiert 1937, Briefe 1, S. 95
20 Sartre, Brief an Beauvoir, undatiert 1937, Briefe 1, S. 150
21 Sartre, Brief an Beauvoir, undatiert 1937, Briefe 1, S. 139f.
22 Bianca Lamblin, Memoiren eines getäuschten Mädchens, Reinbek
    bei Hamburg: Rowohlt 1994, S. 21

23 Beauvoir, *In den besten Jahren*, S. 249
24 Bianca Lamblin, S. 37
25 Beauvoir, *In den besten Jahren*, S. 308
26 ebenda
27 ebenda, S. 312

VIII IM KALTEN LICHT

1 Sartre, Brief an Louise Védrine (Tarnname für Bianca Bienenfeld) vom Juli 1939 und Brief an Beauvoir vom Juli 1938, Briefe 1, S. 238 und 183
2 Sartre, Brief an Beauvoir vom 14. 7. 1938, Briefe 1, S. 190
3 ebenda, S. 193–196
4 Beauvoir, Brief an Sartre vom 22. 7. 1938, in: Beauvoir, *Briefe I*, S. 60
5 Beauvoir, Brief an Sartre vom 27. 7. 1938, in: Beauvoir, *Briefe I*, S. 69
6 Beauvoir, Brief an Bost vom 30. 7. 1938, in: Simone de Beauvoir/Jacques-Laurent Bost, *Correspondance Croisée*, 1937–1940, Paris: Gallimard 2004, S. 33
7 Brief von Bost an Beauvoir vom 3. 8. 1938, in: *Correspondance Croisée*, S. 45
8 Beauvoir, *In den besten Jahren*, S. 8
9 Beauvoir, Brief an Nelson Algren vom 6. 12. 1951, *Transatlantische Liebe*, S. 675
10 Sartre, Brief an Beauvoir vom Juli 1938, Briefe 1, S. 186 f.
11 Bianca Lamblin, Memoiren eines getäuschten Mädchens, a. a. O., S. 49
12 ebenda
13 Hélène de Beauvoir, Souvenirs, S. 129
14 Sartre, Brief an Beauvoir vom Juli 1939, Briefe 1, S. 251
15 Sartre, Tagebücher, S. 500
16 Beauvoir, *Sie kam und blieb*, Reinbek bei Hamburg: Rowohlt 1984, S. 194
17 Beauvoir, Brief an Nelson Algren vom 24. 12. 1947, *Transatlantische Liebe*, S. 190
18 Beauvoir, Brief an Bost vom 8. 6. 1939, in: *Correspondance Croisée*, S. 397

19 Sartre, Brief an Louise Védrine vom 31. 8. 1939, Briefe 1, S. 282
20 Beauvoir, Brief an Sartre vom 7. 9. 1939, *Briefe I*, S. 94 f.
21 Sartre, Brief an Beauvoir vom 6. 10. 1939, Briefe 1, S. 350
22 Beauvoir, *In den besten Jahren*, S. 197
23 ebenda, S. 366
24 Sartre, Brief an Beauvoir vom 28. September und 15. November 1939, Briefe 1, S. 335 und 429
25 Sartre, Brief an Beauvoir vom 14. 10. 1939, Briefe 1, S. 364
26 Sartre, Brief an Beauvoir vom 7. 9. 1939, Briefe 1, S. 296
27 Beauvoir, *Kriegstagebuch, September 1939 – Januar 1941*, Reinbek bei Hamburg: Rowohlt 1994, S. 154
28 Sartre, Brief an Beauvoir vom 14. 10. 1939, Briefe 1, S. 365
29 Beauvoir, Brief an Sartre vom 26. 10. 1939, *Briefe I*, S. 282
30 Beauvoir, *Kriegstagebuch*, S. 157 f.
31 ebenda
32 Beauvoir, Brief an Sartre vom 10. 12. 1939, *Briefe I*, S. 430 und S. 452

IX AMEISE ODER MENSCH

1 Beauvoir, *Kriegstagebuch*, S. 339
2 ebenda, S. 345
3 Beauvoir, *Sie kam und blieb*, S. 150
4 Sartre, Brief an Beauvoir vom 24. 5. 1940, in: Sartre, Briefe an Simone de Beauvoir und andere, Band 2, Reinbek bei Hamburg: Rowohlt 1985 (= Briefe 2), S. 259
5 Beauvoir, *Phyrrus und Cineas*, in: Beauvoir, *Soll man de Sade verbrennen?* Drei Essays zur Moral des Existenzialismus, Reinbek bei Hamburg: Rowohlt 2007, S. 241
6 Beauvoir, *Kriegstagebuch*, S. 354 und Sartre, Tagebücher, S. 414
7 Sartre, Brief an Beauvoir vom 21. 1. 1940, Briefe 2, S. 56
8 Sartre, Brief an Beauvoir vom 24. und 29. 2. 1940, Briefe 2, S. 98 f. und 117
9 Beauvoir, Brief an Sartre vom 18. 2. 1940, in: Beauvoir, *Briefe an Sartre*, Band II, Reinbek bei Hamburg: Rowohlt 1998 (= *Briefe II*), S. 105
10 ebenda, S. 110

11 Sartre, Brief an Beauvoir vom 19. 5. 1940, Briefe 2, S. 251
12 Ich beziehe mich im Folgenden auf: Beauvoir, *Kriegstagebuch*, S. 380 ff.
13 Sartre an Beauvoir vom 10. 6. 1940, Briefe 2, S. 298
14 Beauvoir, *Kriegstagebuch*, S. 390
15 zitiert Hannah Arendt, Was ist Existenz-Philosophie, in: Sechs Essays, Heidelberg: Schneider 1948, S. 48–80, S. 50 f.
16 Beauvoir, *In den besten Jahren*, S. 402
17 ebenda, S. 403
18 Sartre, Brief an Beauvoir vom 2. 7. 1940, Briefe 2, S. 299 f.
19 Sartre, Brief an Beauvoir vom 23. 7. 1940, Briefe 2, S. 304
20 Bair, S. 294
21 Beauvoir, *Kriegstagebuch*, S. 446
22 Ich beziehe mich im Folgenden auf: Marius Perrin, Mit Sartre im deutschen Kriegsgefangenenlager, Reinbek bei Hamburg: Rowohlt 1983
23 Sartre, Brief an Beauvoir vom 26. 10. 1940, Briefe 2, S. 316
24 Sartre, Wir müssen unsere eigenen Werte schaffen. Ein Playboy-Interview, in: Sartre über Sartre, a. a. O., S. 133
25 Sartre, Bariona oder Der Sohn des Donners. Ein Weihnachtsspiel, in: Marius Perrin, Mit Sartre ..., a. a. O., S. 155 f.
26 Beauvoir, *Kriegstagebuch*, S. 456
27 Beauvoir, *Ein sanfter Tod*, S. 33

X WER IST MEIN NÄCHSTER?

1 Beauvoir, *Memoiren eines Mädchens*, S. 229
2 Beauvoir, *Moral*, S. 122
3 Beauvoir, *In den besten Jahren*, S. 421
4 siehe dazu: Annie Cohen-Solal, Sartre. 1905–1980, Reinbek bei Hamburg: Rowohlt 1988, S. 272 ff. (im Folgenden abgekürzt als: Cohen-Solal)
5 ebenda, S. 428
6 ebenda, S. 430
7 Der Titel der deutschen Ausgabe lautet *Sie kam und blieb*
8 nach: Beauvoir, *In den besten Jahren*, S. 461
9 ebenda, S. 451

10   Sartre, Brief an Beauvoir von Ende 1943, Briefe 2, S. 337
11   Beauvoir, *Das Blut der anderen*, Reinbek bei Hamburg: Rowohlt 1963, S. 104
12   siehe: Beauvoir, *Ein sanfter Tod*, S. 78f.
13   Beauvoir, *In den besten Jahren*, S. 476
14   siehe: Bair, S. 339f. sowie: Ingrid Galster, Simone de Beauvoir et Radio-Vichy: A propos de quelques scénarios retrouvés, in: Romanische Forschungen 108, Bd. H. 1/2 (1969), S. 112-132
15   Beauvoir, *Pyrrhus und Cineas*, a. a. O., S. 200
16   Pablo Picasso, Wie man Wünsche beim Schwanz packt, Zürich: Arche, 1983 (übersetzt von Paul Celan)
17   Beauvoir, *In den besten Jahren*, S. 490
18   Michel Lauris, Tagebücher, a. a. O., S. 252 ff.
19   Beauvoir, *In den besten Jahren*, S. 511

XI GEFEIERT UND GEHASST

1   Beauvoir, Brief an Sartre vom 13. 12. 1945, in: *Briefe II*, S. 338
2   Siehe dazu: Cohen-Solal, S. 398 ff.
3   ebenda, S. 369
4   Beauvoir, *Moral,* a. a. O., S 142
5   Sartre, Brief an Beauvoir vom 31. 12. 1945, Briefe 2, S. 350
6   Beauvoir, Brief an Sartre vom 18. 1. 1946, *Briefe II*, S. 346
7   Beauvoir, *Der Lauf der Dinge*, S. 62
8   Beauvoir, Brief an Sartre vom 13. 2. 1946, *Briefe II*, S. 356
9   Sartre, Brief an Beauvoir vom Februar 1946, Briefe 2, S. 355 f.
10   Beauvoir, Brief an Sartre vom 13. 2. 1946, *Briefe II*, S. 355
11   Beauvoir, Brief an Sartre vom 13. 12. 1945, *Briefe II*, S. 337
12   Beauvoir, *Auge um Auge*, in: Beauvoir, *Auge um Auge*. Artikel zu Politik, Moral und Literatur 1945-1955, Reinbek bei Hamburg: Rowohlt 1992, S. 61-85, hier S. 84
13   Beauvoir, *Der Lauf der Dinge,* S. 74
14   Beauvoir, Brief an Sartre vom 13. 12. 1945, *Briefe II*, S. 333
15   Jean Cau, Croquis de mémoire, Paris. Julliard 1985, vor allem S. 229 ff.
16   Sartre, Tagebücher, S. 465
17   Beauvoir, *Der Lauf der Dinge*, S. 92 und 95

18 Beauvoir, *Der Existenzialismus und die Volksweisheit*, in: Beauvoir, *Auge um Auge*, a.a.O., S. 35-59
19 ebenda, S. 53
20 Beauvoir, *Der Lauf der Dinge*, S. 74f.
21 Beauvoir, *Amerika*, S. 27
22 Beauvoir, Brief an Sartre vom 30.1.1947, *Briefe II*, S. 368
23 Beauvoir, *Der Lauf der Dinge*, S. 122
24 »The talk of the town«, New Yorker vom 22.02.1947, siehe: https://aphelis.net/new-york-air-simone-de-beauvoir-1948/
25 Beauvoir, Brief an Sartre vom 31.1.1947, *Briefe II*, S. 374
26 Beauvoir, Brief an Sartre vom 28.2.1947, *Briefe II*, S. 409

XII GESICHTER DER LIEBE

1 Siehe: Beauvoir, *Literatur und Metaphysik*, in: dies.: *Auge um Auge*, a.a.O., S. 86-99
2 Beauvoir, *Alle Menschen sind sterblich*, Reinbek bei Hamburg; Rowohlt 1977, S. 284
3 Beauvoir, *Der Lauf der Dinge*, S. 70
4 ebenda, S. 53
5 Ich beziehe mich im Folgenden auf die Darstellung der Ereignisse in: Beauvoir, *Der Lauf der Dinge*, S. 127f., die Briefe an Sartre sowie Beauvoir, *Die Mandarins von Paris*, S. 292-380 (im Folgenden abgekürzt als: *Mandarins*)
6 nach: Bair, S. 413
7 Beauvoir, Brief an Sartre vom 28.2.1947, *Briefe II*, S. 409
8 Beauvoir, Brief an Nelson Algren vom 23.2.1947, *Transatlantische Liebe*, S. 18
9 Beauvoir, *Amerika*, Reinbek bei Hamburg: Rowohlt 1988, S. 175
10 ebenda, S. 178
11 ebenda, S. 318
12 Beauvoir, Brief an Sartre vom 8.5.1947, *Briefe II*, S. 467f.
13 Beauvoir, Brief an Nelson Algren vom 17.5.1947, *Transatlantische Liebe*, S. 22
14 Beauvoir, Brief an Nelson Algren vom 18.5.1947, *Transatlantische Liebe*, S. 23

15 Beauvoir, *Der Lauf der Dinge*, S. 141
16 Beauvoir, Brief an Nelson Algren vom 2.6.1947, *Transatlantische Liebe*, S. 33
17 Beauvoir, Brief an Nelson Algren vom 23.7.1974, *Transatlantische Liebe*, S. 74
18 Beauvoir, Brief an Nelson Algren vom 28.9.1974, *Transatlantische Liebe*, S. 102
19 Beauvoir, Brief an Nelson Algren vom 23.10.1947, *Transatlantische Liebe*, S. 125
20 Beauvoir, *Der Lauf der Dinge*, S. 148
21 Beauvoir, Brief an Nelson Algren vom 25.10.1947, *Transatlantische Liebe*, S. 130
22 Beauvoir, Brief an Nelson Algren vom 6.2.1948, *Transatlantische Liebe*, S. 236
23 Beauvoir, Brief an Nelson Algren vom 3.7.1947, *Transatlantische Liebe*, S. 59

XIII EIN FEHLER IM SYSTEM? ODER ROTWEIN UND COCA-COLA

1 Beauvoir, Brief an Nelson Algren vom 11.11.1947, *Transatlantische Liebe*, S. 143
2 Beauvoir, *Moral*, a.a.O., S. 174f. und 79
3 nach: Bair, S. 465
4 Beauvoir, *Der Lauf der Dinge*, S. 158
5 ebenda, S. 127
6 ebenda, S. 162
7 nach: Agnès Poirier, An den Ufern der Seine. Die magischen Jahre von Paris 1940-1950, Stuttgart Klett-Cotta 2019, S. 293
8 Algrens Brief ist abgedruckt in: Beauvoir, *Transatlantische Liebe*, S. 349f.
9 Beauvoir, Brief an Nelson Algren vom 5.12.1948, *Transatlantische Liebe*, S. 361
10 Beauvoir, *Das andere Geschlecht*, S. 20 und 335. Die französische Ausgabe trägt den Titel *Le Deuxième Sexe*
11 ebenda, S. 11
12 Zu Algrens Eindrücken von seinem Paris-Besuch siehe: Nelson

Algren, Last Rounds in Small Cafés: Rememberances of Jean-Paul Sartre and Simone de Beauvoir, in: *Chicago* vol. 29, no. 12 (December 1980)

13 Zu den Reaktionen siehe Beauvoir, *Der Lauf der Dinge*, S. 183 ff.

14 Bair, S. 508

15 Beauvoir, Brief an Nelson Algren vom 13.9.1949, *Transatlantische Liebe*, S. 402

16 Siehe dazu den Nachruf auf Nelson Algren in der *New York Times* vom 10.05.1981: https://www.nytimes.com/1981/05/10/obituaries/nelson-algren-72-novelist-who-wrote-of-slums-dies.html

17 Beauvoir, Brief an Nelson Algren vom 13.9.1949, *Transatlantische Liebe*, S. 403

18 Beauvoir, *Der Lauf der Dinge*, S. 188

19 Beauvoir, *Das andere Geschlecht*, S. 23

20 Beauvoir, Brief an Nelson Algren vom 22.11.1949, *Transatlantische Liebe*, S. 443 f.

XIV DIE SCHWARZE SCHRANKE

1 Beauvoir, Brief an Nelson Algren vom 21.5.1950, *Transatlantische Liebe*, S. 542

2 Beauvoir, *In den besten Jahren*, S. 512

3 ebenda, S. 516

4 ebenda, S. 514

5 Beauvoir, Brief an Sartre vom 20.8.1950, *Briefe II*, S. 505

6 Beauvoir, Brief an Sartre vom 2.9.1950, *Briefe II*, S. 514

7 Beauvoir, Brief an Nelson Algren vom 10.12.1950, *Transatlantische Liebe*, S. 591 f.

8 nach Hazel Rowley, S. 311

9 Beauvoir, *Der Lauf der Dinge*, 243

10 ebenda, S. 271

11 Beauvoir, Brief an Nelson Algren vom 10.1.1952, *Transatlantische Liebe*, S. 684

12 Claude Lanzmann, Der patagonische Hase, Reinbek bei Hamburg, Rowohlt 2018

13 Beauvoir, Brief an Nelson Algren vom 13.10.1952, *Transatlantische Liebe*, S. 712

14 Beauvoir, *Soll man de Sade verbrennen?*, im gleichnamigen Sammel-
   band, a. a. O., S. 7-76, hier, S. 29
15 ebenda, S. 76
16 Albert Camus, Der Mensch in der Revolte, Reinbek bei Hamburg:
   Rowohlt 1997, S. 56f.
17 Sartre, Albert Camus, in: Sartre, Porträts und Perspektiven, Reinbek bei Hamburg: Rowohlt 1968, S. 102-104, hier S. 103
18 Beauvoir, *Mandarins*, S. 532
19 Beauvoir, *Der Lauf der Dinge*, S. 262
20 Beauvoir, *Mandarins*, S. 556
21 Beauvoir, Brief an Nelson Algren vom 3. 8. 1952, *Transatlantische
   Liebe*, S. 706f.
22 Lanzmann, Der patagonische Hase, S. 332
23 ebenda, S. 335
24 ebenda, S. 352

XV SEIN GLÜCK VERTEIDIGEN

1 Beauvoir, Brief an Nelson Algren vom 9. 1. 1955, *Transatlantische
   Liebe*, S. 772
2 Beauvoir, *Der Lauf der Dinge*, S. 259f.
3 nach Cohen-Solal, S. 543
4 Beauvoir, *Die Zeremonie des Abschieds*, S. 469, sowie Sartre, Selbstporträt mit siebzig Jahren, S. 242
5 Beauvoir, Brief an Nelson Algren vom 3. 11. 1955, *Transatlantische
   Liebe*, S. 781, und Beauvoir, *Der Lauf der Dinge*, S. 334
6 Beauvoir, Brief an Nelson Algren vom 18. 3. 1956, *Transatlantische
   Liebe*, S. 789
7 Beauvoir, *Die Zeremonie des Abschieds*, S. 357
8 Beauvoir, *Der Lauf der Dinge*, S. 112
9 ebenda, S. 351 und 162
10 Lanzmann, Der patagonische Hase, S. 320
11 Sartre, Après Budapest, Sartre parle, *L'Express* vom 9. 11. 1956,
   https://www.lexpress.fr/informations/apres-budapest-Sartre-
   parle_590852.html
12 Beauvoir, *Rechtes Denken, heute*, in: Beauvoir, *Auge um Auge*, a. a. O.,
   S. 100-224, hier S. 214

13 ebenda, S. 180
14 Beauvoir, *La Longue Marche*, Paris: Gallimard 1967; deutsch: *China. Das weitgesteckte Ziel*, Reinbek bei Hamburg: Rowohlt 1960
15 Interview in »*Time*« vom 2.7.1956, S. 33, nach: Hazel Rowley, S. 325
16 Beauvoir, Brief an Nelson Algren vom 12.7.1956, *Transatlantische Liebe*, S. 791
17 Beauvoir, Brief an Nelson Algren vom 1.1.1957, *Transatlantische Liebe*, S. 795
18 Beauvoir, *Der Lauf der Dinge*, S. 407
19 ebenda, S. 439
20 Sartre, Albert Camus, a.a.O., S. 104

XVI VORWÄRTS LEBEN

1 Judith G. Coffin, Sex, Love, and Letters: Writing Simone de Beauvoir, 1949-1963, in: The American Historical Review, October 2010, Vol. 115, No. 4, pp. 1061-1088. Die folgenden Zitate sind aus diesem Artikel (Übersetzung von mir, A.P.)
2 Beauvoir, *Der Lauf der Dinge*, S. 467
3 ebenda, S. 611
4 Beauvoir, Brief an Nelson Algren vom 28.10.1960, *Transatlantische Liebe*, S. 809
5 Beauvoir, Brief an Nelson Algren vom 5.11.1960, *Transatlantische Liebe*, S. 812f.
6 nach: Cohen-Solal, S. 632
7 Beauvoir, *Der Lauf der Dinge*, S. 546
8 Siehe: Judith G. Coffin, Sex, Love, and Letters, a.a.O., S. 1076
9 Beauvoir, *Der Lauf der Dinge*, S. 474
10 Søren Kierkegaard, Ausgewählte Journale, Bd. 1, hrsg. von Markus Kleinert und Gerhard Schreiber, Berlin, Boston: de Gruyter 2013, S. 376
11 Beauvoir, Brief an Nelson Algren vom Dezember 1960, *Transatlantische Liebe*, S. 817
12 Beauvoir, Brief an Nelson Algren vom Oktober 1963, *Transatlantische Liebe*, S. 839
13 Simone de Beauvoir et Gisèle Halimi, Djamila Boupacha, Paris: Gallimard 1961

14 Beauvoir, Brief an Nelson Algren vom April 1962, *Transatlantische Liebe*, S. 832
15 nach: Rowley, S. 373
16 Alle Zitate aus: Beauvoir, *Ein sanfter Tod*

XVII »HOCH, SIMONE!« ODER BILDER, ÜBERALL

1 Beauvoir, *Der Lauf der Dinge*, S. 614
2 Beauvoir, *Alles in allem*, S. 46
3 ebenda, S. 72
4 Siehe: Liliane Siegel, Mein Leben mit Sartre, Düsseldorf: Claassen 1989, S. 64f.
5 Siehe Beauvoir, *Die Zeremonie des Abschieds*, S. 329 und Cohen-Solal, S. 670ff.
6 Sartre, Die Wörter, a. a. O., S. 145
7 siehe: Hazel Rowley, S. 404f.
8 Beauvoir, *Alles in allem*, S. 285
9 Beauvoir, *The Situation of women today*, in: Feminist Writings, edited by Margaret A. Simons, and Marybeth Timmermann, University of Illinois Press, 2015, S. 132-145, hier S. 133 (Artikel und Vorworte von Beauvoir in englischer Sprache, Übersetzung von mir, A. P.)
10 Beauvoir, *Die Welt der schönen Bilder*, Reinbek bei Hamburg: Rowohlt 1978
11 ebenda, S. 123
12 »Jean-Paul Sartre antwortet«, in: alternative, Juni 1967, S. 133, zitiert nach: Cohen-Solal, S. 679
13 Beauvoir, *Alles in allem*, S. 382
14 ebenda, S. 392
15 Hannah Arendt, Wahrheit und Politik, in: dies., Zwischen Vergangenheit und Zukunft, München: Piper 1994, S. 327-370, hier S. 355
16 Beauvoir, *Alles in allem*, S. 429
17 ebenda, S. 431
18 Beauvoir, *Das Alter der Vernunft*, in: Beauvoir, *Eine gebrochene Frau*, Reinbek bei Hamburg: Rowohlt 1978, S. 37 und 55
19 Beauvoir, *Das andere Geschlecht – 25 Jahre danach*. Interview mit John Gerassi, in: Society, 1976, abgedruckt in: absolute Simone de Beau-

voir, hrsg. von Florence Hervé und Rainer Höltschl, Freiburg im Breisgau: orange-press 2003, S. 7-21, hier S. 20

20 Beauvoir, *Der Lauf der Dinge*, S. 619

XVIII KNOCHEN IM KOPF

1 Lanzmann, Der patagonische Hase, S. 511
2 Sartre, Was bedeutet Literatur in einer Welt, die hungert?, in: Was kann Literatur?, Reinbek bei Hamburg: Rowohlt 1979, S. 67, sowie Beauvoir, *Die Zeremonie des Abschieds*, S. 11
3 Alice Schwarzer, Simone de Beauvoir heute. Gespräche aus zehn Jahren 1971-1982, Reinbek bei Hamburg: Rowohlt 1983, S. 54
4 Ausgabe des »*Partisan*« (vergleichbar mit dem deutschen »Kursbuch«), erschienen mit dem Titel: »Libération des Femmes, l'an zéro«, zitiert nach Alice Schwarzer, S. 10
5 Beauvoir, *La femme rompue*, deutscher Titel: *Eine gebrochene Frau*
6 Beauvoir, *Alles in allem*, S. 137
7 Beauvoir, *Das andere Geschlecht*, S. 859
8 Beauvoir, *League of Women's Rights Manifesto*, in: Feminist Writings (= FW), a.a.O., S. 242-245, S. 243
9 Beauvoir, *Der Lauf der Dinge*, S. 189
10 Interview mit John Gerassi, in: absolute Simone de Beauvoir, a.a.O., S. 9
11 Bair, S. 688
12 Interview mit John Gerassi, S. 11
13 Siehe Cohen-Solal, S. 746
14 Beauvoir, *Die Zeremonie des Abschieds*, S. 31
15 Beauvoir, *Das Alter*, Reinbek bei Hamburg: Rowohlt 1972, S. 242
16 Beauvoir, *Preface to Stories from the French Women's Liberation movement*, in: FW, S. 260-264, S. 262
17 Interview mit Beauvoir, nach Bair, S. 693 f.
18 Beauvoir, *Preface to Through women's eyes*, in: FW, S. 253-255, S. 253
19 Alice Schwarzer, a.a.O., S. 42 f.
20 Sartre, Selbstporträt, a.a.O., S. 185
21 Beauvoir, *Everyday sexism*, in: FW, S. 240-241
22 siehe: Beauvoir, *Preface to divorce in France*, in: FW, S. 246-249

23 ebenda, S. 248

24 Beauvoir, *Der Lauf der Dinge*, S. 609

25 Bernard-Henri Lévy, Sartre. Der Philosoph des 20. Jahrhunderts, München, Wien: Hanser 2002, S. 606

XIX GETÄUSCHTE VERSPRECHUNGEN?

1 Beauvoir, *Alles in allem*, S. 469

2 Beauvoir, *Das Alter*, S. 324

3 Ich beziehe mich hier auf eine Passage in: Beauvoir, *Alles in allem*, S. 126, sowie Beauvoir, *Der Lauf der Dinge*, S. 623

4 Beauvoir, *Der Lauf der Dinge*, S. 623. Der Ausdruck im Französischen ist:»J'ai été flouée«.

5 Beauvoir, *Die Zeremonie des Abschieds*, S. 538

6 ebenda, S. 134, sowie L. Siegel, S. 160

7 Cohen-Solal, S. 765

8 Sartre, Brüderlichkeit und Gewalt. Ein Gespräch mit Benny Lévy, Berlin: Wagenbach 1993, S. 9ff, 13, 49f., 67 und 70

9 Beauvoir, *Die Zeremonie des Abschieds,* S. 155

10 ebenda, S. 160

11 Bair, S. 739

12 Beauvoir, *Das Alter*, S. 322

13 Bair, S. 751

14 Gemeint sind Filme wie »Und immer lockt das Weib« mit Brigitte Bardot und Curd Jürgens, Regie: Roger Vadim. Beauvoirs Artikel dazu: Beauvoir, *Brigitte Bardot and the Lolita Syndrome*, in: FW, S. 114-125

15 So Jean Cau über Sartre, nach: Cohen-Solal, S. 439

16 Alle Zitate aus: Beauvoir, *Women, Ads and Hate* sowie *The Urgency of an Anti-Sexist Law* in: Short feminist texts from the seventies and eighties, in: FW, S. 273-276 und 250-252

17 Beauvoir, *Das Alter*, S. 381

18 Bair, S. 628

19 ebenda, S. 763

20 Alice Schwarzer, Simone de Beauvoir heute, a.a.O., S. 12

21 Beauvoir, *Das Alter*, S. 380

22 ebenda, S. 324

23 ebenda, S. 378
24 Lanzmann, Der patagonische Hase, S. 663
25 Siehe dazu: Ingrid Galster, Nachrufe. Das Ende einer Epoche?, in: Kristine von Soden (Hrsg.), Simone de Beauvoir, Berlin: Elefanten Press 1989, S. 140-146
26 Beauvoir, Der Lauf der Dinge, S. 621 f.
27 Beauvoir, Die Zeremonie des Abschieds, S. 165

EPILOG
BEGEGNUNGEN MIT SIMONE DE BEAUVOIR

1 Bernard-Henri Lévy, Sartre, S. 29
2 Beauvoir, Alles in allem, S. 46
3 Beauvoir, Moral, S. 79
4 Siehe hierzu die Aussagen von Beauvoir zitiert in: Kate Kirkpatrick, Simone de Beauvoir. Ein modernes Leben, München: Piper 2020, S. 449
5 Siehe die Bücher von Sarah Bakewell, Julia Korbik, Kate Kirkpatrick und Wolfram Eilenberger. Genauere Angaben im Literaturverzeichnis.
6 In einer Hörfunksendung über Simone de Beauvoir: https://media.neuland.br.de/file/1818503/c/feed/simone-de-beauvoir-feminstin-und-philosophin.mp3, sowie: Landweer, Hilge/Newmark, Catherine, Erste Philosophin des Geschlechts. Simone de Beauvoir als existenzialistische Ethikerin, in: Querelles – Jahrbuch für Frauen- und Geschlechterforschung, Band 15, Göttingen: Wallstein 2010, S. 144-164
7 Iris Radisch, Warum die Franzosen so gute Bücher schreiben, a. a. O., S. 52

VERWENDETE LITERATUR

WERKE VON SIMONE DE BEAUVOIR
(NACH DEM JAHR DER ERSTVERÖFFENTLICHUNG)

Sie kam und blieb, Reinbek bei Hamburg: Rowohlt 1984 (*L'Invitèe*, 1943)
Das Blut der anderen, Reinbek bei Hamburg: Rowohlt 1963 (*Le sang des autres*, 1945)
Alle Menschen sind sterblich, Reinbek bei Hamburg; Rowohlt 1977 (*Tous les hommes sont mortels*, 1946)
Das andere Geschlecht. Sitte und Sexus der Frau, Reinbek bei Hamburg: Rowohlt 2018 (*Le deuxième sexe*, 1949)
Amerika bei Tag und Nacht, Reinbek bei Hamburg: Rowohlt 1988 (*L'Amérique au jour le jour*, 1950)
Die Mandarins von Paris, Reinbek bei Hamburg: Rowohlt 1990 (*Les Mandarins*, 1954)
Privilèges, (*Faut-il bruler Sade?*, *La pensée de droit, aujourd'hui, Merleau-Ponty et le pseudo-sartrisme*), Paris: Gallimard 1955
Soll man de Sade verbrennen? Drei Essays zur Moral des Existenzialismus, Reinbek bei Hamburg: Rowohlt 2007 (darin: *Soll man de Sade verbrennen?*, *Für eine Moral der Doppelsinnigkeit, Phyrrhus und Cineas*)
China; Das weitgesteckte Ziel, Reinbek bei Hamburg: Rowohlt 1960 (*La Longue marche*, 1957)
Memoiren einer Tochter aus gutem Hause, Reinbek bei Hamburg: Rowohlt 1968 (*Mémoires d'une jeune fille rangée*, 1958)
In den besten Jahren, Reinbek bei Hamburg, Rowohlt 2004 (*La Force de l'âge*, 1960)
Djamila Boupacha (zusammen mit Gisèle Halimi), Paris: Gallimard 1961 (Auszüge in deutscher Übersetzung in: absolute Simone de Beauvoir, hrsg. von Florence Hervé und Rainer Höltschl, Freiburg (Breisgau): orange press 2003, S. 187–180
Der Lauf der Dinge, Reinbek bei Hamburg; Rowohlt 1990 (*La Force des choses*, 1963)
Ein sanfter Tod, Reinbek bei Hamburg: Rowohlt 1996 (*Une mort très douce*, 1964)
Die Welt der schönen Bilder, Reinbek bei Hamburg: Rowohlt 1978 (*Les belles images*, 1966)

Eine gebrochene Frau (darin; *Das Alter der Vernunft, Monolog, Eine gebrochene Frau*), Reinbek bei Hamburg: Rowohlt 1978 (*La femme rompue*, 1968)

Das Alter, Reinbek bei Hamburg. Rowohlt 1972 (*La Vieillesse*, 1970)

Alles in allem, Reinbek bei Hamburg: Rowohlt 1976 (*Tout compte fait*, 1972)

Les Bouches inutiles: Pièce en 2 actes et 8 tableaux, Paris: Gallimard 1972

Marcelle, Chantal, Lisa..., Reinbek bei Hamburg: Rowohlt 1981 (*Quand prime le spirituel*, 1979)

Die Zeremonie des Abschieds und Gespräche mit Jean-Paul Sartre, Reinbek bei Hamburg: Rowohlt 1986 (*La Cérémonie des adieux*, 1981)

Missverständnisse an der Moskwa, Reinbek bei Hamburg: Rowohlt 1996 (*Malentendu à Moscou*, 2013)

Mémoires, Simone de Beauvoir, édition publiée sous la direction de Jean-Louis Jeannelle et d'Éliane Lecarme-Tabone; chronologie par Sylvie Le Bon de Beauvoir, Gallimard: Paris 2018, 2 Bände

ARTIKEL

Auge um Auge. Artikel zu Politik, Moral und Literatur 1945-1955, Reinbek bei Hamburg: Rowohlt 1992 (darin: *Moralischer Idealismus und politischer Realismus, Auge um Auge, Literatur und Metaphysik, Rechtes Denken, heute*) (*Œil pour œil*, 1946)

Feminist Writings, edited by Margaret A. Simons, and Marybeth Timmermann, Boltimor: University of Illinois Press, 2015 = FW

Political Writings, edited by Margaret A. Simons, and Marybeth Timmermann, Baltimore: University of Illinois Press, 2012 = PW

TAGEBÜCHER

Cahiers de Jeunesse. Texte établi, édité et présenté par Sylvie Le Bon de Beauvoir 1926-1930, Paris: Gallimard 2008

Kriegstagebuch, September 1939-Januar 1941, hrsg. von Sylvie Le Bon de Beauvoir, Reinbek bei Hamburg: Rowohlt 1994 (*Journale de guerre*, 1990)

BRIEFE, BRIEFWECHSEL

Briefe an Sartre, Band I: 1930-1939, Reinbek bei Hamburg: Rowohlt 1998 (*Lettres á Sartre*, 1990)

Briefe an Sartre, Band II: 1940-1963, Reinbek bei Hamburg: Rowohlt 1998

Correspondance Croisée, 1937-1940, Simone de Beauvoir/Jacques-Laurent Bost, Paris: Gallimard 2004

Eine transatlantische Liebe, Briefe an Nelson Algren 1947-1964, Reinbek bei Hamburg: Rowohlt 1999 *(Lettres à Nelson Algren: un amour transatlantique* 1947-1964, 1997)

Judith G. Coffin, Sex, Love, and Letters: Writing Simone de Beauvoir, 1949-1963, in: The American Historical Review, October 2010, Vol. 115, No. 4, pp. 1061-1088

LITERATUR VON UND ZU JEAN-PAUL SARTRE (AUSWAHL)

Briefe an Simone de Beauvoir und andere, Band 1: 1926-1939; Band 2: 1940-1963, Reinbek bei Hamburg: Rowohlt 1984 und 1985

Das Sein und das Nichts, Reinbek bei Hamburg: Rowohlt 1966

Drei Essays, Frankfurt (Main), Berlin, Wien: Ullstein 1970 (darin: Ist der Existenzialismus ein Humanismus? Materialismus und Revolution, Betrachtungen zur Judenfrage)

Paris unter Besatzung, Artikel und Reportagen 1944-1945, Reinbek bei Hamburg: Rowohlt 1980

Sartre über Sartre, Autobiographische Schriften, Bd. 2., Reinbek bei Hamburg: Rowohlt 1977

Der Ekel, Reinbek bei Hamburg: Rowohlt 2011

Die Wörter, Reinbek bei Hamburg: Rowohlt 1968

Drei Dramen (Bei geschlossenen Türen, Tote ohne Begräbnis, Die ehrbare Dirne), Reinbek bei Hamburg: Rowohlt 1967

Das Imaginäre, Phänomenologische Psychologie der Einbildungskraft, Reinbek bei Hamburg: Rowohlt 1971

Bariona oder Der Sohn des Donners. Ein Weihnachtsspiel, in: Marius Perrin, Mit Sartre..., a.a.O.

Porträts und Perspektiven, Reinbek bei Hamburg: Rowohlt 1968

Was kann Literatur? Reinbek bei Hamburg: Rowohlt 1979

Was ist Literatur? Reinbek bei Hamburg: Rowohlt 1981

Brüderlichkeit und Gewalt. Ein Gespräch mit Benny Lévy, Berlin: Wagenbach 1993

Cohen-Solal, Annie, Sartre. 1905-1980, Reinbek bei Hamburg: Rowohlt 1988

Perrin, Marius, Mit Sartre im deutschen Kriegsgefangenenlager, Reinbek bei Hamburg: Rowohlt 1983

Lévy, Bernard-Henri, Sartre. Der Philosoph des 20. Jahrhunderts, München, Wien: Hanser 2002

LITERATUR ZU SIMONE DE BEAUVOIR (AUSWAHL)

Algren, Nelson, Last Rounds in Small Cafés: Rememberances of Jean-Paul Sartre and Simone de Beauvoir, in: Chicago vol. 29, no. 12 (December 1980), 210-213, 237-240

Arendt, Hannah, Französischer Existenzialismus, in: Philosophie Magazin, Sonderheft 09, 11/2017, a.a.O., S. 19-24

Bair, Deirdre, Simone de Beauvoir, München: Knaus Verlag 1990

Bakewell, Sarah, Das Café der Existenzialisten. Freiheit, Sein & Aprikosencocktails, München: Beck 2016

Camus, Albert, Der Mensch in der Revolte, Reinbek bei Hamburg: Rowohlt 1997

Cau, Jean, Croquis de mémoire, Paris: Julliard 1985

Beauvoir de, Hélène, Souvenirs. Ich habe immer getan, was ich wollte: die begabte Generation: Jean-Paul Sartre, Albert Camus, Simone de Beauvoir, Pablo Picasso, München: Sandmann 2014

Eilenberger, Feuer der Freiheit. Die Rettung der Philosophie in finsteren Zeiten 1933-1943, Stuttgart: Klett-Cotta 2020

Galster, Ingrid, Simone de Beauvoir et Radio-Vichy: A propos de quelques scenarios retrouvés, in: Romanische Forschungen 108, Bd. H. 1/2 (1969), S. 112-132

Galster, Ingrid, Simone de Beauvoir und der Feminismus, Hamburg: Argument Verlag 2015

Gleichauf, Ingeborg, Sein wie keine Andere. Simone de Beauvoir. Schriftstellerin und Philosophin. München: dtv 2007

Holland-Cunz, Barbara, Gefährdete Freiheit. Über Hannah Arendt und Simone de Beauvoir, Opladen; Berlin; Toronto: Verl. Barbara Budrich, 2012

Jeanson, Francis, Simone de Beauvoir ou l'enterprise de vivre, Paris: Éd. du Seuil, 1966

Kirkpatrick, Kate, Simone de Beauvoir, München: Piper 2020

Korbik, Julia, Oh, Simone! Warum wir Beauvoir wiederentdecken sollten. Reinbek bei Hamburg: Rowohlt 2018

Lamblin, Bianca, Memoiren eines getäuschten Mädchens, Reinbek bei Hamburg: Rowohlt 1994

Lanzmann, Claude, Der patagonische Hase, Reinbek bei Hamburg: Rowohlt 2018

Leiris, Michel, Tagebücher 1922-1989, herausgegeben und kommentiert von Jean Jamin, Graz-Wien: Literaturverlag Dorschl 1966

Madsen, Axel, Jean-Paul Sartre und Simone de Beauvoir, Die Geschichte einer ungewöhnlichen Liebe, Reinbek bei Hamburg: Rowohlt 1982

Monteil, Claudine, Die Schwestern Hélène und Simone de Beauvoir, München: Nymphenburger 2006

Moser, Susanne, Freiheit und Anerkennung bei Simone de Beauvoir. Tübingen: Edition Diskord 2002

Pelz, Monika, Simone de Beauvoir, Frankfurt am Main: Suhrkamp 2007 (Suhrkamp Basis Biographie)

Philosophie Magazin, Sonderausgabe 09: Die Existenzialisten. Lebe Deine Freiheit, Heft November 2017

Philosophie Magazin, Sonderausgabe 13: Philosophinnen. Eine andere Geschichte des Denkens, Oktober 2019

Picasso, Pablo, Wie man Wünsche beim Schwanz packt, Zürich: Arche, 1983

Poirier, Agnès, An den Ufern der Seine. Die magischen Jahre von Paris 1940-1950, Stuttgart: Klett-Cotta 2019

Radisch, Iris, Warum die Franzosen so gute Bücher schreiben. Von Sartre bis Houellebecq, Reinbek bei Hamburg: Rowohlt 2017

Rossum van, Walter, Simone de Beauvoir und Jean-Paul Sartre. Die Kunst der Nähe. Reinbek bei Hamburg: Rowohlt 2001

Rowley, Hazel, tête-à-tête. Leben und Lieben von Simone de Beauvoir und Jean-Paul Sartre, Berlin: Partas Verlag 2007

Schwarzer, Alice, Simone de Beauvoir heute. Gespräche aus zehn Jahren, 1971-1982, Reinbek bei Hamburg: Rowohlt 1983

Siegel, Liliane, Mein Leben mit Sartre, Düsseldorf: Claassen Verlag 1989

Soden, Christine von (Hrsg.), Zeitmontage: Simone de Beauvoir, Berlin: Elefanten Press 1989

Stokowski, Margarete, Untenrum frei, Reinbek bei Hamburg: Rowohlt 2016

Westerteicher, Inga, Das Paris der Simone de Beauvoir, Dortmund: Edition Ebersbach 1999

Zehl Romero, Christiane: Simone de Beauvoir in Selbstzeugnissen und Bilddokumenten, Reinbek bei Hamburg: Rowohlt 1978

BILDNACHWEIS

akg-images, Berlin: 11, 12 (Denise Bellon); 25 (Joan Rabascall); 19 (Roger-Viollet/Imagno);

bpk, Berlin: 10 (Brassaï (Gyula Halász)/Estate Brassaï/RMN – Grand Palais); 15 (Georges Dudognon/adoc-photos); 18 (Gisèle Freund/IMEC, Fonds MCC)

Bridgeman Images, Berlin: 7 (Archives Charmet); 8 (CCI); 17 (Alberto Korda/Pictures from History); 1 (Tallandier)

Cosmos, Paris: 16 (Pierre Boulat)

Éditions Gallimard, Paris: 2-6, 9, 13, 14

Getty Images, München: 21 (Pierre Blouzard/Gamma-Rapho); 23 (Eric Bouvet/Gamma-Rapho); 22 (Jacques Pavlovsky/Sygma)

picture-alliance, Frankfurt am Main: 24 (dpa/DB AFP)

ullstein bild, Berlin: 20

Für die Wiedergabe des Werkes von Alberto Korda: Estate of Alberto Korda/VG Bild-Kunst, Bonn 2021

DANKSAGUNG

Frank Griesheimer hat das Entstehen dieses Buches als unverzichtbarer Gesprächspartner und Ratgeber begleitet. Meine Tochter Mirjam war eine akribische Leserin des Manuskripts. Beiden ein großes DANKE!